LE

DROIT PUBLIC INTERNATIONAL

MARITIME

PRINCIPES GÉNÉRAUX. — RÈGLES PRATIQUES

PAR

CARLOS TESTA

Capitaine de vaisseau, Professeur à l'Ecole navale de Lisbonne

TRADUCTION DU PORTUGAIS

ANNOTÉE ET AUGMENTÉE DE DOCUMENTS NOUVEAUX, TOUCHANT
LA CONTREBANDE DE GUERRE, LA NEUTRALISATION
DES MERS ET DES FLEUVES
ET LA DÉCISION DE LA CONFÉRENCE AFRICAINE (1885) EN MATIÈRE
DE DROIT MARITIME

Par AD. BOUTIRON

Secrétaire d'Ambassade

PARIS

A. DURAND ET PEDONE-LAURIEL, ÉDITEURS

LIBRAIRES DE LA COUR D'APPEL ET DE L'ORDRE DES AVOCATS

G. PEDONE-LAURIEL, Successeur

13, RUE SOUFFLOT, 13

1886

BIBLIOTHÈQUE INTERNATIONALE & DIPLOMATIQUE

XVIII

LE

DROIT PUBLIC INTERNATIONAL

MARITIME

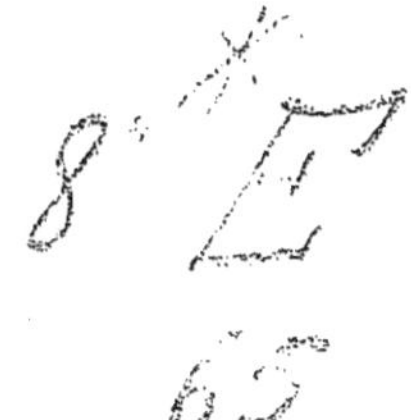

LE
DROIT PUBLIC INTERNATIONAL

MARITIME

PRINCIPES GÉNÉRAUX. — RÈGLES PRATIQUES

PAR

CARLOS TESTA

Capitaine de vaisseau, Professeur à l'École navale de Lisbonne

TRADUCTION DU PORTUGAIS

ANNOTÉE ET AUGMENTÉE DE DOCUMENTS NOUVEAUX, TOUCHANT
LA CONTREBANDE DE GUERRE, LA NEUTRALISATION
DES MERS ET DES FLEUVES
ET LA DÉCISION DE LA CONFÉRENCE AFRICAINE (1885) EN MATIÈRE
DE DROIT MARITIME
SUIVIE D'UNE TABLE ALPHABÉTIQUE ET ANALYTIQUE

Par AD. BOUTIRON

Secrétaire d'Ambassade

PARIS

A. DURAND ET PEDONE-LAURIEL, ÉDITEURS

LIBRAIRES DE LA COUR D'APPEL ET DE L'ORDRE DES AVOCATS

G. PEDONE-LAURIEL, Successeur

13, RUE SOUFFLOT, 13

1886

AVANT-PROPOS DU TRADUCTEUR

Le livre de M. le commandant Testa n'est pas l'exposé de doctrines nouvelles, mais le résumé des travaux publiés jusqu'à ce jour sur le droit international maritime. Et s'il a été écrit plus particulièrement pour les hommes de mer, il est conçu dans son plan général de telle manière que tous ceux qui s'intéressent à cette branche du droit public, y trouveront un guide sûr pour leurs études. Aussi ai-je pensé qu'en traduisant cet ouvrage clair et précis, et en le mettant au courant des dernières décisions internationales, je pouvais rendre quelque service aux débutants de la carrière diplomatique qui se préparent aux concours d'entrée et de classement. Les livres traitant la matière en France sont déjà anciens ; la difficulté de se les procurer rend opportune la publication actuelle. Mais aussi l'œuvre en elle-même est assez appréciée dans le pays où elle a été produite pour mériter une divulgation plus large, et j'ai saisi en la publiant l'heureuse occasion qui s'offrait à moi de rendre hommage à l'auteur et au Portugal dont je suis l'hôte aujourd'hui.

J'ai pu, dans les notes et appendices dont j'ai complété l'ouvrage de M. Testa, mettre à profit les dernières publications sur le sujet ; l'ouvrage de M. Perels entre autres m'a fourni la matière de quelques observations. Les derniers documents diplomatiques relatifs aux questions maritimes,

en particulier ceux concernant la France, ont été également l'objet de citations qui tout en laissant à l'ouvrage de
M. Testa son caractère international, le rendent plus inté-
ressant à consulter pour des Français.

Lisbonne, 3 août 1885.

Ad. BOUTIRON.

OUVRAGES CONSULTÉS

CAUCHY. — Le droit maritime international dans ses origines et dans ses rapports avec les progrès de la civilisation.

CUSSY (Baron de) — Phases et causes célèbres du droit maritime des nations.

GAMA-LOBBO. — Principios de direito international.

GARDEN (Comte de) — Code diplomatique de l'Europe.

GROTIUS. — De jure belli ac pacis.

HAUTEFEUILLE. — Des droits et des devoirs des nations neutres en temps de guerre maritime.

MARTENS. — Précis du droit des gens moderne de l'Europe.

NEGRIN. — Estudios sobre el derecho international moderno.

ORTOLAN. — Règles internationales et diplomatiques de la mer.

PERELS. — Manuel du droit international maritime.

SCHERER. — Histoire du commerce de toutes les nations.

Silvestre PINHEIRO. — Cours de droit public interne et externe.

WATTEL. — Le droit des gens.

WHEATON. Histoire du progrès du droit des gens en Europe et en Amérique.

ERRATA

Page 42, ligne 30, *au lieu de* : Sà da Baudeira, *lire* : Sà da Bandeira.
Page 184, ligne 26, *au lieu de* : Commodore Llyod, *lire* : Commodore Lloyd.
Page 199, ligne 22, *au lieu de* : sur pavillon, *lire* : sous pavillon.
Page 204, ligne 25, *au lieu de* : juridiction, *lire* : législation.
Page 217, ligne 17, *au lieu de* : prétextes, *lire* : préceptes.
Page 230, ligne 8, *au lieu de* : par les navires, *lire* : pour les navires.
Page 307, ligne 6, *au lieu de* : S. M. I., *lire* : S. M. T. F.

PRÉFACE DE L'AUTEUR

C'est surtout aux hommes d'État, commis à la charge de diriger l'administration publique et les relations entre les différentes puissances, qu'il appartient de connaître les principes du droit des gens, dont le droit maritime international est une partie ; c'est par là, qu'ils peuvent maintenir l'harmonie entre les nations. Mais il est également vrai que cette connaissance devient jusqu'à un certain point indispensable à ceux qui, par leur position officielle, par la nature et l'importance de leurs charges dans la vie publique, ont souvent à agir en conformité avec ces principes. L'éventualité se présentera bien des fois, pour l'officier de marine, quand il commandera les forces navales de son pays dans des parages étrangers. Il y aura des occasions où le résultat de sa mission dépendra, non seulement de sa compétence professionnelle et de son habileté comme homme de mer, mais aussi de la sagesse, de la prudence et de la dignité avec laquelle il aura rempli le rôle matériel et moral qui lui aura été confié. L'officier de marine, dans l'exercice de ses fonctions, est chargé de soutenir la dignité de son pays et l'honneur du pavillon, emblème de la souveraineté ; mais en même temps, il ne doit pas compromettre cette souveraineté dans des démêlés occasionnés par l'omission ou la violation des préceptes et formules adoptés entre nations civilisées.

Les procédés d'un commandant de forces navales ont fréquemment le caractère de relations internationales ;

souvent, l'officier, dans cette situation, devra agir, sous sa responsabilité, en l'absence d'un représentant diplomatique ; souvent, aussi, il pourra être le représentant spécial revêtu de ce caractère. De là, il résulte que, ses actes pourront influer sur le crédit et sur les intérêts de son gouvernement ; voilà pourquoi, il lui est nécessaire, pour servir dignement et utilement son pays, de ne pas ignorer les règles de conduite internationales.

S'il est essentiel d'agir avec prudence et tact pour maintenir l'état de paix jusqu'aux limites permises par la dignité, il faut aussi, quand la bonne harmonie est rompue et quand surgissent des conflits entre nations, soutenir la guerre avec honneur.

Mais cette nécessité de connaître les règles du Droit international se fait plus évidente encore lorsque, jouissant de la paix et étrangers à la guerre, nous nous trouvons en présence d'autres États aux prises entre eux, tandis que nous demeurons neutres devant l'action des belligérants ; cette nouvelle situation recommande le plus grand soin et le plus grand souci pour la défense des droits spéciaux de la neutralité et l'accomplissement des devoirs qu'elle impose. Enfin, il ne faut pas oublier que ce souci est essentiel de la part des nations qui n'ayant pas la force pour elles, doivent toujours tendre à primer par le culte du droit.

Un court aperçu du sujet en fait comprendre de suite l'importance, et l'intérêt nous en est prouvé par l'attention qu'y ont donnée de nombreux et éminents publicistes ; non seulement les écrits sur la matière abondent, mais encore plusieurs sont d'une valeur telle qu'en beaucoup de cas les hommes qui les ont écrits font autorité, et que les doctrines de ces hommes sont fréquemment invoquées comme arguments pour la décision des questions de droit international ou pour la fixation des règles à suivre dans des cas imprévus.

Lorsque les éléments d'étude de cette science importante sont si abondants, il y aurait une audace inexcusable à prétendre, par la présente publication, formuler un traité complet de droit international maritime ou établir des théories nouvelles. Bien loin d'avoir une telle prétention, je me suis seulement proposé de coordonner sommairement pour l'officier de marine les notions les plus indispensables déjà exposées par d'éminents publicistes ; j'ai désiré offrir ainsi aux jeunes hommes qui se destinent à la carrière navale un moyen facile de connaître les éléments d'une science qu'ils auront de nombreuses occasions d'appliquer, et les mettre également en mesure d'agir aussi régulièrement et dignement que l'exige leur haute mission et l'honneur du pays qu'ils représentent.

Ainsi préparés pour une étude plus étendue et plus approfondie, ils trouveront un vaste champ d'instruction, dans les nombreux et importants travaux dont les publicistes ont enrichi la science et la littérature du droit international.

SECTION PRÉLIMINAIRE

APERÇU HISTORIQUE

Origine et progrès du droit des gens.
Origine et progrès du droit maritime international.

CHAPITRE PREMIER

DE L'ORIGINE ET DES PROGRÈS DU DROIT DES GENS

SOMMAIRE. — Droit des gens dans l'ancienne Grèce et à Rome. — Conseil des Amphyctions. — Loi féciale. — Droit romain et son importance. — Les croisades. — Le droit canonique et son influence. — Les conciles de l'Église. — Les universités. — Les casuistes. — Publicistes remarquables et leur influence. — Congrès de Westphalie et constitution de l'Empire germanique. — Nouveau système politique de l'Europe. — Équilibre des puissances et droit d'intervention. — Paix d'Utrecht. — La philosophie spéculative et son action sur la politique. — Projets de paix perpétuelle. — Congrès de Vienne et phases plus modernes de la politique internationale.

L'histoire est enveloppée de ténèbres épaisses jusqu'à une époque antérieure de quelques siècles encore à la fondation de Rome; il est difficile aujourd'hui d'indiquer avec précision quel a pu être l'état des sciences sociales au sein des anciennes nationalités qui ont précédé la grande dominatrice du monde. Il est, toutefois, certain que la guerre a coexisté avec les premiers empires et il est probable, par conséquent, qu'il y avait des lois ou formules dont la violation ou l'exécution devait créer l'état de paix ou d'hostilité entre les peuples divers.

Avant que le Christianisme fût venu jeter sur le monde une nouvelle lumière, en abolissant la maxime païenne qu'il faut vouer une haine mortelle aux ennemis et en proclamant les préceptes d'une morale plus élevée, les lois et les principes concernant le droit des gens avaient pour fondement le préjugé que les différentes races d'hommes devaient se considérer comme des ennemis naturels.

Les anciens, Grecs et Romains, regardaient comme synonymes les mots *étranger, barbare, ennemi*; les étrangers étaient réduits en esclavage quand, ayant passé les frontières de leur pays, ils étaient rencontrés sur le territoire d'autrui.

La piraterie, dans les temps héroïques de la Grèce, était considérée comme une profession honorable, et Solon, le grand législateur d'Athènes, a toléré, en les assujettissant à de certains règlements, les associations de pirates.

Dans les guerres, aucun quartier n'était fait à l'ennemi, chaque fois que l'on n'avait pas pour but ou pour perspective une rançon à obtenir des prisonniers; et le droit public, en matière de pénalité, était fondé seulement sur le principe religieux, condamnant les criminels et vouant leurs têtes aux dieux infernaux.

Les maximes de droit public des Grecs se réduisaient à ne pas refuser la sépulture à ceux qui mouraient à la guerre, à l'exception des chefs, dont les cadavres étaient abandonnés aux oiseaux de proie; à ne pas vouer à la mort ceux qui s'étaient réfugiés dans les temples au moment de la prise des villes, et à priver de sépulture les sacrilèges.

Ces règles, barbares dans leur simplicité, étaient sanctionnées par le Conseil des Amphyctions, auquel il appartenait de se prononcer sur les infractions faites aux lois et usages consacrés par la religion commune des peuples grecs, le paganisme. Il faut en conclure que ce Conseil était une institution plus religieuse que politique.

Les Grecs tenaient pour axiome que la race hellénique était supérieure aux autres races. Le prince des philosophes chez ce peuple, Aristote, lui-même, affirmait que les barbares étant destinés par la nature à servir d'esclaves aux Grecs, il était licite d'employer tous les moyens pour les réduire à la servitude. Ainsi, la guerre contre les barbares était la maxime adoptée et la règle de droit de la nation la plus civilisée de l'antiquité.

Les Romains, dans leurs relations avec les peuples dont ils n'étaient pas les alliés, procédaient conformément au caractère imposé à ces relations par le principe de la guerre et de la conquête. Il n'y a donc pas à s'étonner que des usages et des croyances si barbares amenassent comme résultat la guerre à l'état normal entre les différents peuples de l'antiquité, et en fissent la régle constante de leur droit public.

C'est dans l'adoption de ces croyances et de ces principes que l'on peut chercher l'origine des ambitions de l'ancienne Rome, qui voulait établir l'empire universel. Mais l'esprit d'indépendance de ceux qu'elle prétendait subjuguer contraria ses tendances et poussa les peuples à rechercher des alliances capables d'empêcher l'agrandissement des uns au préjudice des autres ; on peut ainsi attribuer à ces alliances l'origine du droit conventionnel, du système de l'équilibre entre les nations et du droit d'intervention.

Au surplus, observons qu'avec le temps un droit public si violent fut modifié par la raison ; la théorie de Cicéron sur le droit international est, en effet, plus modérée que celle des politiques et des philosophes de la Grèce.

Selon Cicéron, le mauvais génie des hommes justifie l'usage de la violence qui, pour les contenir, oppose la force à la scélératesse ; et de même que contre des criminels, il faut recourir à la loi pénale, contre les ennemis étrangers, il est nécessaire de recourir à la guerre ; celle-ci, cependant, pour être juste, doit être fille de la nécessité et avoir pour objet une paix durable après la victoire ; de plus, la guerre doit être déclarée d'après certaines formes et ne doit pas être conduite traîtreusement ou perfidement. Telle était la doctrine de ce maître.

Il existait parmi les Romains une loi dite *féciale* qui réglait les affaires de guerre. Un tribunal dénommé des « *féciaux* » était chargé d'interpréter cette loi et de prendre connaissance des pactes et alliances, d'évaluer les préjudices que les citoyens auraient éprouvés pendant la guerre et de veiller à l'exécution de ce qui avait été décrété par le Sénat et le peuple romain. En cas de déclaration de guerre, c'était ce tribunal qui prononçait la confiscation, condamnait les prisonniers à la servitude et prescrivait les règles et usages de guerre.

Les Romains donnaient à la loi *féciale* la dénomination de *jus gentium* ou droit des gens, parce qu'elle avait pour but de régler la conduite de la République vis-à-vis des autres nations, quoique ces nations n'en reconnussent pas la valeur, ne la suivissent pas comme loi commune et que, par conséquent, elle ne constituât pas, à proprement parler, un droit international. Mais, nonobstant le peu de connaissance que les Romains avaient d'un droit digne d'être qualifié de droit des gens, leur jurisprudence civile qui, dans la suite des temps, devint si importante, contribua, au plus haut degré, au développement du droit public de l'Europe.

L'austérité des principes de la philosophie stoïcienne, professée par les *patriciens*, concourut à augmenter l'importance de leur jurisprudence ; elle marquait, en effet, ces hommes au coin de la dignité; leur énergie, leur calme et la précision de leur jugement les rendaient aussi profonds jurisconsultes que magistrats inflexibles.

L'administration de la justice leur appartint longtemps ; et en interprètant les lois vis-à-vis de leurs concitoyens, ils fondèrent une sorte de législation judiciaire ; beaucoup de familles illustres se consacrèrent à l'étude de la jurisprudence, afin de prendre leur part d'influence dans les affaires politiques, et contribuèrent ainsi au perfectionnement des sciences du droit, dans un État et dans une société où l'on réputait indigne de certaines classes élevées toute carrière qui n'était pas celle des armes ou des lettres.

Aussi, le droit public et la jurisprudence qui, à ce qu'il semble, n'étaient pas considérés, comme une science dans les républiques grecques, vinrent-ils à en constituer une chez les Romains.

Ne faut-il pas admirer les destinées de ce peuple dont le nom n'est pas encore effacé de l'histoire moderne des sociétés ! Sa gloire militaire a passé, comme passent les grandeurs des empires du monde ; mais longtemps encore, et jusqu'à nos jours, l'influence de ses lois s'est fait sentir dans la jurisprudence des peuples civilisés ; les dispositions du droit romain ne se sont pas effondrées avec l'empire qui les avait promulguées ; si celui-ci succomba sous les coups des barbares du Nord qui, au vi° siècle, le réduisirent au vasselage, les envahisseurs du moins se soumirent aux lois des envahis, et les codes « Justinien » et « Théodosien », qui consacrent ce droit, ont continué à être considérés comme l'arsenal de jurisprudence le mieux approprié à la constitution civile et au droit public des nations durant le moyen-âge.

La difficulté de fixer la vérité philosophique dans des sciences telles que la jurisprudence, sujette à varier dans ses règles, selon que varient les exigences sociales des peuples, a de tous temps été la cause de modifications successivement apportées aux principes du droit par les progrès de la civilisation, par le génie des temps et des peuples. Ainsi, aux temps modernes, les principes de droit public établissent que la loi du lieu régit également, sans distinction d'origines ou de races, tous les individus qui habitent un même pays ; mais telle n'était pas la règle à d'autres époques. Après l'invasion de tant de peuples dans l'Occident de l'Europe, Francs, Goths, Burgondes, Lombards et Romains même, vivaient côte à côte dans les mêmes pays, chacun, cependant, suivant ses propres lois et gouverné par des magistrats de sa nationalité.

Dans les villes cependant, le droit romain et ses institutions judiciaires survécurent à l'empire ; et il arriva que, la tendance manifeste des peuples à ne pas abandonner leur législation particulière et à conserver l'administration de la justice et le droit privé, indépendamment de la volonté d'un législateur commun et despotique, fut plus tard contrariée par l'influence des classes privilégiées ; lorsque Charlemagne, au ix° siècle, établit l'Empire d'Occident, il trouva les peuples de l'Europe destinés à former cet empire, déjà liés, non seulement par la communauté des lois, par l'unité de la religion et des institutions ecclésiastiques, mais encore par l'usage de la langue latine, alliance que couronna la majesté du nom impérial.

A partir de cette époque, le droit romain fut considéré comme le droit commun de tous les États qui avaient été des provinces romaines. Dans les questions internationales, on en appelait à son autorité. Ce mouvement, n'aida pas seul au rapprochement entre les différents peuples ; la civilisation subit aussi la douce influence du clergé qui, adoptant dans ses constitutions l'esprit du droit romain, contribua à atténuer les aspérités des coutumes et la grossièreté des sociétés du moyen-âge ; enfin, il ne faut pas oublier, parmi les causes déterminantes de cet heureux résultat, le prestige et la suprématie de l'autorité des pontifes romains ; et cet ensemble de circonstances sauva l'Europe de l'imminent péril d'une nouvelle barbarie et du plus atroce despotisme.

Produit de cette époque d'enthousiasme religieux et de foi ardente, un évènement extraordinaire devint, à la fin du xi° siècle, la source de nouvelles influences sur la civilisation et sur les relations entre les différents peuples.

La Palestine ou Terre-Sainte avait été envahie au vii°

siècle par les Arabes sous le calife Omar, et ensuite par les Turcs au xie siècle. Les premiers avaient toléré les chrétiens qui affluaient en pieux pélerinages pour visiter le Saint-Sépulcre. Les nouveaux dominateurs, peuple féroce et intolérant, n'eurent pas les mêmes ménagements.

Emu des lamentations des chrétiens, le pape Grégoire VII jeta un cri d'appel vers les souverains de la chrétienté, leur demandant de revendiquer par la force la possession des Lieux saints et de les délivrer du pouvoir des Sarrazins.

Pierre l'Ermite, envoyé par le patriarche de Jérusalem, parcourt l'Europe prêchant la guerre sainte. Le pape Urbain II vient à son aide en sanctionnant l'entreprise au Concile de Clermont ; à la voix du pontife accourent, des États chrétiens, princes, vassaux et peuples sur le chemin de l'Orient ; une armée cosmopolite de 600,000 hommes se forme ainsi en Macédoine. Godefroid de Bouillon en prend le commandement, s'empare de Jérusalem, la Ville sainte, dont la souveraineté lui est donnée avec la couronne royale.

Ephémère monarchie qui se maintint moins d'un siècle et fut détruite par l'épée de Saladin entré en vainqueur dans la Cité sainte ; le xiie et le xiiie siècles virent, à différentes dates, se renouveler les entreprises guerrières dénommées Croisades et que l'on disait saintes en raison de leur but purement religieux.

Si les Croisades entraînèrent de grandes calamités aux temps où elles s'accomplirent, on ne peut pas nier qu'elles influèrent efficacement par la suite, sur les progrès de la civilisation.

Les longues et continuelles marches des croisés, mettant en contact intime tant de nationalités qui, toutes, tendaient vers le même but et s'avançaient sous le commun étandard de la croix ; le développement de la navigation et du commerce auquel donna lieu ce mouvement furent autant d'éléments qui nouèrent les relations entre les différents peuples.

L'autorité royale y gagna l'abaissement de puissants et inquiets vassaux, et put s'élever comme un rempart contre les envahissements du pouvoir féodal devenu hautain et oppresseur.

Si les compilations des ordonnances de Justinien avaient aidé au progrès et à l'influence du droit romain, les travaux de concentration des canons ordonnés par le pape Grégoire IX et publiés par Raymond de Penafort sous le nom de *Decretales*, amenèrent le même résultat et produisirent d'importants avantages. Venant dominer la procédure des tribunaux civils et ecclésiastiques, dès qu'il était devenu la loi générale de l'Église, le droit canonique contribua non seulement à affermir le pouvoir et l'autorité papale, mais aussi à abolir de nombreuses pratiques et formules, telles que le jugement de Dieu, les épreuves judiciaires, les épreuves du duel, les épreuves du feu ; et inondé des lumières propres du Christianisme, il vint adoucir les mœurs en supprimant nombre d'usages barbares, en refrénant les abus de la féodalité et en basant sur des principes plus sains et plus corrects le système de l'édifice social. A partir de ce moment, la jurisprudence crût en importance ; la judicature devenant une profession spéciale, l'on vit surgir une nouvelle institution, celle des Universités ; l'étude de la jurisprudence fut alors cultivée et perfectionnée et l'Université de Bologne créa pour cette branche de sciences des chaires spéciales autour desquelles l'on accourut de toutes les parties de l'Europe.

C'est ainsi que le droit romain et le droit canonique concoururent ensemble au progrès du droit des gens moderne.

On rencontre encore des vestiges de cette double origine dans les écrits des casuistes espagnols et des publicistes italiens qui, dans les questions de droit et les discussions des cas de conscience recouraient au droit canonique et au droit romain.

Les Conciles généraux de l'Eglise latine au Moyen-Age, et encore aux siècles suivants, affectaient aussi, en bien des cas, indépendamment de leur caractère religieux, l'importance et la forme de congrès européens ; on s'y occupait au même titre de régler les affaires ecclésiastiques et d'écarter de graves conflits qui menaçaient les nations chrétiennes. En outre, les discussions et les écrits des casuistes ou théologo-moralistes ouvraient un nouveau champ aux spéculations théoriques des sciences morales, et il en résultait de grands avantages pour la constitution du droit des gens moderne.

Le dominicain Francisco Vittoria, professeur de l'Université de Salamanca dans ses *Relectiones theologicæ*, et Domingos de Souto, son élève, dans son ouvrage *De justitia et jure*, désapprouvaient avec une énergique indépendance les guerres cruelles que les Espagnols poursuivaient dans le Nouveau-Monde. Le premier, au cours de ses dissertations *De jure belli*, discutait également, les cas qui peuvent justifier la guerre, et le second condamnait l'esclavage que les Européens commençaient à établir chez les nègres d'Afrique. Francisco Soares, jésuite espagnol, écrivait un traité *De legibus et de Deo legislatore* ; le premier, il établissait que le droit international est formé non seulement des principes de justice qui dominent dans les rapports des États entre eux, c'est-à-dire, tirant leur origine du droit naturel, mais aussi des usages suivis depuis longtemps dans les relations des peuples, c'est-à-dire, se basant sur le droit coutumier.

Ces différentes discussions amenées par l'étude des questions générales, multiplièrent, au xvie siècle, les publications et les écrits relatifs au droit public.

Outre les œuvres des théologiens casuistes et des académiciens, divers écrits parurent à cette époque, sur les lois de la guerre.

L'Espagne, sous Charles-Quint et Philippe II, étant la première puissance politique et militaire de l'Europe, entretenant de grandes armées, et soutenant de longues guerres, fut aussi la première qui sentit la nécessité d'une loi commune pour régler cette partie du droit des gens.

Balthazar Ayalla, grand prévôt de l'armée espagnole dans les provinces de Flandre, publia son livre *De jure et officiis belli*, et traita, pour la première fois, le sujet avec largeur, discutant les formules de la déclaration de guerre, les stratagèmes y usités, les obligations envers les ennemis, les traités et conventions et les droits des légations.

Peu après, parurent les œuvres d'Albéric Gentilis, professeur à l'Université d'Oxford qui, versé dans l'étude du droit international, avait été nommé avocat des Espagnols devant les tribunaux des prises en Angleterre ; son *Advocatio hispanica* peut être considérée comme la première œuvre juridique sur le droit maritime. Indépendamment de cette œuvre, il écrivit un traité *De legationibus* dans lequel il discute les qualités, condition et garanties des ambassadeurs, et se reporte à une autre œuvre contemporaine le traité *Del principe* écrit par Machiavel. Dans ce dernier livre, qui mérite bien le nom de Manuel de la tyrannie, l'auteur professe les maximes les plus singulières ; celle-ci entre autres, « que les nations ne sont obligées à observer des règles et à procéder de certaine manière que tant qu'existe l'intérêt ou le péril qui en a été la cause » ; ou bien cette autre que « l'on ne doit pas garder la foi des contrats, quand il en résulte un inconvénient ou un préjudice, et que les prétextes ne manquent jamais pour en excuser la non observation.

Les polémiques des controversistes, défendant ou combattant les principes qu'ils émettaient, concoururent à donner de l'importance aux questions ainsi discutées. Alors surgirent et prirent consistance les questions religieuses soulevées par les doctrines dissidentes des réformateurs et qui modifièrent l'état social de l'Europe au xvie et au xviie siècle. A partir de ce moment, le droit qualifié de divin, qui avait été soutenu par les institutions du droit canonique, subit des attaques répétées sous le prétexte qu'il ne constituait pas la base du droit public et des gens. Il fallut chercher un autre fondement parmi les théories des philosophes et dans les nouvelles tendances morales nées d'une époque de vicissitudes, d'antagonisme d'intérêts, et de transformations politiques.

Dès qu'il n'y eut plus un principe supérieur, constituant autorité et accepté comme tel pour vider les procès entre nations, le droit des gens devint, on le comprend, un véritable chaos.

La lutte de croyances et d'intérêts dans toutes les questions importantes, maintenait les esprits dans une agitation constante et préparait en même temps une crise aussi générale que périlleuse du côté de la politique.

Les uns recouraient à la loi du plus fort, qui était la prédominance ou l'intérêt, au détriment de la morale ou de la justice ; les autres suivaient la coutume, principe repoussé par l'universalité et, en outre, incertain et variable ; quelques moralistes austères recouraient à l'autorité des hommes célèbres tenus pour des oracles, tels que Platon, Aristote et Cicéron, et prétendaient tirer de leurs écrits des règles parfaitement sûres ; d'autres considéraient le droit romain comme infaillible ; et pour compléter, à côté de ces dissidences, les luttes religieuses sapaient la forteresse de salut qui jusque-là avait subsisté, l'arbitre dans les plus graves difficultés, l'autorité papale.

Tel était, à la fin du xvᵉ siècle, l'état de la jurisprudence du droit des gens ; il fallait un réformateur. Ce fut dans ces conjonctures que le hollandais Hugo Groot ou Grotius, philosophe et jurisconsulte aussi distingué et profond que remarquable publiciste et grand homme d'État, conçut le plan d'asseoir le droit des gens sur des bases plus solides et plus rationnelles.

Le motif qu'il allègue pour écrire son célèbre ouvrage *De jure belli ac pacis*, publié en 1625, est noble et élevé. Ce qui l'y pousse, dit-il, c'est la facilité avec laquelle, dans toute la chrétienté on soulève des guerres sur des prétextes frivoles, et avec laquelle on les conduit ensuite sans aucun respect pour les lois divines et humaines, au point que les barbares eux-mêmes pourraient en être stupéfaits.

Grotius établit pour fondement du droit naturel les principes dictés par la raison et par la saine conscience et qui nous font connaître naturellement et instinctivement qu'une action est juste ou cesse de l'être ; et il en conclut que c'est Dieu, auteur de la nature, qui prescrit ou prohibe telle ou telle action.

Il pose le principe que l'homme étant destiné à l'état de société, cette condition de sociabilité est une autre origine du droit. Il considère donc le droit des gens positif comme un droit arbitraire en soi, acquérant toutefois force et autorité par le consentement tacite ou exprès des peuples. Il rejette ainsi l'opinion de ceux qui font résider dans la force le fondement du droit et dans la crainte la base du devoir, puisqu'il reconnaît que le droit comme le devoir émanent tous deux de la conscience. Corroborant ces principes par le témoignage des philosophes et des historiens célèbres, il admet que, si ceux-ci ne peuvent pas toujours constituer une autorité infaillible parce qu'ils sacrifient quelquefois à des préjugés d'école, il faut admettre toutefois, que quand beaucoup d'esprits illustres, à des époque et dans des conditions différentes, sont d'accord sur cer tains principes, pour leur donner le caractère de *Omnino semper et ubique*, c'est qu'ils y sont amenés par une caus supérieure, soit le sentiment de la justice naturelle, soit l consentement universel.

Consignant, ensuite, les fondements du droit naturel e des gens, Grotius entreprend d'en expliquer la nature, e de fixer les limites auxquelles ils sont soumis et dont l violation autorise le recours à la guerre ; et admettan qu'il y a des cas où la lutte est inévitable, il accepte l'apho risme « *inter arma silent leges* » ; mais alors les lois q cessent d'avoir une application sont les lois régulatrices d la paix et de la vie civile, et non les lois éternelles de l justice : ces dernières, en tout temps, doivent être respe tées, la nature les impose, le consentement des natio les applique à une guerre juste et en fait un moyen de r dresser les torts avec le secours des armes. Finalement, il établit les règles de conduite à suivre pour la guerre et pour les traités de paix qui la terminent.

Grotius avait fourni les éléments d'un système; d'autres publicistes le suivirent, tels que : Puffendorf, Barbeyrac, Leibnitz et plus tard encore Vattel, Martens, Silvestre Pinheiro et tant d'autres qui mirent ces éléments à profit et complétèrent l'édifice de la jurisprudence des nations.

Puffendorf, publiciste de l'école de Grotius, dans son « *Jus naturæ et gentium* », a voulu regarder la science du droit international uniquement comme l'application du droit naturel aux sociétés indépendantes constituant des États, et, par là-même, ne reconnait pas le droit des gens positif.

Barbeyrac, traducteur et commentateur de Grotius et de Puffendorf soutient, au contraire, que les lois communes émanées du droit naturel ne suffisent pas par elles seules et sans le secours du droit positif ou secondaire, à constituer le droit des gens.

Ces diverses manières d'apprécier les principes fondamentaux de la science n'ont pas empêché l'influence des publicistes de l'école de Grotius de se faire puissamment sentir dans le droit public international ; le respect toujours croissant dans lequel étaient tenus ces avocats de la justice universelle, leurs doctrines favorables à la paix et à la tolérance mutuelle, en furent la cause, et certains principes métaphysiques qui, basés sur la convenance de chacun, tendaient à détruire tout système ne purent prévaloir.

Après une longue période de guerres et de dissensions en Europe durant le xvi° siècle, la paix de Westphalie, signée en 1648, marqua une étape importante dans les relations internationales. Elle mit fin aux désastreuses guerres de religion dues à l'invasion des doctrines de Luther, de Calvin, de Zwingle et des autres hérésiarques, elle termina les luttes politiques commencées par Henri IV, soutenues par le Cardinal de Richelieu et continuées par

Mazarin. Établissant, l'égalité de droits pour les différents cultes et opposant une barrière à tous conflits religieux, la paix de Westphalie équilibra, en même temps
les influences politiques et limita le développement de
différentes puissances ; avec le principe d'intervention ell
proclama le droit de former des alliances en les réglant d
manière à ce qu'elles fussent un gage de l'équilibre eu
ropéen ; l'indépendance des différents États, les intérêt
politiques et religieux, furent en outre garantis dans l
système fédératif de l'Allemagne.

C'est de cette paix et des traités qui s'y rattachent qu
datent les légations permanentes, l'adoption de la langu
française dans la diplomatie, et ce caractère pratique qu
fut acquis à la science du droit public des gens, fondée pa
Grotius, perfectionnée ensuite par ses disciples et succes
seurs. Durant le xvii⁰ siècle, la diplomatie subit l'influenc
des écrits de ces savants : on en trouve la preuve dans le
documents diplomatiques de cette époque, qui non seu
lement se reportent en détail à des considérations politi
ques, mais font aussi mention des axiomes de justice et d'é
quité, invoquent l'autorité du droit public et défendent le
règles et maximes qui tendent à protéger les droits du plu
faible contre la prédominance du plus fort. Les document
diplomatiques étaient alors moins concis que ne le son
ceux de nos jours, où sont réduites à des aphorisme
bien des maximes qu'alors on jugeait nécessaire de dé
velopper et de corroborer par l'autorité, les opinions e
les témoignages des publicistes.

Parmi les principes fréquemment invoqués au cours de
luttes diplomatiques du xvii⁰ siècle, et par les publicis
tes de la nouvelle école, se trouve celui du droit d'inte
vention, principe qui tend à prévenir l'agrandissemen
démesuré d'un État, parce que le trouble jeté dans l'équi
libre des forces respectives constitue un péril pour l'indé
pendance des autres États.

Un tel système avait déjà été mis en pratique par l

Grèce et au sein des nations voisines. Thémistocle représentait la ligue formée contre les Athéniens ; les Ptolémées s'étaient unis pour contrebalancer la puissance des rois de Macédoine ; Hiron de Syracuse avait constitué une ligue pour équilibrer les prétentions de Rome et de Carthage dans leurs luttes.

Aux XVIᵉ et XVIIᵉ siècles, les dissensions religieuses nées en Allemagne et s'étendant à presque toute l'Europe, amenèrent aussi l'application de ce principe ; les puissances catholiques et protestantes recherchèrent des adhérents en faveur de leur politique et suscitèrent des interventions; les souverains recoururent souvent à ce moyen en exploitant l'identité de croyances, et en protégeant leurs coréligionnaires respectifs qui se trouvaient au sein des États rivaux ; c'est ce qui donne un caractère spécial et compliqué aux transactions politiques de cette époque.. Ainsi nous voyons L'Autriche et l'Espagne intervenant en faveur du parti catholique en France, en Angleterre et en Allemagne aussi bien que les puissances protestantes réclament en faveur de leurs coréligionnaires persécutés en Allemagne, en France et en Flandre. Mais le jeu de telles combinaisons et de telles influences ressort davantage de l'attitude de la France sous le ministère de Richelieu, à l'époque où celui-ci soutenait avec un raffinement de politique les princes et les États protestants de l'Allemagne contre la maison d'Autriche, en même temps qu'il poursuivait avec une inflexible sévérité ceux de ses sujets qui appartenaient à la religion réformée. En un mot, le droit de former des alliances, consacré par les traités de paix de Westphalie, a donné lieu à de célèbres ligues où se débattaient des intérêts multiples et qui ont consacré le principe de l'intervention.

La justesse de ce principe a été étudiée avec un grand discernement et une grande élévation d'esprit par Fénelon dans son *Examen de conscience sur les devoirs de la royauté*. A titre d'application, il cite l'accroissement de la maison d'Autriche sous Charles-Quint, et ensuite sous Philippe II ; outre la possession de ses importants États en Espagne, en Flandre et en Italie, cette maison avait déjà agrandi son domaine en s'emparant du royaume de Portugal et se disposait à envahir l'Angleterre ; maîtresse également de vastes possessions dans les Indes-Orientales et Occidentales, elle eût été en mesure de dicter des lois à toutes les nations de la chrétienté et une telle accumulation de domaine pouvait donner lieu au *summum jus, summa injuria.*

De ce concours de circonstances, Fénelon déduisait que, encore que les lois particulières d'un peuple lui permissent de s'acheminer vers la monarchie universelle, de telles lois, par le fait qu'elles détruisaient l'équilibre politique, ne pouvaient prévaloir contre la loi naturelle de sécurité et de liberté, et que, par conséquent, quand une puissance s'élève au point que les autres ne puissent plus ensuite lui résister, ces dernières acquièrent le droit de s'unir pour empêcher un accroissement dont la consommation ne permettrait plus de défendre la liberté commune.

La conséquence du principe d'intervention et de la théorie de l'équilibre des nations, et le résultat de la complexité des intérêts politiques et religieux que la paix de Westphalie régla, furent que de nouveaux États se constituèrent, que certains aussi acquirent une importance plus grande vis-à-vis des autres nations de l'Europe, et que les relations internationales prirent une valeur nouvelle ; et de même qu'au xviie siècle cette paix avait marqué une ère nouvelle dans les relations politiques des pays civilisés, de même la paix d'Utrecht et les congrès qui s'y rattachent aussi bien que les autres conventions solennelles du xviiie siècle, vinrent sanctionner et développer nombre de principes et de maximes de droit public, et confirmer le système politique de l'Europe en donnant une nouvelle vigueur au droit international. Un semblable résultat, il ne faut pas le méconnaître, fut dû, en grande partie, à l'influence et à l'action des doctrines soutenues par de remarquables publicistes qui se succédaient dans la tâche de cultiver la science du droit des gens, avec la morale, la justice et l'équité pour base, sans négliger les modifications que réclamait l'état des sociétés.

Ces tendances ne laissèrent pas, toutefois, d'être contrariées par l'apparition de certaines doctrines plus abstraites, qui prirent naissance et se propagèrent dans la seconde moitié du xviiie siècle, doctrines conduisant à réduire les questions de droit à la simple théorie des faits et proclamant l'à-propos de ces faits comme la principale et, pour ainsi dire, l'unique mesure du droit.

Telles étaient les doctrines que la philosophie spéculative voulait établir comme élément constitutif du droit et de la morale des sociétés humaines, et qu'elle puisait dans des théories matérialistes ou bien encore dans les abstractions du système de Kant. Elles méritaient le même crédit, pour leurs résultats, que les utopies des projets de paix perpétuelle, conception de l'abbé de St-Pierre, reproduite par Rousseau et à laquelle, plus tard, Jérémie Bentham paraissait donner une nouvelle consistance par la vigueur de son esprit original et par l'application de ses vues philosophiques aux questions pratiques de la science du gouvernement. Le savant Leibnitz disait que *la paix perpétuelle* était une formule qui peut trouver son application dans les nécropoles, parmi les épitaphes des morts, mais que dans la société des vivants, c'est une théorie irréalisable.

A la vérité, la futilité de ces doctrines se dévoila dès qu'il fallut les appliquer à des questions pratiques et dès que l'on voulut constituer, d'après ces abstractions un système quelconque de morale pour les individus et pour les sociétés.

Faut-il s'étonner que ce projet de paix perpétuelle de Bentham, conçu en 1786, et qualifié par la critique de simple « Rêve d'un homme de bien » ait été mis au jour et nourri à la veille d'une conflagration générale, alors que la plus imprudente violation de tous les droits positifs venait démontrer que les lois de la guerre et de la paix manquent de valeur et d'efficacité dès qu'elles ne s'appuient pas sur une loi supérieure et sur les immuables principes de la justice.

Tout droit qui ne sera pas basé sur ces principes, sanctionnera sans hésitation la mauvaise foi des moyens pourvu que le but soit atteint.

Les convulsions politiques et internationales de l'Europe, au commencement du siècle actuel, trouvèrent un remède dans le Congrès de Vienne (1815) qui établit sur beaucoup de points la constitution intérieure et les relations réciproques des différents pays et garantit pour plus de trente ans la paix de l'Europe. Mais le germe de ces doctrines et utopies que le xviiie siècle légua au xixe, devait produire ses résultats. Les idées avancèrent, bouleversant les principes; et il ne fut pas rare de voir ce qui, la veille, était considéré comme illicite, exalté le lendemain pour la seule raison qu'il y avait opportunité à le mettre à profit, et ce qui, auparavant, était juste, qualifié d'absurde et d'inapplicable.

Proclamer des droits et ne pas respecter les devoirs, placer au-dessus du culte du droit le recours à la mauvaise foi et à la prédominance, détruire ainsi l'harmonie entre le droit et le devoir, ce sont là des actes qui peuvent conduire les excès de civilisation et les développements exagérés du progrès à rejeter la société dans un chaos dont les conséquences seraient comparables aux dérèglements des temps barbares.

Dans ces conditions, la notion du droit des gens et le respect de ses lois deviendront d'autant plus importants, que plus grand sera le péril auquel le mépris de ce droit expose la politique universelle et la société humaine.

CHAPITRE II

ORIGINE ET PROGRÈS DE LA JURISPRUDENCE DU DROIT MARITIME INTERNATIONAL

SOMMAIRE. — Droit maritime dans l'antiquité. — Lois rhodiennes. — Les Phéniciens. — Rome et Carthage. — Invasion des barbares du Nord et ses résultats sociaux. — Venise et son importance commerciale et maritime. — Influence des croisades sur la navigation dans la Méditerranée. — Lois d'Amalfi. — États maritimes de la Méditerranée. — Guerre privée et représailles au moyen-âge. — *Consulat de la mer.* — Peuples maritimes du Nord. — Progrès de la géographie et découverte de l'Amérique et du chemin de l'Orient par le cap de Bonne-Espérance. — Système du monopole commercial. — *Mare liberum* de Grotius et *Mare clausum* de Selden. — Décadence de Venise et développement maritime d'autres nations. — Ordonnances maritimes. — Luttes et rivalités des nations maritimes de l'Europe. — Indépendance de l'Amérique. — Droits des neutres et des belligérants. — Congrès de Vienne. — L'esclavage : son origine, son développement et sa suppression. — Congrès de Paris de 1856.

De même que pour indiquer quels ont pu être l'origine et les progrès du droit des gens, il faut recourir à l'histoire primitive des sociétés constituées en nations, de même, en ce qui concerne l'étude du droit maritime, il serait difficile d'apprécier un grand nombre des règles et préceptes de la jurisprudence moderne, si l'on ne connaissait d'abord les usages suivis anciennement, ou les lois adoptées par les peuples navigateurs et commerçants ; quoique tombés déjà, en grande partie, en désuétude, ces usages ont servi de point de départ pour l'acheminement vers la constitution du droit maritime moderne.

A peine un peuple donne-t-il essor à son génie commercial qu'aussitôt sa politique, ses alliances et ses traités, et même le génie de ses guerres, affectent un caractère nouveau. L'histoire est là pour le montrer.

Tous les peuples qui, à des époques reculées, trafiquèrent avec d'autres nations, prirent un rang spécial dans les annales de leur temps et, à mesure que le négoce se développa en Europe, ce furent les États commerçants qui acquirent parmi les autres une importance politique, déterminée par le degré de civilisation auquel ils attinrent.

Dès que l'usage de la mer se révéla aux peuples de l'antiquité, comme un élément indispensable au développement du commerce, ils regardèrent comme nécessaire, malgré l'état primitif de la navigation, de la soumettre à des règles spéciales et d'établir les conditions de leurs relations maritimes. Dans la Grèce ancienne, les Rhodiens, en conséquence de leur activité commerciale, établirent, les premiers, des lois de jurisprudence navale ; ces lois constituèrent le droit maritime parmi les peuples voisins de la mer Egée et, soit par la valeur qu'elles reflétaient, soit par le crédit de la nation qui les promulgua, elles méritèrent dans la suite d'être adoptées par les Romains qui en incorporèrent de nombreuses dispositions dans les Codes de leur jurisprudence. C'est ainsi qu'a pu arriver jusqu'à nous la réputation dès lois Rhodiennes, dont quelques auteurs font remonter l'origine à plus de 900 ans avant notre ère.

Les Phéniciens offrent un autre exemple de la fécondité d'un pays commerçant et d'un peuple navigateur. Remarquables parmi les nations de l'antiquité par l'audace de leurs expéditions, par l'étendue de leurs entreprises maritimes et par la fondation de leurs colonies, ils établirent Carthage, qui a inscrit son nom dans l'histoire. L'opulence et le développement que cette colonie acquit par son commerce, et la force qu'elle déploya sur mer lui firent surpasser ceux à qui elle devait son existence.

Mais aucun vestige de sa législation maritime nous est resté : il est cependant probable que les Carthaginois ont possédé un recueil de lois, mais la destruction de leurs républiques par Alexandre-le-Grand et par les Romains en a fait disparaître la trace, sans pouvoir éteindre ni obscurcir la mémoire du génie aventureux, des entreprises hardies, et des voyages pleins de dangers auxquels ils se livrèrent.

C'est un fait historique que les Romains, au temps de la première guerre punique, 260 ans avant notre ère, et plus de 400 ans après la fondation de Rome, étaient encore arriérés en matière de navigation ; pour eux, il n'y avait d'honorable que la charrue et l'épée, et leur esprit guerrier était contraire à la profession commerciale.

Les richesses de Rome provenaient des conquêtes, des dépouilles des vaincus et des impôts levés sur les pays réduits en vasselage ; mais elles n'étaient pas dues à une activité commerciale ou maritime. Après la destruction de Carthage, à la suite de la troisième guerre punique, 150 ans avant Jésus-Christ, les Romains commencèrent à s'appliquer sérieusement à la navigation, et leur commerce maritime prit un grand développement avec le transport des céréales qu'ils tiraient des greniers de la Sicile, de l'Egypte et de la côte de Syrie et dont ils approvisionnaient la métropole. Ce fut alors que, reconnaissant la nécessité d'établir une législation spéciale, ils recoururent aux lois rhodiennes pour décider des questions relatives à la navigation, chaque fois que la loi romaine était insuffisante.

Durant l'Empire, un grand nombre des dispositions de ces lois furent successivement adoptées et, même, après la division de l'Empire, quand le siège du pouvoir fut transporté à Constantinople, la nécessité de défendre leurs domaines sur un littoral étendu porta les Romains à promulguer de nouvelles règles, modelées sur ces antiques lois. C'est à cette raison que l'on doit de retrouver dans les Codes Justinien et Théodosien, aussi bien que dans les basilicates,

un certain nombre de prescriptions concernant la manière
d'exercer la pêche, en certaines localités, la division des
profits, la procédure à suivre en cas de mésintelligence
entre marins et passagers, les obligations des propriétaires
de ces navires, les cas d'allégement de charge, la punition
des vols, et d'autres cas encore.

Quoique les Romains se fussent agrandis par les armes
et eussent fait de remarquables progrès dans les lettres et
dans l'industrie, il est certain qu'ils commençaient à décli-
ner visiblement quand l'empire fut attaqué par les barbares
du Nord au ve siècle. On peut même affirmer qu'ils suc-
combèrent sous le poids de l'immense puissance qui les
avait rendus auparavant l'objet de l'admiration et du respect du monde.

L'état de grandeur comme celui d'abaissement des peuples a des limites qui rarement sont dépassées. Quand les
nations atteignent ces limites, elles prennent naturellement
une autre voie, changent totalement de physionomie, ou
même, quelquefois, jettent le germe de nouvelles nationalités. Ainsi, ce fut au moment de la décadence la plus complète de l'empire que quelques habitants de Padoue et d'A-
quilée, villes voisines de l'Adriatique, voulant se soustraire
aux dévastations des barbares et au fléau d'Attila, allèrent
chercher un abri dans des îlots jusque-là déserts et qui
n'auraient jamais été visités sans une cause extraordinaire.
Ces petites îles et lagunes, séparées par d'étroits canaux et
protégés par des bancs de sable, rendaient difficiles les
attaques des envahisseurs et offraient un abri sûr à leurs
nouveaux habitants. Ceux-ci, avec le temps, s'établirent
d'une manière permanente, et au viiie siècle, formèrent définitivement une société indépendante, sous la forme d'une
république. Telle fut l'origine de Venise qui, dans le principe, pauvre et humble, et s'occupant seulement de l'industrie de la pêche, devint plus tard, l'entrepôt du commerce de l'Orient et de l'Europe, grâce au mouvement
commercial et maritime qu'elle entretint durant la période
d'ignorance et de barbarie des peuples envahisseurs.

Les croisades entreprises au xie siècle donnèrent une nouvelle impulsion à la navigation et au commerce. Les immenses armées que les chrétiens dirigeaient sur l'Orient, les voyages, les approvisionnements et les transports maritimes le long des côtes de la Méditerranée, enrichirent quelques villes marchandes de l'Italie. Gênes et Venise arrivèrent à un tel degré d'opulence et de force qu'elles se constituèrent en républiques puissantes ; maîtresses de territoires dans les îles du Levant, elles durent en grande partie, leur situation aux conquêtes des croisés et aux pactes qu'elles conclurent avec eux.

Vers la fin du xiiie siècle, un fait important vint aider aux progrès de la navigation en facilitant les longs voyages. Ce fut l'invention, ou pour mieux dire, le perfectionnement de la boussole attribuée à Flavio Gioja d'Amalfi. Les cités maritimes de l'Italie qui, déjà, monopolisaient le commerce de la Méditerranée, purent le développer considérablement du côté du Levant, grâce à l'essor dont la navigation devint susceptible, et l'on vit les Amalfites étendre leur trafic au point d'obtenir des kalifes d'Égypte la liberté de faire le commerce sur leurs domaines et d'importer les premiers, de l'Arabie et de l'Inde, les denrées qu'ils avaient échangées contre les produits de leur propre industrie.

L'importance du commerce et du port d'Amalfi explique comment cette ville, après l'antique Rome, vint à promulguer des lois tendant à régler son commerce maritime ; elle y était amenée par sa longue expérience, par les périls auxquels s'exposaient ses navigateurs et par l'opportunité de régler les contestations que soulevait souvent leur trafic spécial.

Aujourd'hui, la date de la publication de ces lois est inconnue et l'on en ignore le texte, mais les historiens en font mention sous la dénomination de *Tabula Amalfitana*, en ajoutant qu'elles servirent longtemps de règle commune de droit maritime entre les cités commerçantes et les peuples navigateurs de l'Italie.

Parvenues à la richesse, ces villes commencèrent à entrer en rivalité pour l'opulence et pour la grandeur ; elles donnèrent libre cours à leurs jalousies et à leurs haines et se virent amenées à fonder des tribunaux spéciaux chargés de trancher les questions relatives au commerce, conformément aux règlements que chacune d'elles promulgua, en s'appuyant toujours sur les lois d'Amalfi.

Il est facile de comprendre que la variété de lois, de règlements et de tribunaux produisait une grande confusion et jetait le trouble dans les décisions relatives à la navigation ; aussi toutes ces villes et les autres états de la Méditerranée reconnurent-ils l'utilité de réunir et de coordonner ces lois pour leur usage commun, et c'est ainsi que les règlements acceptés jusqu'alors, établis par l'usage et en vigueur à Marseille, à Pise, à Gênes, à Venise et à Barcelone furent réunis en un code unique sous le titre *Consulat de la mer*.

On ne peut guère fixer exactement l'époque à laquelle apparut ce code ; il date probablement de la fin du xiii° siècle ou du commencement du xiv°. Les dispositions relatives au droit maritime qu'il renferme, sont établies sur des bases si équitables et si complètes qu'elles ont le mérite de constituer un véritable code, indiquant méthodiquement les décisions applicables aux questions de droit privé et les principes régulateurs du droit international maritime, à cette date. Tous les publicistes s'accordent pour considérer ce remarquable document comme la synthèse de tous les usages généralement pratiqués à cette époque et suivis par les peuples de la Méditerranée ; et ils reconnaissent que, par l'intégrité et la sagesse des décisions qu'il renferme, ce code a mérité depuis d'être suivi comme loi, non seulement par les peuples du midi, mais encore par ceux de l'Europe occidentale.

Les dispositions du *Consulat de la mer* se divisent en trois parties principales : la première se rapporte au droit maritime international durant la paix, règle les droits et obligations des équipages et des propriétaires des navires, des armateurs, des négociants et des consuls, etc. ; ces prescriptions sont suivies encore aujourd'hui par diverses nations. La seconde traite de la conduite à tenir pendant la guerre, entre belligérants. La troisième concerne le droit maritime international, durant la guerre, dans son application à la conduite des belligérants entre eux.

A ce dernier point de vue, on appréciera mieux l'origine, le fondement et l'importance du *Consulat de la mer* à titre de Code international, si l'on réfléchit que, au temps de l'anarchie féodale du moyen-âge, il restait encore des vestiges de l'indépendance des différents États réunis sous le sceptre impérial de Charlemagne. Il résultait de cet état social que chaque individu prenait le soin de venger personnellement les offenses qu'il avait reçues des étrangers, et se faisait justice à lui-même sans recourir à l'autorité des lois ; le principe, universellement proclamé depuis, qu'il appartient au souverain seul de déclarer la guerre, était absolument méconnu. La guerre publique était remplacée par des guerres privées et celles-ci étaient dirigées, même en temps de paix, et entre sujets de nations en paix, non seulement contre la personne et les biens de l'offenseur, mais aussi contre la nation même à laquelle il appartenait.

L'individu qui se jugeait lésé par un sujet d'un autre État, obtenait de ses magistrats l'autorisation de s'approprier les biens appartenant à un sujet quelconque de l'État auquel appartenait l'agresseur. Le cas se présentait non seulement dans les villes maritimes, mais aussi dans les villes de l'intérieur de l'Italie et de l'Allemagne. Si, par exemple, un citoyen de Modène était offensé par un habitant de Bologne, il se plaignait aux magistrats de sa ville qui réclamaient justice auprès des magistrats de l'autre cité. Quand cette réclamation n'était pas prise en considération, des *lettres de représailles* étaient délivrées au plaignant, l'autorisant à piller le territoire de Bologne jusqu'à ce que le produit de ses rapines l'eût indemnisé pleinement.

A partir du xııᵉ siècle, cet usage alla toujours déclinant, excepté sur mer où, la nature des choses en rendait la répression plus difficile ; il eût été nécessaire, pour le détruire, d'avoir un droit conventionnel entre tous les États intéressés à garantir la sécurité de la navigation, et il n'en existait pas.

Jusqu'au xıvᵉ siècle, tout navire portant un chargement de valeur, courait le grave danger d'être saisi par les pirates ; la guerre privée, principe de cette anarchie, servait à couvrir et à favoriser toute espèce de pillage et de violence sous prétexte de représailles. Il n'était pas aisé d'obtenir justice ou réparation de la part des gouvernements, soit qu'ils craignissent les pirates, soit qu'ils les utilisassent. En outre, le manque de police régulière permettait à ces derniers de trouver des abris dans les ports, et les choses en arrivèrent au point qu'ils parvinrent à s'établir sur les côtes de Barbarie, à former des associations, à constituer des États ne vivant que de vols ; c'est ce que l'on vit au xvıᵉ siècle, quand Barberousse, renfermé dans Tunis, put y défier la puissance de l'Empereur Charles-Quint.

La nécessité de mettre un terme à cet état de choses avait décidé les villes de la Méditerranée à former des coalitions, en établissant une navigation de conserve, en choisissant un chef nommé « Amiral » et en réglant le partage du butin que l'on prendrait aux pirates ou aux ennemis. Et, comme les gouvernements des États ne possédaient pas encore de marine pouvant constituer une force navale permanente, les navires destinés à ces expéditions, soit dans le but de la défense commune, soit dans celui de l'attaque, étaient requis, loués ou achetés pour l'occasion même, chaque État considérant ses sujets comme les auxiliaires obligés de ces forces navales improvisées.

Voilà comment de cette urgente nécessité de protéger leurs intérêts réciproques, naquit l'accord entre les nations maritimes de la Méditerranée et comment cet accord fonda le caractère international du *Consulat de la mer*, qui régit la navigation et le commerce de ce littoral durant les derniers siècles du moyen-âge.

La doctrine du *Consulat de la mer*, relative aux procédés internationaux durant la guerre, se basait sur le principe, dérivé du droit naturel, que toute propriété ennemie a un caractère hostile, parce qu'elle constitue, par sa valeur matérielle, un moyen pour l'ennemi de soutenir la guerre ; que, par conséquent, l'adversaire a le droit d'empêcher *l'effet* en s'appropriant *la cause*. De là, cette conséquence que le belligérant a le droit de s'emparer de toute propriété appartenant à son adversaire, c'est-à-dire la *Res hostium*.

D'autre part, la propriété d'un neutre, par le fait qu'il n'est pas en état de guerre, n'a pas ce caractère, et par conséquent, n'est pas susceptible d'être saisie : c'est la *Res amicorum*.

De cette double appréciation du caractère amical ou hostile de la propriété, sortirent l'esprit et les dispositions du *Consulat de la mer* en ce qui touche la saisie. Ainsi, d'après ce code, les marchandises appartenant à l'ennemi trouvées sur navire neutre, devaient être saisies, mais non le navire ; et réciproquement, la capture du navire ennemi n'entraînait pas la capture des marchandises neutres qui pouvaient se trouver à son bord. C'est le principe que l'on énonce par la règle : « Le pavillon ne couvre pas la marchandise et ne la confisque pas ».

Sur le jugement des prises, le *Consulat* statuait qu'il devait être prononcé en haute mer, par l'autorité de l'amiral de la flotte ou par le commandant du navire armé, d'après les papiers de bord ou même sur serment des réclamants. Il établissait également des règles tendant à faire trancher tous différends qui pourraient survenir, par les tribunaux consulaires établis dans les villes de la Méditerranée pour juger les causes maritimes, ou même par les *hommes-bons* de la localité, sorte de jury composé d'arbitres choisis spécialement à cette fin.

Nous le répétons, dans toutes ses dispositions, le *Consulat de la mer* est si minutieux, si prévoyant que tous les publicistes s'accordent à le considérer, malgré quelques défaillances, non seulement comme le formulaire des usages et règles suivies à cette époque par les peuples de la Méditerranée, mais aussi comme le code le plus complet et le plus remarquable du droit international maritime du Moyen-Age.

Des raisons semblables à celles qui avaient déterminé la coordination du *Consulat de la mer* motivèrent la collection de lois et règlements appelée *Rôles d'Oléron* dont l'objet fut de régler les relations entre les peuples maritimes de l'ouest de la France, du nord de l'Espagne et du sud de l'Angleterre. Quoique les rôles d'Oléron ne constituassent pas un code complet de droit maritime, mais plutôt un règlement local, ils furent assez appréciés pour que les Anglais, comme les Français réclamassent l'honneur de les avoir rédigés. Au demeurant, l'origine de leur dénomination est vraisemblablement due à ce qu'ils furent promulgués par le roi d'Angleterre, Richard I, qui, à son retour des croisades, s'arrêta dans l'île d'Oléron, située sur la côte la plus septentrionale de la baie de Biscaye; et c'est sans doute aussi parce que ce monarque fit par lui-même l'expérience de l'utilité du *Consulat de la mer* et de la nécessité d'un groupement de lois maritimes, qu'à l'instar de ce qui avait été fait dans la Méditerranée, il mit en vigueur dans l'ouest et sur les mers baignant ses domaines, les règlements dont nous parlons.

On doit aux rôles d'Oléron, quoiqu'ils aient été publiés à une époque où la civilisation était encore peu avancée, l'abolition du *Jus naufragii*, coutume barbare qui faisait des épaves des naufrages la propriété des habitants du littoral où avait eu lieu le sinistre, et qui sanctionnait, sous ce prétexte, toute espèce de rapines et d'excès.

Avec les lois d'Oléron viennent les ordonnances de Wisbuy, ancienne ville de Suède, adoptées et suivies par les peuples du nord. Sont-elles antérieures ou postérieures aux Rôles d'Oléron? Le doute existe encore sur ce point, mais en tout cas, elles réglèrent le commerce étendu de la Baltique, acquirent une grande autorité sur tout le littoral et dans les pays voisins, et devinrent la base des ordonnances de la ligue hanséatique ou *Hansa teutonica*, qui commença à fonctionner au xiiie siècle, à Lubeck et à Hambourg ; cette ligue, à l'origine, avait eu pour objet la défense mutuelle contre la piraterie ; mais son rôle s'élargit dans la suite et s'étendit à la création d'une confédération assez importante pour compter soixante-deux villes sous sa dépendance.

Le système introduit parmi les peuples maritimes, de compiler des lois adaptées à leurs antiques usages, fut aussi appliqué en France ; au xvie siècle, une collection de règles pratiques sur les questions de droit maritime fut publiée et adoptée par la ville de Rouen. Quoique les dispositions de cette collection, appelée *Guidon de la mer* n'eussent pas le caractère d'une loi positive et n'émanassent pas de l'autorité, elles s'imposèrent cependant longtemps pour la confection des contrats maritimes et furent, plus tard, converties, en grande partie, en lois, par les ordonnances de Louis XIV.

L'époque de transition entre le Moyen-Age et la période des temps modernes fut marquée par un ensemble de faits du caractère le plus extraordinaire, et destinés à produire des conséquences d'une importance capitale pour l'humanité. Il était réservé aux nations les plus occidentales du monde connu et limitées par l'immensité de l'Océan, de réaliser les hardies entreprises maritimes qui devaient enrichir la géographie de la découverte de régions et de mers lointaines ; l'étendue connue du globe allait être plus que doublée.

L'infant Dom Henrique avait donné le signal de tentatives à faire pour enlever à l'Océan ce qu'il nous dérobait encore, en créant à Sagres une pépinière de navigateurs hardis : pas à pas, ces hommes s'avançaient dans le sentier qui conduisait Barthélemy Dias à atteindre l'Afrique jusqu'à sa limite australe ; Vasco da Gama ouvrait un chemin maritime vers l'Orient, et Colomb en tentant la même aventure par une route différente, découvrait l'Amérique. Tant de hauts faits immortalisaient leurs auteurs et complétaient l'œuvre de la découverte en déterminant l'une des plus extraordinaires transformations que l'histoire aient enregistrées tant dans la géographie, la politique, le commerce et la navigation, que dans les conditions sociales de l'humanité.

La géographie faisant sortir du chaos des suppositions ce que l'ignorance nous cachait sur les régions inconnues vit ses horizons élargis. La politique donna essor à l'agrandissement des nations mêlées à ces hauts faits, abaissa des États, rendit à d'autres leur ancienne splendeur. Le commerce et la navigation prirent un nouveau développement par la connaissance de nouvelles mers, de nouvelles régions, de nouveaux produits; de nouveaux marchés et de nouveaux éléments de progrès pour l'industrie, les arts et les sciences d'application. En même temps, le système social subissait la salutaire influence de ces nouveaux stimulants de vie et d'énergie ; l'action morale produite par l'extension des principes civilisateurs que la lumière de l'Évangile allait répandre parmi les peuples sauvages et barbares, jetait le germe de nouvelles nationalités et de nouveaux centres d'activité, destinés à porter à leur plus haut développement les conditions d'existence matérielle et morale de l'humanité.

Au milieu de ce débordement de progrès matériels, si l'Amérique donnait de nouveaux produits au vieux monde, l'Inde, elle aussi, fournissait en abondance, les épices et les produits précieux de l'Orient, mais elle détournait le commerce de la voie étroite qu'il avait suivie jusque-là. Au moral, l'appât des richesses chez les uns, le ressentiment chez les autres, la rivalité chez tous vinrent donner naissance à des prétentions qui s'attachaient non seulement à la possession de nouvelles régions, mais aussi au domaine exclusif des mers, et à travers lesquelles se faisait jour l'égoïsme de chacun plutôt que l'avantage de tous. La force pouvait faire plier et vaincre, mais le droit avait à en souffrir et il fallait qu'il réagit. Et si les nations qui avaient déterminé cette évolution sociale, économique et politique avaient pu se maintenir, durant de longues années, dans la possession ou dans la jouissance des régions qu'elles avaient découvertes et soumises, il était certain qu'en présence du droit commun et naturel du genre humain, elles ne pouvaient disputer indéfiniment l'usage exclusif des mers, ni soutenir l'égoïste prétention de monopoliser, à leur seul profit, cet élément commun, cette voie de communication universelle.

Le Portugal, soucieux de maintenir ses prétentions à cet égard, put, durant un siècle, conserver son empire. La nation qui avait détourné le commerce de l'Orient, centralisé jusque-là par Venise, de son primitif mais difficile trafic, aspirait alors à se l'approprier et à s'en réserver l'exploitation la plus facile et la plus vaste, celle du littoral de l'Afrique ; et dans ce but, elle s'était arrogé le domaine des mers orientales. Mais, lorsque les luttes d'intérêt, les événements politiques et les conflits européens vinrent empêcher les autres nations de s'approvisionner aux entrepôts que ce système restrictif avait crées à Lisbonne, le Portugal ne put soutenir son monopole pour l'avenir sans que les nations se révoltassent contre la prétention sur laquelle il s'appuyait. Ce système donc, et cette prétention ou plutôt les principes égoïstes et prédominants qui en étaient la base, furent battus en brèche par un principe tout différent, celui de la liberté des mers, proclamé comme un droit universel.

Quand une doctrine, une idée élevée et généreuse est appuyée du crédit d'un homme illustre, la valeur et le prestige du principe qu'elle contient s'en accroissent ; l'effet est plus grand encore quand les intérêts en jeu sont l'objet des controverses d'hommes éminents. C'est ce qui eut lieu lorsque, soulevant la question de la liberté des mers, le célèbre hollandais Hugo Grotius, en 1609, dans son traité du *Mare liberum*, démontra l'injustice, le manque de sens et l'offense au droit naturel que couvrait la prétention au domaine exclusif des mers de l'Orient. Plus tard, l'anglais Jean Selden s'éleva contre la doctrine de Grotius dans son *Mare clausum*; mais il ne défendit pas d'une manière absolue le principe du domaine de la mer, il en réclama seulement l'application relative aux eaux baignant le littoral de la Grande-Bretagne.

La controverse des deux érudits savants ne trouva pas de tribunal qui en sanctionnât les conclusions; le juge d'un pareil procès ne pouvait être que le bon sens naturel et le bien du genre humain. Et cette autorité morale devait décider en faveur de la justice et du droit.

La question de la liberté ou de la restriction du domaine maritime était vieille comme question pratique, partout où le droit et la force s'étaient disputé l'empire, mais le procédé pour la trancher était nouveau. On n'en appelait plus aux armes, on se plaçait sur le terrain de l'argumentation et de la logique, et le *Mare liberum*, soutenant la liberté des mers et donnant de la valeur à cette doctrine ainsi que le *Mare clausum* la combattant, déterminèrent un véritable progrès en donnant aux débats sur les questions internationales une place parmi les travaux de l'esprit.

Le principe de la liberté des mers triompha par le fait que la raison et le bien général le recommandaient, et la pratique se chargea de le sanctionner en le reconnaisssant comme une vérité incontestable et destinée à servir de base à toutes les transactions consenties en vertu du droit naturel ou dérivées du droit secondaire. C'était en vain que Venise, la reine de l'Adriatique, l'antique entrepôt du commerce de l'Orient, confirmait chaque année son domaine par l'imposante cérémonie que l'on sait:

où le doge, du bord du *Bucentaure* jetait son anneau dans les flots en prononçant ces paroles : « *Desponsamus te mare, in signum veri et perpetui dominii* » ; elle ne pouvait plus maintenir sa prétention.

Venise n'était pas seule atteinte ; l'heure avait sonné aussi où finissait pour le Portugal le domaine exclusif des mers de l'Inde et de l'Orient. Les deux peuples rivaux dans la recherche d'un trafic si lointain et dans son exclusive exploitation étaient dès lors dépouillés. La navigation et le commerce maritime devenaient, non plus le monopole de tel ou tel peuple, mais un champ de libre exploration dont profitèrent de suite les autres nations de l'Europe ; quelques-unes, durant le xviie siècle, grandirent peu à peu en opulence et se disputèrent alternativement, non plus le domaine de la mer, mais la première place parmi les nations commerçantes et maritimes.

L'Angleterre et la Hollande, déjà depuis le commencement du siècle, envoyaient leurs flottes en Orient pour y protéger leur commerce, sans craindre de se voir contester le droit d'agir ainsi ; d'autre part, si la France ne se pressait pas de profiter de cette nouvelle voie maritime, elle préparait cependant les éléments d'une grande puissance militaire et navale et s'apprêtait à conquérir la prépondérance à laquelle elle aspirait parmi les autres nations, en vue des luttes politiques qui allaient surgir en Europe.

Ce fut durant le long règne de Louis XIV et sous la prévoyante administration de Colbert que la France atteignit le plus haut degré de sa splendeur, non seulement dans les lettres, les sciences et les arts, mais aussi dans le commerce et la navigation.

Étudiant et faisant étudier par des hommes compétents toutes les importantes questions qui touchaient au commerce et à la marine, Colbert put rédiger et publier, en 1681, la célèbre collection de lois et règlements connue sous le nom d'*Ordonnances de Louis XIV* ; il y réunit et sanctionna dans un seul code les principes et les règles de droit maritime, en compilant et en développant celles qui, jusque là, avaient été en usage dans les différents ports de France.

Adoptant les dispositions du *Consulat de la mer*, pour la prise des marchandises ennemies embarquées sur navires neutres, il rejeta celles qui déclaraient libres les marchandises neutres trouvées à bord de navires ennemis, c'est-à-dire, qu'il suivit comme règle que le *pavillon neutre ne couvrait pas la marchandise*, tandis que le *pavillon ennemi la confisquait*. D'autres nations, cependant, continuèrent à suivre, sur ce point, les doctrines du *Consulat de la mer* ; aussi, les Ordonnances de 1681, malgré la grande importance que leur donnait leur développement, malgré le fait qu'elles constituaient le règlement maritime d'une nation arrivée à une grande puissance navale, malgré l'influence considérable qu'elles avaient en général sur la décision de nombreuses questions relatives à la course, aux tribunaux, à la police et à beaucoup d'autres branches de la jurisprudence maritime, n'eurent-elles pas encore une application absolue dans les questions de droit international. De là, cette conséquence : tandis que certaines nations suivaient la règle « le pavillon couvre la marchandise », d'autres observaient la règle contraire. Au siècle suivant, les Ordonnances reçurent une altération notable sur ce point : celles de 1744 et de 1778 proclamèrent le principe que le *pavillon couvrait la marchandise et ne la confisquait pas*. A cette dernière date, les Colonies anglaises de l'Amérique septentrionale proclamaient leur indépendance et formaient un nouvel et puissant État maritime qui adopta cette règle ; l'adhésion d'autres nations au même principe fit que la jurisprudence spéciale des différents États s'harmonisa peu à peu ; le droit conventionnel put consigner l'uniformité des principes dans différents traités internationaux et dans beaucoup de mesures relatives à la prise, à la contrebande de guerre, au blocus, aux droits et devoirs de la neutralité, etc, et à d'autres points qui, auparavant, mal définis, faisaient l'objet de divergences notables.

Les célèbres pactes de neutralité armée de 1780 et de 1800 contribuèrent aussi puissamment à cette concordance de règles ; par ces pactes, différents États maritimes maintenaient, même durant la paix, une flotte toujours disponible, dans le but de défendre solidairement et de maintenir les principes du droit des neutres, s'ils venaient à être violés par d'autres nations ; et comme champ d'application de ces règles de droit, les États avaient devant eux les colonies qui se développaient, le commerce de ces colonies avec les métropoles, la variété d'intérêts, et les rivalités produites par la solution de questions politiques soulevées dans cette lutte d'intérêts.

La crise violente dans laquelle était entrée la grande Révolution française et les principes proclamés à cette époque, déterminèrent, à la fin du siècle dernier, de longues guerres qui ne finirent, dans le siècle actuel, qu'avec la chute du premier Empire, et qui avaient pris le caractère d'une lutte entre l'ambition des agrandissements et l'aspiration à la monarchie universelle, d'une part, et de l'autre, l'indépendance mise aux abois.

L'équilibre des puissances, établi à Westphalie et à Utrecht, une fois détruit, ces luttes placèrent l'Europe, durant cette longue période, dans des conditions exceptionnelles, en étouffant la morale des sociétés politiques sous la violation la plus flagrante du droit international. En présence de l'intérêt commun, qui était la guerre à la révolution, les questions relatives au droit maritime devaient être mises de côté. Durant le blocus continental, longue suite de représailles réciproques, les restrictions et la sévérité des pratiques maritimes furent portées au plus haut degré de la violence, et elles étaient trop excessives pour durer ; c'était la subversion et la négation de tous les principes de droit, déjà parvenus à constituer une règle de conduite internationale.

La paix générale vint permettre au Congrès de Vienne, en 1815, de rétablir de nombreux principes de droit des gens mis en oubli, et de trancher beaucoup de questions concernant les relations internationales dans le sens d'une plus complète uniformité. Ce résultat fut également dû, en partie, à la mise en application plus générale du droit conventionnel, à la formation de nouvelles nations maritimes, par suite de l'émancipation de nombreuses colonies, et à l'acheminement vers l'abolition de l'esclavage sous l'action de lois spéciales ou de pactes internationaux.

C'est un épisode intéressant dans l'histoire de l'humanité et des relations internationales que celui de l'origine, du développement et de la suppression de la traite. Non seulement l'esclave était par son travail une source de profits, mais encore sa personne était devenue l'objet d'un commerce lucratif. L'antiquité avait bien connu l'esclave, propriété absolue du maître, mais l'esclave, article de commerce, était une nouveauté dont il ne faut faire remonter l'origine qu'à la découverte de l'Amérique, époque à laquelle les noirs furent enlevés d'Afrique pour fournir des bras à l'exploitation des mines et à la culture du sol du Nouveau-Monde.

Ce trafic, honte de l'humanité, prit un caractère abominable lorsque l'on en fit l'objet d'un monopole : la couronne d'Espagne le mit à prix en l'adjugeant soit à des particuliers, soit à des compagnies, soit même à d'autres gouvernements, d'après des contrats dénommés *Assientos de negros*.

Les *assientos* stipulaient le nombre des esclaves qui devaient être transportés. Et parce que la traite produisait des gains considérables et ajoutait au monopole de la vente des noirs la facilité de pratiquer la fraude, en introduisant par contrebande, d'autres articles de commerce dans les navires des *Assientistas*, les gouvernements de l'Europe cherchèrent à obtenir ce privilège pour leurs sujets.

La concession faite pour la première fois, en 1517, par Charles-Quint aux Flamands, passa aux Gênois sous Philippe II, en 1580. Elle tomba dans le courant du xviiᵉ siècle aux mains de contractants portugais et, en 1701, fut adjugée à la compagnie française de Guinée jusqu'à ce que l'un des traités d'Utrecht, en 1713, signé entre le roi d'Espagne et la reine Anne de Grande-Bretagne, accordât le monopole de la traite à l'Angleterre pour la durée de trente ans; le gouvernement britannique s'obligeait à nommer des agents chargés d'introduire dans les colonies espagnoles des Indes occidentales d'Amérique 144.000 nègres, soit 4.800 par an ; les *Assientistas* payaient 33 1/3 *pesos fortes* pour chaque tête importée.

A l'ombre de ce privilège et de la concession implicite obtenue depuis, qu'un navire fût annuellement admis à faire le commerce dans les ports de l'Amérique espagnole fermés à tous autres étrangers, non seulement les colonies anglaises se fournirent d'esclaves, mais encore la métropole fit de la contrebande sur une large échelle même dans les ports fermés au commerce. De là, des ressentiments, des conflits, des mesures sévères, des griefs qui conduisirent à la guerre (1739), qui suspendit temporairement l'exercice du privilège.

Après la paix de 1748, la Compagnie anglaise acquit de nouveau, par le traité d'Aix-la-Chapelle, son droit pour quatre années encore, à l'expiration desquelles le contrat ne fut plus renouvelé. Ce fut le commencement de la réaction.

Quelques années plus tard, les colonies anglaises de l'Amérique du Nord, maîtresses de leurs destinées, prohibaient l'importation des esclaves africains (1776). Le Danemarck agissait de même, en 1792, en ce qui concernait ses possessions.

Enfin, le nouveau système colonial et commercial inauguré durant les grandes commotions et les luttes de la fin du dernier siècle, amenait au commencement de celui-ci un changement complet dans les tendances politiques de l'Angleterre relativement à la traite; elle s'employait à réprimer le trafic des esclaves et à l'interdire par tous les moyens et rendait d'autres nations solidaires de ses vues par des conventions spéciales et des traités internationaux.

Les évènements politiques de cette époque de luttes n'empêchèrent pas et favorisèrent plutôt la signature des conventions de 1810 entre le Portugal et la Grande-Bretagne, qui prohibaient la traite dans de certaines limites et certaines conditions ; ils amenèrent également d'autres nations coloniales, telles que la Hollande et la Suède à l'interdiction de ce commerce dans leurs possessions.

Il est indubitable que la répression et les tentatives de suppression de la traite sont dues en partie aux nouvelles tendances coloniales ainsi qu'aux intérêts politiques et commerciaux mis en jeu ; mais il faut aussi faire la part de l'influence des idées humanitaires proclamées et soutenues avec une remarquable insistance par Wilberforce au sein du parlement britannique ; ces idées rencontrèrent chez les représentants des nations civilisées au Congrès de Vienne, une pleine adhésion ; de cet accord sortit la déclaration du 8 février 1815, signée au nom de l'Angleterre, de l'Autriche, de la France, du Portugal, de la Prusse, de la Russie, de l'Espagne et de la Suède : « le désir sincère » y était exprimé « de concourir à la prompte et efficace exécution de mesures tendant à abolir la traite sans préjudice des moyens que chaque puissance signataire pourrait considérer comme les plus convenables pour l'abolition définitive de ce commerce. »

Après de longues et pénibles transactions, le Portugal prohiba également l'exportation des esclaves de toutes ses colonies, par le décret du 10 décembre 1836, sur un rapport du grand apôtre de l'abolition, Sà da Baudeira, le Wilberforce portugais ; c'est grâce à la persévérance et au dévouement de cet homme d'État, que s'opéra l'abolition totale, non seulement de la traite, mais encore, plus tard, de l'état d'esclavage dans toutes les colonies portugaises ; plus heureux que Wilberforce, il put voir son but atteint durant sa vie.

En dépit de ce décret, qui en finissait légalement avec l'esclavage, le qualifiant de tache indélébile dans l'histoire des nations modernes, la traite continua à être exercée illégalement et furtivement sur une large échelle, malgré les croisières établies pour la surveiller. C'est à titre de mesure de répression qu'intervint le traité de juillet 1842 entre le Portugal et l'Angleterre, les deux puissances se concèdant réciproquement le droit de visite, en temps de paix, pour la répression de la traite qu'elles qualifiaient de piraterie.

Quoique les influences politiques diverses, les intérêts à garantir, les lenteurs et résistances diplomatiques à vaincre, eussent retardé d'autres accords internationaux conçus dans le même sens, diverses conventions et traités furent successivement signés, entre les puissances maritimes. Citons, entre autres, le traité de 1845 entre la France et la Grande-Bretagne, et celui de 1862 entre l'Angleterre et les États-Unis d'Amérique. Les rapports internationaux conduisant à l'abolition de la traite prirent, on le voit, une place particulière dans les questions du droit maritime international.

On peut donc dire que les évènements du commencement de ce siècle et les vues qui motivèrent le Congrès de Vienne, aussi bien que l'influence exercée par ce congrès sur la politique en général, sur la constitution des États, sur leur indépendance et, par suite, sur le développement croissant de la navigation, furent les causes complexes auxquelles, il faut attribuer la nouvelle forme et l'importance acquises par le droit maritime international ; il put être plus défini dans sa nature en vertu du droit privé des nations, plus conforme dans ses principes en vertu de la sanction du droit coutumier, mieux garanti dans la pratique en vertu des clauses de traités solennels ; et au dernier Congrès de Paris, en 1856, il fut permis de voir les grandes puissances réunies pour conclure le traité de paix et d'amitié qui mettait fin à la guerre d'Orient, consigner dans leur déclaration du 16 avril les principes sur lesquels elles étaient d'accord :

1° Que la course était abolie ;

2° Que le pavillon neutre couvrait la marchandise ennemie, à l'exception de la contrebande de guerre ;

3° Que la marchandise neutre, à l'exception de la contrebande de guerre, n'était pas saisissable sous pavillon ennemi ;

4° Que les blocus, pour être valables, devaient être effectifs et maintenus par la force occupant le littoral bloqué.

Presque toutes les nations civilisées adhérèrent, plus ou moins promptement et implicitement à ces principes et aux autres décisions d'intérêt général ; l'ensemble constitua donc une règle de droit destinée non seulement à fixer la procédure internationale durant la paix, mais aussi à garantir, durant les guerres maritimes, des avantages aux belligérants, comme aux neutres, en évitant des causes de conflits, en diminuant, pour les belligérants, les maux de la guerre et en assurant aux neutres les bénéfices de la paix.

PREMIÈRE PARTIE

PRINCIPES GÉNÉRAUX DU DROIT

CHAPITRE PREMIER

ORIGINES DU DROIT

SOMMAIRE. — Droit naturel. — Droit des gens. — Droit primitif ou nécessaire. — Droit secondaire ou positif, conventionnel ou coutumier.

Les conditions de force physique varient chez les êtres raisonnables selon le tempérament, l'âge, le sexe, ou selon les influences du climat sous lequel vivent les individus, du travail auquel ils s'adonnent et des ressources que leur offre leur situation personnelle et sociale. Avec la force physique plus ou moins grande qui peut résulter de ces éléments ou de ces influences, le Créateur a attribué aux hommes l'usage de la raison et le sentiment de la conscience, il leur a inspiré la notion du bien et du mal soit par rapport à eux-mêmes, soit par rapport aux autres individus, et les a mis en mesure de comprendre que leurs actions ne doivent pas être subordonnées seulement au pouvoir de la force ou au caprice des passions, mais bien aussi aux principes de justice que leur trace la nature.

La raison et la conscience s'unissent donc pour montrer à l'homme la loi naturelle qui doit diriger ses actes, lui en indiquer le caractère licite ou illicite et lui tracer, vis-à-vis des autres êtres, une conduite en rapport avec les principes inéluctables du juste : de là, la conscience du devoir.

La force peut constituer, dans l'ordre physique une supériorité d'individu à individu. Mais la raison et la conscience établissent dans l'ordre moral, d'autres moyens dominés par la notion du *devoir* et du *droit*. C'est l'ensemble de ces préceptes justes, nécessaires, immuables pour tout être raisonnable et imprimés par Dieu dans la conscience humaine qui constitue *la loi naturelle ou primitive*.

Le but d'une loi régulatrice de la conduite des hommes est d'imposer des obligations morales ou d'autoriser certains actes d'où il puisse résulter des avantages.

Dans le premier cas, la loi établit le *devoir* ; dans le second, elle considère le *droit*. La loi naturelle ou primitive, quand elle désigne les *devoirs* qu'elle impose, établit de suite les droits corrélatifs qui en émanent et qui constituent les principes de *droit naturel ou primitif*.

La science du droit naturel se fonde donc sur les principes de cette loi intuitive qui, donnant la faculté de pratiquer ce qui est moralement juste, établit les principes à observer dans les rapports d'individu à individu pour les différentes hypothèses de la vie sociale.

Le *devoir* est de précepte, le *droit* est facultatif ; mais droit et devoir sont essentiellement corrélatifs ; et dans les relations réciproques d'individu à individu, ce qui constitue, pour l'un, un devoir, établit pour l'autre un droit. Il en est de même pour les relations mutuelles des collectivités.

C'est un axiome qui résulte de l'étude de la nature morale de l'homme, que seul et isolé, il ne pourrait parvenir à son bien-être et que la sociabilité est une condition naturellement nécessaire pour qu'il obtienne son plus grand avantage. Cette cause naturelle a produit la famille, élément social dont le groupement détermine la formation des nations.

Or, le droit naturel, essentiellement lié à la nature humaine et prescrivant certains principes qui doivent dominer les relations réciproques d'individu à individu, est aussi bien et pour la même raison applicable aux relations entre les collectivités d'individus, constituant autant d'entités morales. C'est donc aussi la loi commune des associations, c'est-à-dire, des nationalités.

Cette application des préceptes du droit naturel, qui oblige les nations à la pratique des mêmes devoirs qu'il dicte aux individus, constitue le *droit des gens*, qui, considéré d'après son origine fondée sur le droit naturel est également nommé *droit des gens primitif ou nécessaire*.

Le respect pour le droit des gens est par conséquent aussi obligatoire entre nations, que celui du droit naturel l'est entre individus.

De ce que les différentes sociétés civiles qui forment des Nations ou États, sont indépendantes, il découle que les lois intérieures constituant le droit public des unes ne peuvent être étendues aux autres ; c'est-à-dire, que le droit public intérieur de chaque nation ou État ne peut être regardé comme un droit externe, absolu, auquel les autres doivent se soumettre.

D'où il résulte que pour fixer les limites auxquelles s'arrête le droit des gens, il est de toute nécessité de recourir aux divers éléments qui peuvent lui donner naissance.

Ces éléments sont :

1° Les principes généraux du *droit naturel*, constituant le droit primitif qui découle du consentement *présumable* des nations ;

2° Le *droit coutumier*, constituant le droit secondaire qui émane du consentement *tacite* ;

3° Le *droit conventionnel*, constituant également le droit secondaire, qui provient du consentement *exprès* ;

Les origines du droit international sont donc au nombre de trois :

1° La raison et la conscience du juste et de l'injuste, indépendamment de toute prescription ;

2° La coutume;

3° Les traités publics.

Les principes, les pratiques et les usages du droit des gens, d'accord avec ces éléments et dans ces limites, règlent la conduite des nations, et c'est pour cette raison, que dans leur généralité, ils constituent le droit international.

Le droit conventionnel peut abroger le droit coutumier; mais il perd son caractère de droit s'il établit des prescriptions contraires au droit naturel.

Quoique dans l'ordre philosophique, le droit naturel ait la première place, dans l'ordre pratique des relations extérieures, lorsqu'il s'agit de trancher des questions ou de conduire des négociations, son rang n'est plus le même : dans ces cas l'on considère, en premier lieu, les obligations contractées au nom du droit conventionnel, en vertu de traités existants. Si ces traités manquent, le droit coutumier établit la règle; et là où il n'y a ni traités à invoquer, ni coutumes à suivre, il est d'usage de procéder d'accord avec ce que la raison établit comme juste, et avec les simples principes de droit naturel.

Quand le droit public externe puise ses origines dans le droit conventionnel et coutumier, il constitue ce que les publicistes désignent sous le nom de *droit international positif ou secondaire*; lorsqu'il dérive seulement des principes du droit naturel, on le nomme *droit des gens primitif*.

CHAPITRE II

DES NATIONS OU ÉTATS

SOMMAIRE. — Etat social de l'homme. — Principe de l'autorité et du droit public. — Droit civil et politique. — Différentes formes de gouvernement.

L'homme, par sa nature, son inclination et sa convenance a été conduit à vivre en société, à former des groupes plus ou moins nombreux, plus ou moins importants et à établir ainsi autant d'individualités collectives mais distinctes.

Ces groupements ou entités correspondent principalement à l'identité d'origine, de races, de croyances, de dispositions physiques, d'habitudes, de langue et de traditions, qui, se réunissant, comme dans un seul type collectif forment les éléments naturels et appropriés à la fondation des *nations* ou *peuples*.

Comme, toutefois, on considère généralement les associations d'hommes moins d'après le groupement des caractères distincts et individuels, que d'après l'unité du principe de gouvernement qui les fait participer d'une existence sociale et politique commune, on les désigne plus spécialement, dans ce sens, sous le nom d'*États*.

Les nations ou États, par la même raison qu'elles sont issues de sociétés ayant des intérêts communs, ont besoin d'une autorité qui règle, dirige et maintienne dans des limites convenables, la conduite de chacun de leurs membres, afin que ces derniers, dans leur collectivité, puissent atteindre le but de leur association.

Par le fait de cette association civile ou politique, chaque individu ou membre demeure soumis au principe et à l'action de *l'autorité* pour tout ce qui doit intéresser le bien commun, et se trouve ainsi subordonné aux règles ou lois qui régissent le corps social.

De là, deux principes à considérer : celui de la *souveraineté* ou gouvernement pour ce qui regarde l'exercice de l'autorité ; et celui du *droit public* pour ce qui touche à la nature des lois internes, qui régissent la collectivité.

La souveraineté est exercée par l'individu ou les individus auxquels a été confié l'exercice du principe d'autorité et qui représentent par là cette entité morale.

Le droit qui règle les relations entre les membres du corps social constitue le *droit civil ou privé* ; et celui qui établit les relations entre le dépositaire du pouvoir suprême et ceux qu'il gouverne, se nomme *droit politique*.

Quand une société est régie par des lois fixant ses devoirs et garantissant ses droits, et qu'elle est, par là même, un État constitué et indépendant, la forme de son gouvernement peut varier selon que les pouvoirs politiques (législatif, exécutif et judiciaire) se trouvent concentrés sur une seule tête ou sur un plus grand nombre d'individus ; ce sont les formes de gouvernements despotique, absolu, représentatif, démocratique, etc., etc.

Les règles de droit public interne de chaque pays varient selon la concentration ou la division plus ou moins grande des pouvoirs publics. Mais, quelle que soit la forme sous laquelle est exercée l'autorité, dès qu'un État se gouverne par lui-même et n'est pas soumis à une autorité supérieure et étrangère, il constitue un *État souverain*.

La *souveraineté* confère à l'État une individualité politique et le fait considérer dans les relations internationales comme une entité morale, ayant le droit de subsister par elle-même. Les États souverains sont désignés également sous le nom de *Puissances*.

La souveraineté, dans son exercice, peut être considérée, soit par rapport à son ingérence et à son action dans les affaires intérieures d'un pays, pour tout ce qui regarde son droit public et sa législation, soit par rapport à ses relations avec les autres États souverains ; ce qui fait que la souveraineté est dite *interne* ou *externe* ; cette dernière dénomination est toujours donnée quand il s'agit de relations internationales d'État à État.

De même, le droit public est désigné sous le nom *d'interne* ou *externe*, selon qu'il se rapporte aux relations entre les membres d'un même État ou à celles de plusieurs États entre eux.

CHAPITRE III

DU TERRITOIRE DES NATIONS

SOMMAIRE. — Propriété et domaine des nations. — Principe de la souveraineté. — Souveraineté interne et externe.

L'idée d'un État constitué comporte nécessairement celle de possession et d'occupation d'une partie du globe, où les membres qui composent cet État puissent se fixer et s'établir.

La Terre, dans son ensemble, appartient en usufruit au genre humain qui peut en tirer les objets nécessaires à la vie et à l'entretien de ses besoins et de ses goûts. Mais le sol ayant besoin de culture et d'exploitation pour produire, il serait impossible d'en tirer des profits s'il n'était occupé que par des sociétés errantes ou non permanentes. De semblables sociétés, sans territoire défini, vivant à l'état nomade, n'auraient pas qualité de Nations ou États, et seraient des hordes ou des tribus plus ou moins barbares et incultes.

La loi de la nécessité a donc amené les peuples à se fixer sur différentes parties de la terre, où ils pussent s'adonner à l'exploitation du sol et des richesses qu'il contient ; amenés à s'installer d'une manière permanente, ils ont cherché à élargir le cercle de leurs avantages sociaux, sans se voir arrêtés dans leur action ni frustrés des bénéfices de leur travail, ce qui ne restreignait pas le droit com-

mun de possession, mais le modifiait par le droit de possession individuelle.

La portion plus ou moins limitée du globe où sont établies d'une manière permanente les sociétés composant
différents États souverains, constitue le territoire de ces
États. De cette manière, le domaine exercé par l'État ne se
limite pas à la simple propriété mise aux mains des individus, mais il est la représentation collective et la sauvega...
de cette propriété.

C'est par l'occupation et la possession du territo...
que les nations exercent leur droit de *propriété* et de *souveraineté* ou domaine. La propriété est le droit abs...
de possession en vertu duquel l'homme ou une entité...
rale peut user et disposer d'un objet de la manière qui...
convient, à l'exclusion de toute ingérence étrangère. Ain...
le droit de propriété d'un État est celui qui lui donne...
sage exclusif de son territoire.

D'autre part, les hommes à l'état de société, dispos...
pour ainsi dire, d'un accord de volontés et d'un ensem...
de forces individuelles qu'ils ont concentrées dans un p...
voir ou une autorité supérieure et commune chargée de...
diriger, de les administrer, de garantir leur sécurité et l...
bien-être. C'est ce qu'on appelle la *souveraineté* ou le...
maine quand l'on considère les nations, non plus se...
ment par rapport à la possession du territoire occupé,...
encore, par rapport au principe de l'autorité qui les r...
et à la juridiction exercée sur elles.

______

CHAPITRE IV

DEVOIRS ET DROITS DES NATIONS

SOMMAIRE. — Devoirs absolus ou permanents et droits conditionnels. — Droit de conservation, d'indépendance et d'égalité des nations.

Dès qu'un peuple se constitue légitimement en État souverain, il acquiert une individualité politique. Mais comme les nations sont issues du principe de sociabilité et sont composées d'individus assujettis aux obligations imposées par la loi morale, comme elles sont des entités disposant d'entendement, de volonté et de force propre, elles ont aussi l'obligation de procéder entre elles selon les prescriptions dictées aux individus par le droit naturel.

Or, les relations mutuelles entre les individus et les sociétés créent certaines nécessités d'ordre moral relatives aux actes qu'il faut ou qu'il ne faut pas pratiquer, actes qui peuvent être réclamés par les uns et qui doivent être accomplis par les autres. Dès que l'accomplissement peut en être exigé, il correspond à un *droit* pour celui qui le réclame et à un *devoir* pour celui qui s'y soumet. Le cas ne se produit pas seulement pour les relations d'individu à individu, les relations d'État à État y donnent également lieu ; d'où il faut conclure que les États dans leurs relations mutuelles ont des *devoirs* à accomplir et des *droits* à respecter, en vertu des lois du droit naturel dont l'objet comme nous l'avons déjà indiqué, est l'assistance mutuelle que les hommes se doivent pour parvenir au bien-être.

Le droit des gens étant l'application du droit naturel aux nations, considérées comme entités morales, celles-ci en conséquence ont le devoir :

1° De maintenir ce principe de droit naturel en recherchant leur bien-être dans les limites de la justice ;

2° De ne pas inquiéter ni troubler les autres nations dans la possession de leur liberté et de leur indépendance.

Ainsi, c'est un devoir de respecter les droits d'autrui et si les devoirs que la loi naturelle impose n'étaient pas mutuellement remplis, il n'y aurait pas de relations internationales possibles.

Corrélativement aux *devoirs* réciproques que les nations ont à remplir, elles ont des *droits* à faire respecter. Ces droits sont de deux sortes :

Droits primitifs ou *absolus* ;

Droits hypothétiques ou *conditionnels*.

Les droits *absolus* sont permanents et existent toujours indépendamment de toute circonstance exceptionnelle dans la situation d'un État.

Les droits *conditionnels* peuvent cesser ou varier indéfiniment selon certaines circonstances. Ainsi la guerre confère des droits qui n'existent pas dans l'état de paix.

Les droits absolus garantis à toutes les nations par la loi naturelle sont :

1° Le droit de conservation et de bien-être ;

2° Le droit d'indépendance ;

3° Le droit d'égalité.

Le droit de conservation est aussi naturel aux sociétés qu'à l'homme, et aussi légitime que le droit à la vie l'est pour l'individu.

C'est l'État qui l'exerce, soit en cherchant à développer les éléments de sa prospérité, soit en réagissant contre les attaques injustes qui peuvent être dirigées contre lui. Dans ce cas, c'est le droit de *légitime défense*.

Par le droit de conservation les nations ont la faculté,

non seulement de pourvoir à leur développement et à leur bien-être, mais aussi de défendre leur territoire et, par conséquent, d'entretenir des armées et des flottes, d'exiger des satisfactions et des réparations.

Le *droit d'indépendance* garantit à l'État la non soumission à une autre Puissance en l'exemptant d'obéissance à une souveraineté étrangère.

C'est aussi en vertu du droit d'indépendance qu'un État souverain a la faculté de maintenir et de développer ses forces terrestres ou maritimes, de s'entourer des moyens de défendre son territoire, de repousser les agressions, et d'attaquer, sans que cette faculté puisse lui être contestée par d'autres États. Si, cependant, des procédés ténébreux donnent de justes soupçons aux États voisins, ceux-ci peuvent exiger des explications et, dans ce cas, c'est un devoir de leur en donner chaque fois que la loyauté des procédés est manifeste.

Le *droit d'égalité* est celui qui garantit des droits identiques à tous les États quelle que soit leur différence en force, en richesse, en extension territoriale, etc. ; l'État le plus faible trouve ainsi une garantie contre le plus fort.

De même que le droit naturel s'appuyant sur la justice et la raison, s'oppose à ce qu'un individu soit soumis à un autre en raison de la faiblesse de sa constitution, de même, le droit d'égalité entre les États ne reconnaît moralèment ni supériorité, ni infériorité relative, malgré la différence des conditions naturelles, politiques et économiques de ces États.

Les situations diverses des Puissances, les évolutions qui s'opèrent dans leurs relations avec d'autres pays, se rapportent toutes à ces trois droits fondamentaux des nations. Et si des droits secondaires peuvent être créés par la grande variété des situations que déterminent les évènements, ils ont toujours un rapport direct avec les droits absolus que nous venons de définir.

CHAPITRE V

DROIT CONVENTIONNEL

SOMMAIRE. — Comment le droit primitif est étendu ou modifi
le droit secondaire ou positif. — Celui-ci est coutumier ou co
tionnel. — Traités ou conventions. — Conditions de validité.
tification. — Plénipotentiaires.— Trèves, armistices et capitulat

Le droit des gens appuyé sur le consentement des
tions est de trois espèces correspondant à sa triple ori
Cette triple origine est l'accord *présumable* qui const
le droit naturel ; l'accord *exprès* d'où naît le droit con
tionnel ; et l'accord *tacite* qui forme le droit coutumier

L'accord présumable (constituant le droit primitif
fondé sur les obligations auxquelles sont soumises le
tions, en vertu des règles de morale et de justice di
par le droit naturel.

L'accord exprès et l'accord tacite (constituant le
secondaire ou positif, c'est-à-dire, le droit conventio
et le droit coutumier), se basent sur des principes, en
tu desquels les nations se soumettent à des règles de
duite mieux définies que celles auxquelles elles seraien
sujetties par le droit naturel seul.

Nous venons de dire que le droit secondaire étai
conventionnel ou coutumier. C'est par le droit *conven
nel* que se créent, se modifient ou s'étendent les droit
ciproques des nations ayant formé des pactes verbau
sur documents ; et c'est par le droit *coutumier* que s

blissent souvent ces modifications ou ces extensions de droits réciproques, selon des usages et des pratiques suivies par d'autres nations et qui, en l'absence de conventions expresses, trouvent leur fondement dans la sanction tacite des contractants.

Le droit conventionnel est donc celui qui résulte des conventions et traités solennellement stipulés entre nations qui s'obligent réciproquement à en remplir les clauses ; et le droit coutumier, celui qui, en l'absence de ces conventions ou traités exprès, prend pour règle l'usage établi parmi d'autres nations et sanctionné par une coutume incontestée.

Le respect que tout homme doit à la foi promise est une vérité morale que la raison conçoit et que le droit naturel impose.

Une conséquence de cette maxime, est que l'accord et le concours de deux ou de plusieurs volontés créent pour ceux dont elles émanent, de nouvelles obligations qui deviennent impérieuses dès qu'elles ont été réciproquement contractées.

La convention est pour les individus un moyen de créer, de modifier ou d'amplifier les droits réciproques de ceux qui la stipulent ou y accèdent.

Mais les maximes théoriques sur le respect et la foi que doivent inspirer les conventions ne sont pas absolues ; elles sont limitées dans la pratique : car les contrats doivent être subordonnés à certaines conditions dont l'absence entraînerait un défaut ou une nullité. Ainsi, pour que les conventions soit légalement et moralement valides, il faut :

1° Que les individus ou entités morales, entre lesquelles elles sont établies, soient revêtus du pouvoir de disposer des droits que ces conventions ont pour objet de créer, d'amplifier ou de modifier ;

2° Que ces conventions ne renferment aucune clause impossible, contraire à la morale, à la justice et au bon sens ; et ne reposent pas sur un motif faux par sa nature ; auquel cas, elles ne sont pas obligatoires ;

3° Que le consentement soit réciproque, sincère et libre et non arraché par la crainte, la fraude ou la coaction exercée par le plus fort.

En résumé, il faut :

1° Compétence des parties ;

2° Objet licite et possible ;

3° Consentement sincère.

Ces règles générales relatives aux conventions considérées comme moyens de créer des droits, s'appliquent non seulement aux contrats d'individu à individu, mais aussi à ceux des États entre eux ; mais alors, il faut considérer d'autres éléments dont l'importance dépend de la diversité des intérêts visés par les traités, de la manière variée d'appliquer ces traités, et des conséquences qui en peuvent résulter.

Les conventions solennellement conclues entre États, s'appellent *traités publics*. Le corps social ne pouvant agir collectivement et se trouvant représenté par une entité morale, qui est le pouvoir souverain, c'est à ce pouvoir qu'il appartient de conclure les traités au nom de l'État.

La condition la plus essentielle de la validité d'un traité public est qu'il ait été conclu par l'autorité souveraine dans les limites de ses attributions, et moyennant le consentement mutuel des parties contractantes.

Les institutions de droit public et les formules politiques de chaque État, fixent la manière de conclure les traités, les limites dans lesquelles sont renfermés les pouvoirs des contractants, et désignent les agents du gouvernement à qui revient la charge de stipuler et de conclure des traités publics au nom de l'État, et conformément à sa constitution politique.

Les souverains ou les premiers magistrats des États qui sont revêtus de ce droit, au nom de la Nation qu'ils représentent, concluent rarement en personne les traités publics et nomment généralement à cet effet un ou plusieurs mandataires à qui ils délèguent des pleins pouvoirs. C'est pourquoi l'on donne à ces mandataires le nom de *plénipoten-tiaires.*

Avant d'entrer en négociations, les plénipotentiaires procèdent réciproquement à la vérification des pouvoirs dont ils sont revêtus ; mais cette formalité n'entraîne pas pour eux l'obligation de faire connaître les instructions confidentielles qu'ils ont reçues.

Une fois les clauses d'un traité établies, et celui-ci rédigé selon les usages diplomatiques, il est signé en commun ; toutefois, il ne devient obligatoire pour les États qui y ont pris part, que quand il a été confirmé ou ratifié par chacun des gouvernements intéressés selon les règles de leur droit public interne.

Les pleins pouvoirs dont doivent être munis les plénipotentiaires négociateurs sont toujours donnés sous la réserve de la ratification des clauses du traité ou même cette réserve est stipulée dans le corps même du traité ; c'est une mesure de sagesse prise pour ne pas soumettre les États contractants aux dommages irréparables qui pourraient résulter de quelque excès de pouvoir ou omission de la part du négociateur. Ainsi, un traité n'est obligatoire pour l'État qui l'a stipulé que lorsqu'il a été ratifié par son gouvernement. C'est pourquoi la bonne foi exige qu'après avoir été négocié, il soit soumis aux formalités légales pour obtenir ou non la sanction définitive. Il peut s'en suivre un rejet, mais il ne faut pas que le traité soit mis de côté *à priori*, il ne faut pas qu'on le suppose non accepté et que pour cela on retarde indéfiniment les formalités légales d'où dépend sa sanction ou son rejet.

Les traités publics conclus légalement et dûment ratifiés sont inviolables de la part des contractants durant tout le temps fixé pour leur durée. Le refus d'accomplir les obligations qu'ils imposent est une cause suffisante pour provoquer la guerre.

L'inégalité des avantages d'un traité n'est pas un motif suffisant ou une raison qui en justifie la non-exécution

sous prétexte de lésion, car chacune des parties contractantes doit prévoir et peser les avantages ou les préjudices
qui peuvent en résulter pour elle ; ce n'est pas une offense
au droit naturel que d'exiger d'autrui des avantages plus
grands que ceux qui sont généralement concédés.

Le droit de conservation peut, en certains cas, autoriser
une nation à rompre les compromis par lesquels elle s'est
liée : les transformations importantes dans les États contractants, l'impossibilité, soit morale, soit physique de
remplir les conditions d'un traité, la ruine de la nation si
elle accomplissait les clauses stipulées sont autant de circonstances qui autorisent à faire prévaloir le droit de conservation.

Il est d'usage, cependant, en présence de semblables
éventualités, que l'un des États invoque auprès de l'autre
ces raisons pour demander la résiliation ou la modification
du traité ; c'est ce que l'on appelle *dénoncer* un traité.

Les traités se divisent généralement en *traités proprement dits* et en *conventions transitoires*.

Les premiers établissent spécialement les règles de conduite présente et future entre les parties contractantes : tels
sont les traités d'alliance, de navigation, de commerce, etc.
Les conventions *transitoires* sont des pactes d'une exécution prompte et immédiate ; ce sont, par exemple, celles
qui se rattachent aux questions de limites, de cession de
territoire, de reconnaissance d'indépendance ou de souveraineté d'un nouvel État, etc.

Il y a des traités publics qui participent des deux natures,
c'est-à-dire qu'ils contiennent, avec des conditions de conventions transitoires, des clauses de traités proprement
dits. Citons, par exemple, les traités de paix qui, en même
temps qu'ils stipulent la paix, établissent des règles de conduite future entre les nations contractantes.

Il y a, aussi, une espèce de convention qui diffère notablement des traités solennels, tant par la forme que par
l'objet, et pour la conclusion de laquelle il n'est pas besoin

de pleins pouvoirs identiques à ceux exigés pour la négociation de traités publics. Tels sont les *armistices* ou *trèves* temporaires dont l'effet est limité à un espace de temps déterminé ; et les *capitulations* ou *conventions* par lesquelles une place, un corps d'armée ou un navire de guerre se rendent sous condition. Toutes ces conventions sont obligatoires si ceux qui les ont conclues n'ont pas outrepassé les limites de leurs attributions. Dans le cas contraire, elles n'ont de valeur qu'après avoir reçu la sanction expresse ou tacite de l'État intéressé.

Le silence gardé par une des parties n'est pas une ratification tacite ; du reste, la bonne foi exige aussi que l'État qui se refuse à la ratification fasse part à l'autre État de sa détermination.

Dans le cas où, avant cette notification, l'acte stipulé aurait reçu un commencement d'exécution de la part de l'une des parties agissant de bonne foi, celle-ci a le droit d'être replacée dans sa position primitive ou d'être indemnisée.

Quand la guerre est déclarée entre deux nations, tout traité existant entre elles est considéré comme annulé *ipso facto* : c'est pourquoi, lorsque la guerre se termine par la paix, il faut renouveler ou confirmer tous les traités existants, si l'accord mutuel subsiste sur leur continuation.

DEUXIÈME PARTIE

DROIT MARITIME.
RELATIONS INTERNATIONALES PENDANT LA PAIX.

CHAPITRE PREMIER

DE LA MER

SOMMAIRE. — De l'importance et de l'utilité de la mer. — Liberté de la haute mer. — Raisons d'ordre physique et moral sur lesquelles est fondée la liberté des mers. — Consentement universel sur ce point.

L'application des principes et des règles du droit public des gens aux relations entre les États *sur mer*, constitue une importante branche à laquelle on a donné le nom de *droit international maritime*.

L'indépendance des nations est un principe incontestablement nécessaire à leur existence ; sans indépendance, il ne peut y avoir de nationalité constituée et par le fait qu'un peuple est soumis à un autre, il cesse d'être un État et devient un sujet.

De l'indépendance absolue des nations procède la liberté et la faculté que chacune d'elles possède d'échanger ses produits avec les autres ; et c'est de la combinaison de ce droit avec le droit d'égalité que résulte la liberté de la mer et de la navigation.

La mer, formant la partie la plus considérable de la superficie du globe, a une importance absolue et une utilité générale qu'on ne peut mettre en doute.

Imposante par son étendue, elle porte, par ses fureurs comme par son calme, l'imagination à l'idée de l'infini et nous frappe comme un phénomène surprenant et une grandiose manifestation des merveilles de la création et de la toute puissance du Créateur.

Au point de vue de l'utilité, la mer est un moyen de communication entre les peuples. Étant la voie suivie par les navigateurs pour traverser les zones et les hémisphères et pour se répandre jusqu'aux régions les plus reculées du globe, elle facilite l'échange des produits variés de climats et de nations diverses, établit entre ces nations un contact perpétuel, détermine ainsi les relations commerciales et permet à la prospérité et à la civilisation des peuples de prendre chaque jour un fécond développement.

Liberté des mers. — La mer, par sa nature, n'est pas susceptible d'un droit exclusif de propriété. Un droit n'existe que s'il peut recevoir une application pratique, et s'il n'entraîne pas un préjudice général.

Pour reconnaître que la mer ne peut être possédée, à titre de propriété, il suffit de considérer que l'idée de propriété comporte la faculté d'exercer une action immédiate, permanente et exclusive sur l'objet possédé, et suppose, en même temps, la possibilité d'exercer cette action à l'exclusion de toute ingérence étrangère.

Or, sur la haute mer, à l'inverse de ce qui a lieu sur le continent, cette possession permanente et exclusive ne peut s'exercer. Aucune nation, quelque puissante qu'elle soit, et disposant de toutes les flottes du monde, ne serait pas capable d'atteindre ce but.

Impropres à la culture ou au travail de l'homme, les eaux de la mer se divisent seulement devant la proue du navire et se referment aussitôt qu'il a passé. Il n'y a pas de flotte qui puisse y laisser même cette trace fugitive que la caravane imprime sur les sables du désert. Impuissant à y édifier ou à y construire solidement, aucun peuple ne peut y fixer son pavillon comme symbole permanent de son domaine.

Une raison d'ordre matériel s'oppose donc à ce que la mer soit la propriété d'une nation quelconque. Mais, au-dessus de cette raison d'ordre matériel il en est une autre *d'ordre moral* qui s'impose, dès que la loi naturelle de la sociabilité humaine rend nécessaire la communication des peuples entre eux : *c'est celle de la convenance.*

La mer étant l'élément qui facilite le contact des peuples et qui leur permet d'entretenir des relations, il s'en suit que toute entrave mise au libre usage de cet élément causerait un préjudice général, comme elle serait, du reste, sans avantage spécial pour qui prétendrait l'imposer, la mer étant aussi insaisissable que l'air que nous respirons. De plus, l'usage inoffensif qu'en peuvent faire les nations n'est pas susceptible de détériorer cet élément et il ne peut résulter pour l'une d'elles, en particulier, aucun préjudice du fait que l'usage peut en être étendu à toutes. Empêcher les autres de jouir sans qu'il ressorte de ce fait un avantage pour soi-même est contraire à la loi naturelle.

Si la haute mer ne peut être et s'il n'est pas convenable qu'elle soit la propriété d'une nation quelconque, elle n'est pas non plus passible d'une souveraineté ou d'une juridiction spéciale. Il faudrait, pour qu'il en fût ainsi, admettre que telle nation est supérieure à telle autre, et cela, à l'encontre des principes d'indépendance et d'égalité, puisque toutes les nations, malgré la différence de leurs forces et de leurs ressources, sont égales par leurs droits réciproques. Le domaine de la mer ne peut donc exister à l'avantage exclusif d'un peuple, de même qu'on ne peut affirmer sur elle aucun droit de propriété.

En résumé : au droit de *propriété* des mers s'opposent la raison physique d'impossibilité et la raison morale de non convenance; au droit de *domaine* s'oppose l'égalité de droits et l'indépendance réciproque des nations.

Les prétentions soulevées, à d'autres époques, par diverses nations, en faveur de la propriété et du domaine de la mer et qui donnèrent lieu à de longues discussions entre les publicistes, pour ou contre ce principe, ne sont que des épisodes dans l'histoire, et aux temps modernes, le droit coutumier, le consentement tacite et l'accord général des nations établissent, sans le moindre doute, le principe de la liberté des mers.

Les nations ont admis :

1° Que la mer n'est susceptible ni de la propriété, ni du domaine d'aucune nation ;

2° Que toutes les nations ont un droit égal au libre usage de la mer, à condition de se soumettre aux règles établies par le droit des gens ;

3° Que les restrictions consenties par des traités spéciaux relatifs à la juridiction ou à la police des mers, obligent les parties contractantes seules ;

4° Que l'inégalité de forces entre nations n'entraîne pas l'inégalité de droits.

Tels sont les principes fondamentaux du droit public ou international maritime qui forment la base des relations entre les peuples pour l'usage de la mer. La force peut constituer une violence, mais non un droit, et l'emploi de la force pour violer les principes de la liberté des mers, reconnus par l'accord des nations, sera toujours un acte illégitime et contraire au droit des gens.

Notons que, si la liberté de navigation est absolue, il n'en est pas de même de la liberté du commerce. Tout État peut expédier ses navires sur toutes les mers, mais la faculté de commercer avec d'autres nations exige le concours et l'accord de volontés distinctes. C'est un contrat entre parties indépendantes et libres de stipuler les conditions dans lesquelles le commerce peut être pratiqué, et par suite un acte facultatif, mais nullement obligatoire.

CHAPITRE II

MERS TERRITORIALES

SOMMAIRE. — Propriété ou domaine sur les ports, baies, fleuves, détroits et mers intérieures. — Ligne de respect. — Mers territoriales. — Immunités et délimitations de ces mers.

Il y a certaines parties de la mer dont la situation, la conformation à proximité d'un territoire ne permettent pas d'invoquer toutes ou partie des raisons d'ordre physique et moral qui s'opposent à la propriété ou au domaine. Ce n'est pas là une dérogation au principe générique et absolu de la liberté de la haute mer ; c'en est, au contraire, la confirmation ; de telles exceptions ont lieu, en effet, dans l'hypothèse où les raisons qui s'opposent à la propriété ou au domaine de la haute mer, cessent d'exister. La cause disparaissant, l'effet disparaît.

Le cas se présente :

1° Pour les ports et anses ;

2° Pour les golfes et les baies ;

3° Pour les détroits et les mers intérieures ;

4° Pour les portions de mer qui baignent les côtes.

Ports. — Aucune des raisons invoquées contre la propriété ou le domaine de la haute mer ne peut s'appliquer aux ports et anses situés sur le territoire d'un État, qui en possède les rives et l'entrée.

Effectivement, il n'y a pas *d'impossibilité* à occuper, à défendre et à maintenir ces portions de mer dans une possession exclusive et permanente et à en détourner toute action étrangère. De même, il n'y a pas *d'inconvénient*, pour un État en particulier ou pour tous, puisque les ports ne sont pas un élément indispensable à l'utilisation de la mer par les autres nations : ils ne constituent pas une voie pour la navigation ; ils ne sont que le point où aboutit une voie.

L'exclusion qui résulterait de l'interdiction d'un port à d'autres nations pourrait porter préjudice aux intérêts de la nation qui le possède, mais n'affecterait pas la liberté qu'ont les autres de naviguer en pleine mer et d'échanger réciproquement leurs produits. On ne peut donc mettre en doute que les ports et anses appartiennent, à titre de *propriété*, à la nation maîtresse de leurs rives et que de ce droit de *propriété*, procède également le droit de *domaine*.

De là découle la faculté, pour toute nation qui possède un port, d'en interdire l'accès en le déclarant *fermé* ou d'en permettre l'entrée, en le déclarant *libre* ou même *franc*.

Dans les ports ouverts ou *ports libres*, un État peut soumettre les navires à ses lois de police et règlements fiscaux. Il exerce par là son droit de propriété et de domaine, sans, pour cela, mettre obstacle aux communications des autres nations avec lui. Dans les ports *francs*, au contraire, tout navire est admis avec la liberté de négocier son chargement, sans être soumis à des droits de douane.

Il faut que dans les ports libres, comme dans les ports francs l'application des lois soit égale et impartiale, et que l'on n'exclue pas certaines nations des facultés concédées à d'autres ; que l'admission soit étendue à tous les navires qui sont en règle et qui appartiennent à une nation constituée et amie, quelle qu'elle soit.

L'accord des nations a admis également le principe que les ports d'un État doivent être ouverts aux navires de guerre des nations amies, s'il n'existe pas de traités mettant des restrictions à cette admission et la réglant ; ou si ces ports ne sont pas purement militaires ou sièges d'arsenaux destinés à la construction et à l'armement des forces navales ; auquel cas ils sont fermés au commerce et interdits aux étrangers.

Il est, parfois, indispensable, pour la sécurité de la navigation, d'entrer dans un port : si l'entrée était refusée, il en coûterait la perte d'existences ou de valeurs, ou il en résulterait d'une manière quelconque, un obstacle aux communications entre différents peuples. De là, il ressort comme conséquence, que c'est un devoir international, fondé sur le droit naturel et sur la nécessité, d'autoriser l'entrée même des ports fermés, dans les cas de relâche forcée.

Golfes et *Baies*. — Les considérations ci-dessus exposées s'appliquent également aux golfes et aux baies dont les rives appartiennent à une même puissance, quand l'entrée ou l'embouchure ne s'en élargit pas au point de ne pouvoir être commandée par les feux croisés de l'artillerie ; ou quand ils sont défendus, naturellement, par des îles, des bancs ou récifs qui en rendent possible la possession permanente ou effective.

Il faut par conséquent excepter de cette catégorie les golfes ou baies de grande étendue qui, malgré la dénomination qu'ils tirent de leur configuration géographique sont de grandes portions de mer : le golfe de Biscaye, le golfe de Guinée, du Lion, etc, qui par leurs conditions ne sauraient être soumis à la juridiction, et encore moins à la propriété des États qu'ils baignent.

Les détroits, qui font communiquer deux mers, doivent être libres comme ces mers elles-mêmes. Si les côtes adjacentes appartiennent à un même État et si les eaux peuvent être commandées par l'artillerie dans toute la largeur du détroit, il y a possibilité matérielle de possession. Mais alors même que cette raison de *possibilité* existe, le droit de propriété ne peut être acquis parce que l'autre condition fait défaut : la *convenance*. Les détroits servant, en effet, de communication entre deux mers, tout obstacle à l'usage de cette communication constituerait un empêchement à la navigation dans ces mers et rendrait illusoire le principe de liberté de la haute mer.

Toutefois, si le droit de propriété ne doit pas être admis dans ces conditions, d'autres droits plus restreints, reconnus par l'accord des nations, peuvent être établis ; la nation riveraine a, en effet, le droit et l'obligation de veiller à sa sécurité et à sa défense et d'empêcher que l'usage ne devienne un abus préjudiciable à ses intérêts ou un péril pour sa sûreté.

En outre, dans ces parages, la navigation est souvent difficile, elle réclame des phares, des pilotes, des points de repère, des stations de vigies et de secours ; il est donc juste qu'elle soit soumise à certains règlements établis par le droit conventionnel ou coutumier ; ces considérations ont déterminé la reconnaissance d'un droit de *juridiction* appuyé non plus seulement sur la raison de *possibilité*, mais aussi sur celle de *convenance*.

Mers intérieures. — Pour qu'une nation ait un droit exclusif de propriété et de domaine, sur une mer intérieure, cette mer doit, nécessairement, être enclavée dans le territoire, de telle manière qu'elle en fasse partie intégrante et qu'elle ne puisse absolument servir de moyen de navigation et de commerce qu'entre les individus de la même nation. Dans ce cas, c'est une mer fermée et on l'assimile aux ports : citons, par exemple, la mer Caspienne.

Mais lorsque le littoral d'une mer intérieure appartient à diverses nations, aucune d'elles, même celle qui en possède l'entrée, ne peut s'en déclarer propriétaire, ni en refuser l'usage aux autres nations.

Ce droit d'usage dépend donc de conditions géographiques ou politiques.

Le droit conventionnel modifie quelquefois cet état de choses. Ainsi, tant que le littoral et l'embouchure de la Mer Noire appartinrent exclusivement à l'Empire ottoman, elle demeura mer intérieure. Dans la suite, une partie du littoral, passant sous la domination de la Russie, cette mer fut déclarée libre; mais en vertu de conventions confirmées au Congrès international de Paris, en 1856, les eaux et les ports en furent déclarés formellement et perpétuellement interdits aux navires de guerre, à quelque nation qu'ils appartinssent, sans excepter ceux des nations propriétaires du littoral ; les navires indispensables pour le service de police furent seuls autorisés à y naviguer. La Mer Noire demeura, malgré cela, ouverte au commerce de toutes les nations. C'est ce qu'on désigne par « *neutralisation* » de la Mer Noire (1).

Eaux territoriales. — Toutes les nations, en vertu de leur droit d'indépendance et du juste motif de leur sécurité et de leur propre défense, peuvent établir des règles pour l'admission des étrangers sur leur territoire et prendre toutes les mesures de vigilance qu'elles jugent convenables sur les frontières. Or, les frontières maritimes étant, par leur nature, susceptibles d'agressions ou d'invasions à l'improviste, ayant besoin d'être surveillées pour la répression du commerce prohibé ou pour l'efficacité des règlements sanitaires, il en résulte qu'une nation a besoin d'exercer sa vigilance sur les navires qui tenteraient d'aborder son littoral ou s'en approcheraient dans quelque but peu licite.

Du côté de la mer, les limites naturelles d'un pays sont les côtes qui la bordent. Mais, pour que la protection et la vigilance indispensables puissent être exercées avec efficacité, il est admis, entre les nations, non seulement par la lettre de nombreux traités, mais aussi par l'usage général, que les frontières maritimes d'un État sont déterminées par une ligne imaginaire tirée à une distance convenable de la côte et en suivant les contours.

Cette ligne imaginaire a reçu le nom de *ligne de respect*,

Les *eaux territoriales* sont celles qui remplissent l'espace compris entre la ligne de respect et le littoral.

(1) Voir à la fin du chapitre la note du traducteur.

Tout navire qui se trouve en deçà de cette ligne, par rapport à la terre, est dit *dans les eaux d'un État*.

Le droit de toute nation à l'exercice de la vigilance sur les eaux qui baignent ses côtes, est donc fondé sur le droit qu'elle a de se défendre et de garantir ses intérêts. De là ressort pour l'État le droit d'édicter les règlements indispensables à cet effet, et d'employer la force pour maintenir son autorité, quand elle n'est pas respectée.

Mais, si une nation, maîtresse des côtes a le droit de fermer ses ports, elle ne peut élever la prétention de fermer la mer territoriale ou d'en interdire le passage. En aurait-elle le moyen *matériel*, qu'elle ne pourrait *moralement* se rendre possesseur de ces eaux, qui font partie d'un chemin ouvert à la navigation.

Il résulte de cet ensemble de circonstances que si un État n'a pas le droit de propriété sur les eaux territoriales il y conserve, cependant, un droit de domaine ou de *juridiction* qui ne peut lui être légitimement contesté. Ce droit ne doit être exercé que dans les limites où les actes d'agression ou de lésion peuvent être effectifs et où l'autorité territoriale peut exercer son action, du territoire même.

S'inspirant de ces considérations, les publicistes ont émis une opinion, qui est le plus généralement adoptée : c'est que la *ligne de respect*, limite de la frontière maritime, est déterminée par la plus longue portée de canon et comprend, comme eaux territoriales l'espace de mer qui peut être commandé par les moyens d'action du territoire ; c'est-à-dire, l'espace dont on peut, de la terre, interdire l'entrée ou dont l'extrémité marque le point d'où les côtes peuvent être menacées. La meilleure démarcation de cette limite est, on le voit, la portée du canon. Bynkershoeck l'a établi dans cet aphorisme : « *Terræ potestas finitur, ubi finitur armorum vis.* »

Cet usage de tracer la ligne de respect à la limite de la zone où l'attaque et la défense sont possibles a non seulement l'avantage d'être le plus généralement adopté, mais d'être plus pratique et plus rationnel que ceux proposés par Valin et par Rayneval. Le premier voulait considérer comme eaux territoriales toute portion de mer baignant la côte jusqu'à la limite où la sonde toucherait le fond ; le second, prenait comme limite l'horizon visuel.

Ces systèmes manquent de précision et d'uniformité dans leur tracé et ils seraient difficiles à mettre en pratique.

Ainsi, la plus grande portée de canon est la mesure généralement adoptée comme règle internationale ; mais rien ne s'oppose à ce que des Puissances assignent conventionnellement des étendues diverses à leurs mers territoriales dans un but de commune utilité et pour la bonne réglementation de leurs intérêts commerciaux respectifs. Ces stipulations, évidemment, n'ont de valeur que pour les nations contractantes.

Les mesures tendant à empêcher les fraudes ou la contrebande ou à maintenir la police locale, sont déterminées par l'État dominant dans les eaux territoriales et tous les navires des nations qui s'y rendent doivent s'y assujettir.

C'est un principe légitime, quoique contesté par quelques-uns, que le navire infracteur des lois fiscales d'un État, dans les eaux territoriales de celui-ci, peut, non seulement y être retenu, mais aussi être poursuivi et capturé sur la haute mer ; il faut, dans ce cas, que la poursuite ait été commencée dans les eaux territoriales et qu'elle soit continuée, sans interruption, et sans que le navire chassé soit perdu de vue ; de manière que la contravention, une fois prouvée, il ne puisse être élevé de doute sur l'identité de l'infracteur.

A la vérité, si une nation affranchit ses eaux pour les navires de toutes les nations intéressées au commerce et aux transactions légitimes, il est juste qu'elle n'éprouve ni risques ni dommages pour ses intérêts, de la part de ceux qui, à l'ombre d'un pavillon étranger, viennent porfiter de ces avantages. Voilà pourquoi un tel abus de bonne foi doit entraîner un châtiment.

Le même principe est applicable, et plus légitimement encore, quand il s'agit d'une atteinte à la sécurité d'un État, d'un acte véritable d'hostilité commis dans les eaux territoriales et à l'abri des immunités et du pavillon d'une nation amie.

Dans ce cas, le droit de saisir l'offenseur partout où on le rencontre, pourvu que ce ne soit pas dans les eaux territoriales d'une autre puissance, est indéniable. Dans ce cas aussi, le souverain du pays dont le navire a été ainsi capturé, même en dehors de la ligne de respect, ne peut, avec justice, protéger un sujet qui s'est servi d'un emblème de bonne foi pour pratiquer un acte criminel ou illégal. Pourra-t-il, davantage, se présenter comme défenseur ou complice d'un attentat aussi odieux sans manquer à sa dignité? Assurément non. La règle ainsi conçue se comprend : si la poursuite de l'agresseur ne pouvait s'opérer que jusqu'à la ligne de respect, le droit de maintenir l'immunité des eaux territoriales serait illusoire ; les occasions seraient rares où un navire poursuivi ne pourrait dépasser la ligne de respect avant d'être atteint, et l'impunité en serait toujours la conséquence.

En temps de guerre, l'obligation pour les belligérants de respecter les eaux territoriales d'un État neutre est un principe sanctionné par le droit coutumier, ainsi que par le droit conventionnel, dans un grand nombre de traités anciens et modernes. Toutefois, tous les traités ne concordent pas en ce qui concerne l'étendue et les limites des mers neutres ; les uns les fixent à la portée de canon ; les autres, à deux ou trois lieues du littoral.

Fleuves navigables. — Les fleuves, dont la source, l'embouchure et les rives, se trouvent sur le territoire d'un même pays, en sont la propriété. Mais s'ils séparent ou traversent des territoires de nations différentes, la juridiction sur les eaux, s'étend alors, pour chacune des nations, maîtresses des rives, jusqu'au milieu du cours de ces fleuves.

Quand les fleuves mettent en communication différents États, la navigation doit en être libre, même si les rives de l'embouchure appartiennent à un seul État. Ces fleuves se trouvent alors dans des conditions identiques à celles des mers intérieures dont le littoral appartient à plus d'un État. Toute restriction qui serait faite à ce principe serait contraire à la liberté de la navigation entre nations indépendantes. (*Voir la note suivante.*)

Neutralité de certaines mers et fleuves. — Le droit conventionnel ne s'est pas occupé seulement de la Mer Noire, et il nous semble important de compléter sur ce point les observations de l'auteur.

La neutralité au sens objectif du mot est, comme le dit Perels, « la mise hors de l'état de guerre de certaines personnes ou choses, comme les individus, les objets et les institutions consacrées aux soins des blessés, ou bien aussi de *parties entières* de *territoires*.

C'est de cette dernière classe que nous ferons la nomenclature.

1o *La Mer Noire*, ainsi que l'indique M. Testa, a été déclarée neutre par le traité de Paris, du 30 mars 1856, (art. 11-12.),

2o *Les Bouches du Danube* sont soumises au même régime, en vertu de l'article 12 de l'acte de navigation du 2 novembre 1865, et de l'article 7, des traités de Londres, du 13 mars 1871.

3o *Le Bosphore et les Dardanelles*, étaient déjà neutralisés par la convention de Londres, du 13 juillet 1841. Puis intervint le traité de Paris du 30 mars 1856, dont l'article 10, consacra l'interdiction à tout navire de guerre étranger de pénétrer dans les détroits ; il y avait toutefois exception pour les navires de guerre de petit tonnage, destinés au service des ambassades, et à la police sur le Danube, pour lesquels, le sultan pouvait délivrer un firman de passage. En 1871, à la conférence de Londres, le principe de la neutralisation fut de nouveau affirmé ; mais le sultan est dès lors en droit d'ouvrir en temps de paix les détroits aux navires de guerre des puissances amies et alliées dans le cas où la Sublime-Porte le jugerait nécessaire pour assurer l'exécution des stipulations du traité de Paris de 1856. Le traité du 13 juillet 1878, (congrès de Berlin), à la suite du conflit turco-russe, n'a en rien changé ces dispositions.

4o *La Baltique*, n'est pas à proprement parler une mer neutre, mais sa neutralisation éventuelle a fait l'objet de stipulations diverses au siècle dernier et de nos jours. En 1759, la Russie et la Suède déclaraient la Baltique fermée à toute espèce d'hostilités. Dix ans plus tard, en 1770, le Danemarck et la Russie proclamaient le même principe qui était formellement admis par la France. En 1781 le même système était adopté par la Russie et la Prusse et le 27 mars 1794, le Danemarck et la Suède inscrivaient la neutralité de cette mer parmi les clauses de leur traité.

On le voit, durant la deuxième moitié du xviiie siècle aucun fait de guerre ne s'est passé dans le nord de l'Europe sans que la Baltique fût, de commun accord entre les alliés ou les belligérants déclarée neutre et ouverte à tout commerce. Depuis lors le droit de fermer cette mer a été rarement mis en pratique, (l'Angleterre en 1866, a interdit la course dans la Baltique); l'Europe a surtout discuté l'éventualité de cette neutralisation et les jurisconsultes ont groupé autour de la question des opinions diverses. Plusieurs comme Martens, Jacobsen, ont considéré la Baltique comme *mare clausum* dans ce sens que si les riverains à qui elle appartient sont tous d'accord pour la fermer, personne ne pourrait s'opposer à cette mesure. C'est aussi la théorie de Neumann ; Hautefeuille de son côté admet l'éventualité de la fermeture de la Baltique, mais se refuse à lui donner le caractère de *mare clausum* ; Ortolan n'admet pas que la dénomination de *mare clausum* telle que l'entendait Selden soit possible, mais il regarde la fermeture de la Baltique comme une mesure salutaire et un moyen d'atténuer les rigueurs de la guerre. De Cussy reconnaît implicitement aux Puissances riveraines le droit de fermer la Baltique. Wheaton accepte cette manière de voir et Phillimore déclare que la Baltique est mer fermée. Perels émet l'avis que les circonstances devront guider les Puissances neutres de la mer Baltique. « Dans les guerres futures, dit-il, les Puissances neutres de la mer Baltique, apprécieront selon les circonstances s'il y a lieu *d'user de leur droit* et de fermer cette mer aux opérations militaires. Elles n'en ont point usé pendant la guerre d'Orient de 1854, parce que cela convenait à l'attitude politique qu'elles avaient prise, et aussi à cause de l'énorme supériorité des Puissances occidentales, aux flottes desquelles on n'aurait même su opposer avec chance de succès une résistance passive. *Ce droit* ne dut pas être exercé davantage pendant la dernière guerre franco-allemande, mais *cela ne change rien à la chose.* »

Cela change si peu à la chose, en effet, que dans le courant de l'année 1885, il a été question de ne plus soumettre la fermeture de la Baltique, aux circonstances, et que *l'Allgemeine Zeitung* a publié un article développant les raisons de droit international qui militaient en faveur de la neutralisation. L'impression, à la suite de cette publication, a été que le gouvernement allemand secondé par la Russie et les États-Scandinaves, était sur le point d'entreprendre une campagne diplomatique dans ce sens. A cette époque le conflit anglo-russe paraissait imminent, l'adoption d'une telle mesure eût été un échec grave pour l'Angleterre, privée dès lors d'un point d'attaque important contre la Russie. En résumé, si la Baltique n'est pas encore fermée, tout porte à croire qu'elle le sera bientôt.

5o *Cours et embouchure des fleuves, Congo et Niger.*—La conférence de Berlin (1884-85) a consacré le principe de la neutralisation pour les fleuves Congo et Niger et leurs embouchures. Voici les termes dans lesquels s'exprime à cet égard M. Engelhart, plénipotentiaire français, dans son rapport au ministre des affaires étrangères sur les travaux du congrès.

« Le principe de la liberté du trafic fluvial en cas de guerre, que le
« Congrès de Vienne avait négligé et qui n'était prévu que dans quelques-
« unes de ses applications par les règlements auxquels l'acte de 1815
« avait donné naissance, a été nettement posé, dans son accep-
« tion la plus large, par les deux conventions relatives au Congo et
« au Niger. Ces fleuves, leurs affluents, *comme la mer territoriale que*
« *commandent leurs embouchures*, demeureront accessibles en tout
« temps pour l'usage commercial, et la neutralité la plus absolue cou-
« vrira le personnel, ainsi que les ouvrages et établissements dépendant
« du service de la navigation.

« Les bâtiments commerciaux des Puissances belligérantes jouiront
« des mêmes immunités que ceux portant pavillon neutre, c'est-à-dire,
« qu'ils seront inviolables, au même titre que la propriété privée dans
« les guerres continentales. Cette disposition, d'un caractère exception-
« nel, est plus libérale que celle à laquelle le Congrès de Paris a donné
« sa sanction par la Déclaration finale du 16 avril 1856.

« Le transport des munitions de guerre ou des articles que le droit
« des gens considère comme contrebande de guerre, a été naturellement,
« exclu de ce bénéfice. »

Et plus haut, en ce qui touche les affluents de ces deux fleuves :

« Suivant l'Acte final du Congrès de Vienne, les affluents d'un fleuve
« international ne sont soumis aux lois qui président à la navigation de
« ce fleuve qu'autant qu'ils relèvent eux-mêmes de plusieurs États.
« L'Acte de Berlin ne fait pas cette distinction en ce qui concerne les
« affluents du Congo et du Niger. Tous, voire même les lacs et les
« canaux, sont ouverts au trafic général dans les mêmes conditions que la
« voie principale à laquelle ils se relient.

« Pour la première fois des routes, des chemins de fer et des canaux
« seront assimilés, sous le rapport conventionnel, au fleuve dont ils sui-
« vent les rives. Tel sera le régime des voies de communication artificiel-
« les qui seront construites le long du Congo et du Niger, dans le but de
« suppléer à leur innavigabilité ou à leurs imperfections locales. »

Jamais application plus libérale n'a été faite des principes adoptés
jusqu'ici par les congrès de l'Europe. (Voir l'appendice XVI).

6º *Le canal de Suez.* — L'œuvre de neutralisation se poursuit également de ce côté : l'Institut de droit international avait déjà formulé les
résolutions suivantes :

« *a*) Il est de l'intérêt de toutes les nations que le maintien et l'usage du
canal de Suez pour les communications de toute espèce soient autant que
possible protégées par le droit des gens conventionnel.

b) Dans ce but il est à désirer que les États se concertent à l'effet d'é-
viter autant que possible toute mesure par laquelle le canal et ses dépendances pourraient être endommagés ou mis en danger, même en cas de
guerre.

c) Si une Puissance vient à endommager les travaux de la Compagnie
universelle du canal de Suez, elle sera obligée de plein droit à réparer
aussi promptement que possible le dommage causé et à rétablir la pleine
liberté de la navigation du canal. »

Les évènements qui ont agité l'Egypte durant les dernières années ont prouvé aux Puissances l'intérêt d'une solution. L'entente s'est faite pour la réunion d'une conférence à Paris, à l'effet d'élaborer un règlement qui donne satisfaction aux intérêts multiples engagés dans cette question. *(Note du traducteur).*

(Voir à l'appendice I, le projet de neutralisation présenté à la conférence de Paris, mai 1885.)

CHAPITRE III

DE L'USAGE DE LA MER

Tous les navires, propriétés d'États ou de particuliers ont le libre usage de la mer, à condition d'avoir une nationalité, et d'être autorisés à naviguer par l'État dont ils portent les couleurs.

Cette condition, exigée par le commun accord des nations n'est pas une restriction au principe de la liberté des mers. Bien au contraire, par le fait même qu'une nationalité quelconque est exigée, cette obligation implique une garantie de la liberté pour tout navire nationalisé, c'est-à-dire dépendant d'un État maritime, qui l'a autorisé à naviguer. Aucune nation maritime n'est donc, par cette obligation, exclue du droit à l'usage de la mer.

La condition de nationalité est essentielle et imprescriptible ; non seulement, il serait matériellement impossible qu'un navire et son équipage n'eussent pas de territoire d'origine, mais encore il serait moralement inadmissible qu'ils puissent s'émanciper de toute association ; ce serait une violation du principe de sociabilité humaine ; et le moindre manquement à des lois, devoirs ou droits autoriserait, dans ces conditions, de graves soupçons ; de plus, cela créerait de grands inconvénients pour tous, puisqu'il en résulterait un péril pour le libre usage de la mer ; inconvénients et péril d'autant plus sérieux, que sur cette solitude immense, il serait difficile de soumettre à l'action d'une vigilance capable de les garantir, la vie, les biens et les droits de ceux qui s'y aventurent.

Un navire peut appartenir à une nation plus ou moins civilisée, à un peuple plus ou moins étranger aux relations internationales. Dans ce dernier cas, c'est la prudence qui réglera notre conduite ; mais ce qui, en règle générale, est inadmissible et illicite, c'est qu'un navire cesse d'appartenir à une nation ou appartienne à plus d'une nation. La nature même de l'objet impose cette condition matérielle et morale ; le droit des gens l'exige de toutes les nations, aussi bien que la convenance générale, la sécurité et la liberté des mers.

En ce qui concerne la nationalité des navires, deux choses sont à considérer :

1° Les conditions dont dépend la nationalité ;

2° La manière de prouver cette nationalité.

Les conditions dont dépend la nationalité des navires, se rapportent :

1° A la construction ou provenance du navire ;

2° A la propriété du navire ;

3° Aux commandant et officiers ;

4° A l'équipage.

Elles sont plus ou moins sévèrement requises par la législation des différents États, selon l'importance de la marine ou de l'industrie navale de ces États, selon les besoins de leur commerce et le développement de leur population maritime. Aussi, les lois spéciales qui règlent ces conditions, invariables par l'objet qu'elles visent, reçoivent-elles une application plus ou moins large. Les prescriptions en sont généralement consignées dans les codes de commerce ou ordonnances maritimes de chaque pays ; mais quand elles font l'objet d'une loi spéciale et constitutive, exclusivement destinée à régler et à déterminer les conditions de nationalité, ainsi que les dispositions relatives à la navigation, cette loi spéciale est dite alors, *acte de navigation*[1].

Nous avons indiqué les règles générales d'après lesquelles la nationalité des navires doit être déterminée ; il nous reste à établir la manière d'en faire la preuve.

Les preuves de nationalité varient selon que les navires sont *de commerce* ou *de guerre*, d'après le caractère différent des uns ou des autres et la mission à laquelle ils sont destinés.

Le *pavillon* est, dans tous les pays, l'emblème convenu de la nationalité. A bord, hissé à une place *ad hoc*, c'est le signe distinctif de la nation à laquelle appartient le navire; certaines nations ont un pavillon différent pour les navires de commerce et pour les navires de guerre. En tout cas, le pavillon n'est qu'un simple *indice* visible et ne suffit pas pour constituer une *preuve* ; avec cet emblème seulement, il serait possible de dissimuler la véritable nationalité.

Aussi, pour la constater exige-t-on les *papiers de bord* sur les navires de commerce. Le nombre de ces documents, leur nature et leurs formules sont fixées par les lois de chaque pays ; les papiers les plus importants sont ceux destinés à confirmer l'accomplissement préalable des conditions de nationalité, selon ces lois et dispositions, et se réfèrent par conséquent, à la provenance, à la propriété du navire et à l'identité de l'équipage.

Dans toutes les circonstances où il est nécessaire d'in-

---

[1] Il n'y a plus en France à proprement parler, *d'acte de navigation*. Du décret de vendémiaire, an II, (21 septembre 1793), qui contenait les dispositions relatives à la nationalité des navires en France, il ne subsiste qu'un ou deux paragraphes. Les lois de 1845, de mai 1866, les différents traités de commerce sont les sources où il faut puiser pour fixer la procédure en cette matière.

C'est l'ensemble de ces dispositions diverses que M. de Chasseloup-Laubat a compris sous le titre de : —Conditions de la francisation, jaugeage, acte de francisation, congé, — dans le règlement sur la police de la navigation, publié le 7 novembre 1866. Ce règlement n'a force de loi pour personne, et facilite seulement aux officiers de marine la recherche des documents se rapportant à cet objet.   (*Note du traducteur*).

TESTA. *Dr. int. mar.*   6

tervenir pour reconnaître, au moyen de preuves la nationalité d'un navire, il faut prendre pour base les conditions exigées dans le pays d'origine, tant pour la vérification que pour la preuve de cette nationalité.

L'exacte observation des règles dont nous parlons est indispensable pour la bonne police de la mer et, par suite, pour la sécurité de la navigation ; voilà pourquoi elle n'est pas réclamée simplement par les exigences de la législation intérieure de chaque pays, mais bien regardée comme la pratique d'une règle acceptée par toutes les nations.

Ce que nous avons dit jusqu'ici se rapporte principalement aux *navires de commerce ;* les *navires de guerre*, propriété de l'État et dont le caractère est différent, sont-ils soumis aux mêmes règles ? C'est ce que nous allons examiner.

Les nations qui, par leur position géographique, sont intéressées à la navigation et au commerce, ont besoin de veiller au développement et à la protection de ces éléments de prospérité. Elles doivent, dans ce but, disposer de moyens capables de maintenir et de faire respecter les règles établies de commun accord pour la sécurité de la navigation et la paisible jouissance de la liberté des mers. Pour cela il leur est indispensable de rendre cette protection effective et efficace, en l'appuyant sur la force.

De là la nécessité pour les États, de charger de cette sauvegarde la marine militaire. Ainsi, non seulement les navires de guerre ont à défendre le pays contre les forces maritimes de l'ennemi, en temps de guerre ; mais aussi, en temps de paix, ils sont un élément de force nécessaire à toute nation qui a un commerce et une navigation à protéger, des côtes à surveiller et la police des mers à exercer. Les navires de guerre, par leurs conditions spéciales, par l'autorité qu'ils représentent et par la fin à laquelle ils sont destinés, ont des caractères qui les distinguent essentiellement des navires de commerce.

Les conditions matérielles des navires de guerre, dont la

construction, l'armement, le gréement sont destinés à des usages différents de ceux qui sont exigés pour le simple trafic, font que, même par leur apparence, ils se distinguent des autres. Mais, indépendamment de ces indices matériels ils reçoivent de leur nature et de leur mission un caractère spécial qui se traduit par les immunités et les privilèges dont ils jouissent.

Les navires de commerce, armés par des particuliers et constituant une propriété particulière, sont destinés à un service de spéculation commerciale et où le but du gain impose la nécessité de faire passer l'économie dans l'aménagement avant le bon aspect et les installations dispendieuses.

Ces navires sont bien sous la dépendance d'un gouvernement qui en approuve la destination, mais, ni leur commandant, ni leur équipage ne représentent une délégation de ce gouvernement.

Les navires de guerre, au contraire, étant propriété de l'État et armés par lui pour sa propre défense, en sont une émanation. Leurs commandants et officiers sont autant de fonctionnaires du pays, délégués de sa souveraineté, agents de son pouvoir exécutif et, jusqu'à un certain point, de son pouvoir judiciaire. A bord d'un navire de guerre, tout est subordonné aux règlements et aux codes du pays auquel appartient ce navire et c'est pour cette raison qu'il participe pleinement de l'indépendance de la souveraineté qui l'a autorisé et dont il est une délégation.

Une différence si marquée dans le caractère et le but des navires de guerre et des navires de commerce entraîne comme conséquence :

1° que la manière et les moyens d'en prouver la nationalité sont différents ;

2° que les privilèges et immunités de chacun sont également différents.

En ce qui touche la manière de constater la nationalité et le caractère d'un navire de guerre, il convient d'observer qu'à l'ordinaire ce navire se distingue du navire marchand par son apparence; la différence provient des conditions matérielles, de la spécialité du personnel et, en grande partie, de la science de celui qui commande. Pour un homme de mer, il suffit d'un coup d'œil pour distinguer un navire de guerre d'un navire de commerce. Cependant, ce qui est l'indice de la qualité du navire, c'est le pavillon national et la flamme ou *signe distinctif*; par là on reconnaît que le navire est commandé par un officier commissionné par une puissance à laquelle appartient le navire.

Le pavillon et la flamme sont donc des indices visibles et qui, confirmés par un coup de canon au moment où ils sont hissés, doivent être réputés suffisants ; on n'exige pas habituellement la présentation des brevets du commandant. Telle est la pratique considérée, d'un commun accord, comme l'affirmation du pavillon.

Du reste, voudrait-on, non plus un indice, mais une preuve de la nationalité, que l'on ne trouverait pas de papiers de bord à faire exhiber sur un navire de guerre. La nature du navire et de sa mission ne donne pas lieu à l'existence de ces documents et les preuves consisteraient, en ce cas, dans l'attestation verbale du commandant, dans sa parole d'honneur même si elle était exigée, dans le document qui investit cet officier de la commission dont il est chargé par le gouvernement et dans les instructions qui lui ont été remises.

Si les papiers de bord sont un document suffisant pour établir la nationalité du navire marchand, par le fait qu'ils sont rédigés et visés par les autorités du pays auquel appartient le navire, l'attestation verbale du commandant, autorité officielle à bord du navire de guerre, constitue un document non moins important, du moment que la déclaration verbale est substituée à la déclaration écrite.

L'attestation du commandant peut être exigée dans le cas de soupçon justifié ; mais, pour les autres documents officiels, concernant sa commission ou ses instructions, aucune puissance étrangère n'a le droit d'en réclamer la présentation.

L'autre différence que nous avons signalée entre les navires marchands et les navires de guerre a pour objet les privilèges et immunités dont ils jouissent. Armés et autorisés par le gouvernement d'une puissance indépendante, commandés par des officiers, fonctionnaires publics qui représentent, avec tout l'équipage, la force publique, les navires de guerre sont, dans leur personnification, comme une émanation de l'État et une continuation de son territoire. De là il découle que nul individu étranger au gouvernement n'a le droit d'intervenir dans ce qui se passe à bord et encore moins d'y pénétrer de vive force.

Il est d'usage de marquer, théoriquement, cet ensemble de circonstances par l'axiome que le navire de guerre est une portion du territoire de la nation à laquelle il appartient, jouissant, par conséquent, de toutes les immunités attachées à l'indépendance territoriale. C'est ce que l'on veut exprimer par le mot d'*exterritorialité*[1], dont le véritable sens n'est pas applicable matériellement, mais marque uniquement cette réunion de privilèges, d'immunités et de droits.

Pour justifier le sens de cette expression, il suffit de con-

---

[1] Quelques auteurs ont voulu attribuer au navire de guerre un territoire naval fictif qu'ils ont mesuré à la portée du canon. Perels combat cette théorie comme arbitraire. « Dans un but difficile à comprendre, » dit-il «des publicistes récents ont voulu rattacher au principe de l'exterritorialité, un haut domaine temporaire non pas seulement sur la partie de la haute mer où se trouve soit la flotte soit le navire de guerre isolé, mais encore sur une distance égale à la portée du canon autour de la flotte ou du navire. Cette théorie est absolument arbitraire, elle n'est pas compatible avec la liberté de la circulation sur la pleine mer et ses conséquences mènent à des conflits insolubles. » M. Perels s'élève là contre l'opinion de Cussy, de Phillimore et de Hautefeuille. Ces deux derniers, sans aller aussi loin que Cussy, auraient voulu un territoire ou domaine naval qui dans la pratique entraînerait des confusions perpétuelles et déterminerait de graves difficultés. (*Note du traducteur*).

sidérer que tout navire est une habitation flottante, portant une population placée sous la protection et soumise aux lois et au gouvernement d'un État. Dans le cas spécial du navire de guerre, on peut ajouter que c'est une place militaire, une forteresse mobile dont l'enceinte contient une fraction de l'État auquel il appartient, gouvernée par les fonctionnaires, agents militaires et administratifs, délégués de ce même État.

En haute mer, le navire de commerce ou de guerre ne doit subir aucune immixtion étrangère dans son régime; il est exempt de toute juridiction d'une autre puissance, et dépend seulement des lois du pays dont il porte le pavillon. Le principe d'indépendance des nations et le fait que la haute mer est libre et inaccessible à la propriété ou au domaine de quelque nation que ce soit, sont des raisons suffisantes pour expliquer ces immunités.

Mais, s'il en est ainsi, en haute mer, en vertu du principe qu'elle est libre, dans quelles conditions se trouve le navire lorsqu'il est dans des eaux étrangères ? Va-t-il s'établir une incompatibilité entre la juridiction du navire et celle des eaux où il se trouve ? s'élèvera-t-il un conflit de souveraineté ? y aura-t-il une prédominance de la part de l'une, un préjudice porté à l'autre ? Les usages internationaux rejettent le doute et c'est une règle constante que, pour les *navires de guerre*, le principe d'exterritorialité est absolu partout, même dans les ports et dans les eaux territoriales d'un autre pays et que ces navires demeurent, pour leur régime intérieur et extérieur, soumis seulement aux lois de l'État auquel ils appartiennent. Avec l'État dans les eaux duquel ils se trouvent, ils ont simplement des relations internationales, par l'intermédiaire des fonctionnaires compétents de la localité.

La nature et les conditions d'un navire de guerre à bord duquel est représentée l'organisation militaire et administrative d'une puissance, sont telles, que le soumettre aux lois et au régime d'une autre nation, serait assujettir une souveraineté à une autre souveraineté ; condition inadmissible, comportant une diminution d'indépendance qui correspondrait à interdire les relations maritimes aux navires de guerre et à mettre obstacle à leur entrée dans les ports étrangers.

Il n'en est pas moins certain, cependant, que l'État, maître de ses eaux, a le droit d'en interdire l'entrée ou le mouillage à un navire de guerre, aussi bien que d'exercer sa surveillance sur ce navire, quand il a des raisons d'en supposer la présence dangereuse, ou quand quelque légitime précaution exige et justifie ce soin. Dans ce cas, pour lever toute difficulté des explications satisfaisantes et motivées doivent être données au Gouvernement de l'État à qui appartient le navire.

D'autre part, l'immunité des navires de guerre ne les exempte pas de la responsabilité des actes d'agression, de violence ou de manque de courtoisie qu'ils commettent dans les eaux d'une nation étrangère. Cette nation conserve toujours le droit de légitime défense en présence de tels actes. Les navires ne sont pas non plus exemptés de l'observation des règlements sanitaires des ports où ils veulent entrer : les formalités exigées par les règlements doivent être respectées par tous et n'affectent en rien le caractère d'exterritorialité des navires de guerre. Il y a là un devoir international et, jusqu'à un certain point, humanitaire. Le caractère public et officiel des navires de guerre leur impose l'obligation d'être les premiers à donner l'exemple du plus scrupuleux respect pour les ordonnances de police maritime, les règlements des ports et toutes les prescriptions d'intérêt commun.

La jouissance de l'exterritorialité dans les eaux étrangères ne se présente pas dans les mêmes conditions quand il s'agit de *navires de commerce*.

Cette différence est basée sur ce que, à bord des navires de commerce, le personnel n'a pas caractère de délégation officielle de la souveraineté ; l'État n'est pas représenté par des agents militaires ou administratifs. Aussi, quand ces navires entrent dans des eaux étrangères, le conflit de droits de souveraineté, qui s'élèverait pour les navires de guerre n'a-t-il pas sa raison d'être : l'impossibilité de subordonner une souveraineté à une autre ; l'impossibilité pour un navire de guerre de faire abstraction de sa propre exterritorialité pour se soumettre à la juridiction des eaux territoriales n'existent plus. Les navires de commerce, propriété particulière, ne peuvent, quoique soumis aux lois de leur pays, se soustraire entièrement à la juridiction de la nation chez laquelle ils abordent pour l'accomplissement des lois de police, fiscales et autres, en vigueur sur les domaines de cette nation. Il ne s'en suit pas, toutefois, qu'un navire de commerce et son équipage doivent être assimilés à de simples particuliers voyageant ou résidant en pays étranger et, en conséquence, être absolument soumis aux lois et aux autorités de ce pays pour tout ce qui concerne la police et la sûreté. Quoique les navires de commerce ne soient pas une émanation de la nation à laquelle ils appartiennent, ils sont montés, toutefois, par des équipages organisés, dont la loi à bord est celle du pays vis-à-vis duquel ils ont des droits à défendre et des devoirs à remplir. Le navire de commerce tient, ainsi une place intermédiaire entre le navire de guerre et le simple particulier, ce qui permet à chacune des deux souverainetés (celle du navire et celle des eaux où il se trouve) d'exercer simultanément une partie de leurs attributions, sous certaines réserves, sanctionnées par l'usage général et par les stipulations de nombreuses conventions internationales.

Aux temps modernes, la navigation à vapeur, en étendant les communications entre les régions du globe les plus éloignées, en leur donnant une régularité et une rapidité inconnues jusque-là, a rendu très importants les navires employés au service des postes et des voyageurs ; le grand intérêt qu'ont les différents pays à maintenir les relations internationales ont engagé beaucoup de gouvernements à concéder à ces navires certains privilèges et immunités de nature à en faciliter l'expédition dans les ports qu'ils fréquentent, et accordés jusque-là seulement aux navires de guerre. Ces navires, classés comme paquebots sont, jusqu'à un certain point, traités et considérés comme s'ils constituaient une classe intermédiaire entre les navires de commerce et les navires de guerre.

Il faut, toutefois, observer que le caractère résultant d'une semblable concession n'est reconnu que par les nations qui accordent ces privilèges et qu'on ne saurait faire de cette concession une règle absolue de droit international.

CHAPITRE IV

SOMMAIRE. — Pirates proprement dits. — Leur *dénationalisation*. — Ils sont considérés comme hors du droit des gens. — Piraterie désignée par des lois spéciales. — Droit général de saisir, de juger et punir les pirates. — Différence entre les pirates et les corsaires. — Rareté de la piraterie dans les temps modernes.

Les règles admises par l'accord des nations dans le but de rendre fructueuse pour tous la liberté des mers, n'ont pas établi que la condition de nationalité indispensable à tous les navires légitime le rôle qu'ils remplissent et l'objet auquel ils sont destinés, qu'il s'agisse de navires de commerce ou de guerre.

Aussi tout navire qui, n'ayant pas de nationalité, prétendrait n'être soumis à la loi et à la juridiction d'aucune nation, de telle façon qu'aucun État ne fût responsable des actes qu'il accomplirait, deviendrait, sans lois et sans règles, un péril pour la navigation. La haute mer serait livrée aux actes de violence ou de déprédation d'un navire qui, évidemment, ne rechercherait dans sa nature illégale que l'unique moyen d'atteindre un but illicite. C'est dans ces conditions que se trouverait le *navire pirate* ; on appelle ainsi celui qui, soit en temps de paix, soit en temps de guerre, parcourt la mer pour commettre le vol ou d'autres attentats contre les marchandises et les existences.

Le pirate est sur mer ce que le brigand est sur terre, à

la différence, toutefois, que la portée et la gravité de ses actes criminels sont plus grandes ; le brigand attaque et vole sur le territoire *d'un* État, dont il offense et lèse les habitants ; le pirate attaque des navires à main armée, en pleine mer, sur un élément destiné à l'usage de *toutes* les nations et offense, par là les lois de *toutes*, les effets de son action malfaisante s'appliquant indistinctement aux navires de toute nationalité.

Le pirate est donc l'ennemi, non d'une nation déterminée, mais de toutes ; il est hors du droit des gens.

Voilà pourquoi il est toujours considéré comme en flagrant délit.

De là, il résulte que *tous* ont le droit de le poursuivre et de le capturer et que la punition est de la compétence de l'État dont les sujets ont capturé le criminel, en quelque lieu que la prise ait été opérée ou que le crime ait été commis.

Ce métier illégal, violent et offensant pour le droit et la loi de toutes les nations, aussi bien que l'ensemble des actes criminels dont il est inséparable, constituent, à proprement parler, le crime de piraterie.

L'illégalité et la criminalité du métier rendent illicite l'usage de la mer pour le navire pirate parce qu'en dépit des preuves de nationalité qu'il voudrait établir aucune nation civilisée ne saurait l'autoriser.

Exhibe-t-il un pavillon ou des papiers de bord, ces deux preuves sont fausses ou lui sont tombées entre les mains par suite d'un acte criminel dont la profondeur des mers recèle les traces.

Les vrais pirates n'ont donc pas de nationalité. S'ils en ont eu une, ils l'ont perdue en raison de leurs crimes et, réciproquement, les navires sans nationalité légale sont considérés comme pirates.

Il peut arriver qu'à bord d'un navire de nationalité définie des crimes de vol ou d'assassinat soient commis par l'équipage ; ces crimes ayant un caractère individuel et n'affectant pas les autres navires, demeurent soumis à la juridiction pénale du pays auquel le navire appartient légalement ; mais, si à la suite de ces crimes individuels, la conduite de l'équipage s'aggrave au point que, dans sa révolte, il s'empare du navire, sans respecter aucune loi disciplinaire ou internationale et en s'insurgeant contre toute espèce d'autorité, le navire doit alors être considéré comme ayant perdu le droit à la protection du pavillon.

La conscience de la criminalité, l'impossibilité de la déguiser, la crainte du châtiment sont autant de stimulants qui peuvent pousser un équipage révolté à recourir à de nouveaux et plus dangereux excès contre les navires qu'ils rencontrent. Dans ces conditions anormales, le navire est considéré comme *dénationalisé* ; il est entaché de piraterie, ce qui autorise toute nation à le saisir et à le faire juger par ses tribunaux.

Aucune puissance ne peut invoquer le principe de la liberté des mers, quand on procède contre un navire pirate qui se recommande d'une nationalité quelconque. Comment, en effet, une nation, qui ne saurait accorder sa protection à la piraterie, pourrait-elle se dire lésée ou offensée dans ses droits, en présence de la répression à laquelle est soumis un navire qui a démérité de sa protection ou qui l'a trahie. C'est, au contraire, un service que l'on rend à un pays lorsque l'on empêche des pratiques qui constituent une offense pour lui et un péril pour les autres.

La gravité et l'étendue du crime de piraterie rendant ceux qui y sont impliqués sujets à la prise et au jugement de tout saisissant, ont appelé en d'autres temps la sévérité et l'application sommaire des lois pénales. C'est ainsi que, d'après quelques ordonnances, les pirates saisis étaient, sans intervention de formules judiciaires, pendus de suite à une vergue ; d'après d'autres règlements, ils étaient condamnés aux galères perpétuelles ; l'application des peines était plus ou moins atténuée non pour le capitaine, mais

pour l'équipage qui ne pouvait être jugé aussi responsable et dont la culpabilité était quelquefois difficile à apprécier.

Dans les temps modernes, la piraterie n'est pas ce qu'elle
fut autrefois ; elle n'est pas la règle, mais l'exception : il
est, par suite, admis que l'action de la justice doit être
moins expéditive et plus prudente. Les pirates saisis doivent
être remis aux tribunaux de la nation qui les a pris [1] et
si, dans l'information on passe sur certaines formalités de
l'acte de prise souvent impossibles à remplir et supprimées
par la loi en raison du caractère de flagrant délit que comporte le crime, la peine à infliger ne dépend pas cependant

[1] M. Testa indique que les pirates doivent être déférés aux tribunaux
de la nation de celui qui les a capturés. Mais si la poursuite s'est continuée dans les eaux territoriales étrangères, si la capture a été opérée
dans les mêmes eaux, ne s'élève-t-il pas un conflit de souveraineté ?
Et le navire qui a opéré la prise devait-il suspendre toute poursuite dès
qu'il se trouvait dans les eaux territoriales d'un étranger ? La question
est controversée. En principe, c'est au souverain du territoire et à ses
représentants seuls qu'incombe dans les eaux territoriales la protection
des intérêts du pays et celle des intérêts internationaux. Mais ne paraît-
il pas juste de présumer que chaque fois que le bien général est poursuivi, le consentement tacite du gouvernement est acquis. C'est ce
que se demande Perels qui paraît accepter dans ce cas l'intervention d'un
étranger dans les eaux territoriales. Mais alors ne faudra-t-il pas distinguer la poursuite dans les lieux seulement où l'autorité du pays n'est
pas en mesure de se faire respecter de la poursuite faite pour ainsi
dire sous le canon des forts étrangers ? Ce serait là, semble-t-il, une distinction délicate qui donnerait lieu à des conflits: quelle est en effet la
limite où s'arrête la possibilité pour un État de se faire respecter ? On
voit de suite où cette distinction conduirait. Il est plus sage d'adopter
l'idée que le service rendu à l'humanité par la destruction des pirates
est au-dessus des souverainetés. Au reste, la question n'est pas encore
définitivement vidée et voici un exemple du conflit :

En 1869, des hommes armés appartenant à un navire de guerre espagnol poursuivirent des insurgés Cubains réputés pirates sur le territoire
britannique (îles des Indes occidentales). L'autorité anglaise réclama
et le capitaine général espagnol répondit que la poursuite des pirates
n'impliquait point violation du territoire parce qu'elle se faisait dans
l'intérêt de l'ordre et de la civilisation.

(Note du traducteur).

du bon plaisir du saisissant, mais seulement de la sentence prononcée par l'autorité publique.

Les pirates n'ont pas droit à la propriété de ce qu'ils ont saisi et même, si les dépouilles leur ont été rachetées par un tiers, ces dépouilles n'en demeurent pas moins la propriété du premier possesseur. C'est un principe consigné dans de nombreuses lois spéciales et dans beaucoup de traités internationaux qui imposent la restitution parce que la possession par le pirate ne constitue pas un droit de propriété.

Le crime de piraterie tel que nous l'avons défini, et commis dans les circonstances indiquées plus haut, est qualifié de crime de lèse-humanité et reconnu comme tel par tous, d'après le droit des gens. Il peut y avoir, cependant, des cas où il faut distinguer entre la piraterie proprement dite, selon le droit des gens, et celle qualifiée ainsi par le droit privé d'un État.

Quelques nations, par exemple, regardent comme des actes de piraterie, certaines pratiques condamnées par leur législation spéciale. Dans ce cas, la qualification ne procède que d'une assimilation et comme elle n'est donnée qu'en vertu de lois internes, elle s'étend seulement aux sujets et dans le ressort de la juridiction de l'État qui en juge ainsi. En conséquence, il ne peut y avoir là de règle pour des nations qui n'accordent pas la même importance ou la même signification à ces actes. Exceptons, toutefois, le cas où des traités en font mention. La traite, par exemple, est regardée par plusieurs nations comme un crime de piraterie et un certain nombre de traités internationaux s'y réfèrent. Citons, entre autres, le traité entre le Portugal et la Grande-Bretagne du 8 juillet 1842 ; mais, malgré la réprobation dont un semblable trafic est l'objet de la part de toutes les nations civilisées, il ne constitue pas, pour cela, un crime proprement dit de piraterie, d'après le droit des gens ; et cette qualification n'a de valeur, comme nous l'avons dit plus haut, que pour les nations qui l'ont établie dans des traités.

Il y a une importante distinction à faire entre les pirates et les corsaires ; ces derniers sont des navires qui, en temps de guerre seulement, sont commissionnés par le gouvernement d'un État souverain et autorisés par lui, en vertu du droit des belligérants, à saisir les navires de la nation avec laquelle il est en guerre. De là, il découle que si le corsaire a pour mission de s'emparer de la propriété d'autrui, son action ne peut s'étendre qu'à la nation ennemie du pays qui lui a concédé cette autorisation ; cette circonstance lui donne un caractère légal de nationalité ; elle crée en même temps une responsabilité pour la nation dont il bat le pavillon et, par là, exclut toute idée de piraterie.

En outre, si un navire ainsi commissionné commet contre les droits des autres nations un acte de violence ou une irrégularité qui outrepasse les facultés dont il est investi, il ne peut, pour ces faits, être considéré comme pirate, quand son intention n'est pas notoirement révélée. Dans ce cas, l'État qui a autorisé l'armement, est responsable devant les autres nations des actes pratiqués illégalement et c'est à lui qu'appartient le droit de juger et de punir.

Il y a des cas, toutefois, où le corsaire abusant de l'autorisation reçue, sort de ses attributions et agit de telle manière que l'on peut qualifier ses actes de piraterie. C'est par exemple quand un navire prend des lettres de course chez deux nations ennemies ; les deux autorisations directement opposées sont contradictoires. Le navire qui procède de la sorte a certainement en vue, non pas le service de l'un ou de l'autre belligérant, mais le profit qu'il tirera d'un plus vaste champ de pillage. Une telle pratique détermine le caractère de piraterie.

Mentionnée dans l'histoire de l'antiquité, la piraterie s'est développée au moyen-âge et a infesté les mers d'Europe ; dans des temps moins reculés, elle a encore continué à être le fléau du commerce et de la navigation.

Après la découverte de l'Amérique il se forma, dans la

mer des Antilles, de grands partis de pirates composés de bandits de différentes nations qui, attirés par les richesses de ces régions nouvelles, réunissaient leurs forces pour pratiquer le vol. Telles furent les associations de flibustiers qui se rendirent célèbres par leurs méfaits, autant que par la force et l'audace qu'elles déployèrent.

Par analogie, on a qualifié les pirates de flibustiers, aussi bien que les aventuriers qui s'associaient pour des entreprises audacieuses, illégales ou contraires au droit des gens.

A l'heure qu'il est, on peut dire que les pirates proprement dits ont disparu des mers de toutes les parties du monde. Les stations navales des nations maritimes, les croisières des navires de guerre, la rapidité des communications postales et télégraphiques sont autant de moyens qui permettent d'exercer une vigilance active et une action immédiate contre la piraterie dès qu'elle apparaît. Si quelques pirates existent encore, c'est pour ainsi dire clandestinement et seulement dans les parages des mers orientales ou des archipels de l'Océanie où une population sauvage et de mœurs barbares saisit toute occasion pour exercer ses rapines [1].

Si tout navire qui navigue sans documents suffisants pour prouver sa nationalité et sans autorisation de son gouvernement est qualifié de pirate, à plus forte raison doit-on considérer comme tel tout navire qui, quoique nationalisé, va, sans commission officielle de la puissance à laquelle il appartient, attaquer ou envahir, à main armée, les côtes ou le territoire d'un pays avec lequel elle est en paix. C'est

---

[1] La piraterie tend à disparaître et les nations qui en subissent encore le fléau ont, par des accords avec des puissances européennes, admis la poursuite des pirates dans leurs eaux territoriales. C'est ainsi que par l'art. 30, du traité conclu entre les États du Zollverein allemand et la Chine, le 2 septembre 1861 et ratifié le 14 janvier 1863, autorisation est donnée aux navires de guerre allemands de pénétrer dans tous les ports de la Chine sans distinction et de faire des croisières pour la protection du commerce ou pour la poursuite des pirates.

(*Note du traducteur*).

la guerre pour le compte d'un individu, la guerre privée, la guerre sans déclaration et, partant, inique ; c'est une violation flagrante du droit des gens.

L'éminent publiciste, Silvestre Pinheiro-Ferreira, émet, à cet égard, dans son ouvrage *Du droit des gens* volume II, article VIII l'opinion suivante : « Quels que soient les principes adoptés, tout navire qui pratique des hostilités contre un État sans pouvoir prouver qu'il y est autorisé par le gouvernement d'un autre État en guerre avec le premier, devra être considéré comme pirate. » L'accord d'autres publicistes sur cette doctrine, lui donne un caractère si positif que l'acceptation, comme principe de droit international, n'en peut être mise en doute.

CHAPITRE V

RECONNAISSANCE DE LA NATIONALITÉ ET POLICE DES MERS

SOMMAIRE. — Droit conféré aux navires de guerre d'exercer la reconnaissance de la nationalité en temps de paix. — Manière de l'exercer. — Sa légitimité. — Procédure découlant des traités contre les navires qui font la traite.

Dès que le principe de la liberté des mers en rend l'usage *licite* pour tous les navires ayant une nationalité légale, et *illicite* pour les autres, considérés alors comme pirates, il y a nécessité de disposer de moyens pratiques et de règles définies qui permettent de reconnaître la nationalité des navires et de distinguer ceux qui naviguent licitement de ceux qui naviguent illicitement, dans le but de protéger les premiers et d'empêcher l'existence des autres.

Une telle nécessité est évidente surtout en pleine mer; cette grande voie, ouverte à la navigation et à la concurrence de toutes les nations est, par sa nature et son étendue, susceptible d'être infestée de criminels dont la répression est d'un intérêt universel. De là vient l'accord dicté par le besoin général et sanctionné par la saine raison, d'après lequel toutes les nations maritimes se prêtent un mutuel appui pour tout ce qui peut rendre la vigilance efficace et assurer la sécurité de la navigation.

C'est dans ce but que l'usage général et constant a donné aux navires de guerre, en vertu de leur caractère et de leurs conditions spéciales de force et de moyens, une triple mission :

Ils doivent en premier lieu protéger les navires de commerce de leur propre nation ;

Ils sont, de plus, investis du droit compatible avec le caractère international du champ sur lequel ils opèrent, chargés de vérifier la nationalité des navires en haute mer, toutes les fois que l'exigent les circonstances ;

Enfin, ils doivent saisir les malfaiteurs qui se trouvent dans des conditions illégales et qui constituent un danger pour la sûreté générale de la navigation.

Il se peut, en effet, quoique les cas soient rares, où un pirate ne porte pas les indices qui le dénoncent, qu'un navire méritant cette qualification se présente avec les apparences de la légalité : cette supercherie ne pourra être découverte sans certaines pratiques autorisées par les nations.

Indépendamment de cette éventualité, il faut considérer qu'en mer les navires de commerce ou de guerre ont souvent besoin de se reconnaître mutuellement et de communiquer entre eux pour demander et transmettre des nouvelles, réclamer des secours, rectifier leur route, etc., etc.

De là, l'usage, que la courtoisie internationale a presque converti en règle, que lorsque les navires s'avisent en pleine mer, ils hissent, réciproquement, leurs pavillons nationaux.

Pour la même raison, rien n'empêche, et il est même de toute utilité, que des navires parlementent entre eux. Le navire qui, pour une raison quelconque, désire communiquer avec un autre navire en vue, a le droit de manœuvrer de façon à s'en approcher sans que, pour cela, le navire vers lequel il se dirige soit obligé de changer de ligne ou de ralentir sa marche. Les circonstances du temps et les nécessités de la navigation peuvent seules régler ce droit réciproque. Chacun est libre d'en user : c'est une question de courtoisie réciproque et de convenance. Une autre règle ne saurait être imposée en haute mer, où tout navire légalement nationalisé ne reconnaît que la juridiction de la nation à laquelle il appartient.

Cependant, quand un navire de commerce rencontre un navire de guerre en pleine mer, il doit au moins, par déférence, hisser son pavillon. Et si, en droit, il ne peut être obligé à le hisser le premier, il a le devoir de le faire dès qu'il aperçoit le pavillon du navire de guerre. Dans ce cas, il est entendu que le navire de guerre demande au navire marchand quelle est sa nationalité, en l'invitant à montrer son pavillon.

Si le navire marchand se refuse à répondre, il pourra en recevoir l'intimation par un coup de canon tiré à blanc qui, en appelant son attention, supprime pour lui l'excuse qu'il n'a pas vu le navire de guerre.

S'il s'obstine encore dans son refus, un coup de canon à portée inoffensive, sera une intimation plus péremptoire; cela signifiera qu'on le menace de l'obliger par la force à accomplir son devoir, que ses refus sont suspects et autorisent l'emploi de mesures énergiques. L'action des navires de guerre, pour le bien de la police des mers, serait nulle et sans profit s'il leur était interdit d'arraisonner un navire marchand qui paraît suspect ou s'il était permis à ce dernier, une fois averti, de se soustraire à l'indication de sa nationalité et aux questions faites de l'autre bord pour en constater l'identité.

L'usage des pavillons ayant été adopté pour que tout navire pût indiquer la nation à laquelle il appartient, le refus d'obéir constitue une opposition à une règle de convenance générale, mais, d'autre part, si on en exige l'observation, il faut concilier toutes les pratiques de manière à ce que la police des mers ne devienne pas une entrave constante et vexatoire pour la navigation en général.

En temps normal, dès qu'un navire montre son pavillon et prouve, s'il est nécessaire, que c'est bien celui de sa nation, il peut être considéré comme une enceinte inviolable où la juridiction seule de son pays a force de loi. Tout procédé vexatoire à son égard, après la constatation de sa légalité, est un attentat contre l'indépendance de sa nation.

Obliger les navires de commerce à montrer leur pavillon et à répondre aux questions posées, voilà le droit du navire de guerre : son devoir est d'ajouter foi aux preuves données. Il ne peut s'écarter de cette ligne que s'il a des soupçons fondés, soit d'après des manœuvres douteuses, soit d'après la connaissance qu'il a de la présence d'un pirate dans tel parage, soit, enfin, d'après des indices ou vestiges qui en signalent l'approche, etc.

En présence de ces soupçons, le navire de guerre ne doit pas hésiter à pousser plus loin l'examen commencé, parce qu'il peut se trouver en face d'un pirate déguisé. Il sera alors en droit d'envoyer une embarcation à bord, avec un officier, qui aura pour mission de reconnaître la nationalité du navire suspect, en usant, toutefois, de modération et sans commettre d'abus de force. Il s'agit, non pas d'offenser une nationalité, mais de la reconnaître et de la garantir contre l'injure qui résulterait d'une fausse interprétation. C'est pourquoi dans tous les cas, l'usage de la force et de la violence doit être suspendu tant que la vérité des soupçons n'est pas confirmée.

Lorsque les soupçons qui ont autorisé ce procédé sont reconnus non fondés, l'officier qui s'est rendu à bord doit se retirer après avoir expliqué les motifs de sa venue et le capitaine marchand n'a pas le droit de se plaindre s'il n'a souffert aucun dommage : la conduite tenue envers lui a eu seulement pour objet la vérification de faits qui intéressent la sécurité de la navigation et, loin de causer un préjudice au navire, elle lui fournit le bénéfice d'une protection et supprime la menace de l'emploi de la force.

Si un navire arraisonné par un navire de guerre, avisé par les coups de canon répétés et menacé de l'emploi de la force, s'obstine à ne pas hisser son pavillon, il y a lieu à procéder plus rigoureusement. Mais alors, le commandant du navire de guerre doit s'inspirer de la pensée qu'en temps de paix l'usage de la force est un moyen violent auquel on ne doit recourir que dans les cas extrêmes, et il doit peser, en outre, la responsabilité que peut lui faire encourir son attitude ; une imprudence d'un instant est capable de produire l'offense, de soulever des susceptibilités, de donner lieu à de graves difficultés et même à la guerre.

Aussi, est-ce à la prudence et au discernement qu'il faut demander la conduite à suivre.

On ne doit jamais perdre de vue qu'il existe une grande différence entre le droit de *reconnaissance* de la nationalité en temps normal et le droit proprement dit de *visite* en temps de guerre : la différence se manifeste non seulement dans la *fin*, mais aussi dans les *moyens*. En effet, en ce qui concerne la *fin*, la *reconnaissance* a uniquement pour but de vérifier la nationalité, pour en garantir tous les droits et en respecter l'indépendance : la *visite* a pour objet de constater des faits qui, même après la reconnaissance de la nationalité, comportent l'intervention d'une puissance étrangère.

Quant aux *moyens*, la *reconnaissance* se résume dans une procédure simple, expéditive et peu vexatoire, à moins qu'il n'y ait des soupçons fondés : la *visite*, au contraire, nécessite une certaine pression et l'emploi d'une autorité qui entraîne vexation.

En un mot, dans le premier cas, une souveraineté en reconnaît une autre et suspend toute action contre elle ; dans le second, une souveraineté exerce une action sur une autre, même après l'avoir reconnue.

La *reconnaissance* du pavillon procède d'un intérêt général, qui est la police et la sécurité des mers pour toutes les nations. Le droit de *visite* naît de l'intérêt particulier qu'a un État belligérant à interdire tout usage de la mer à son ennemi.

La pratique du droit de visite n'est donc point admissible en temps de paix, à moins qu'elle ne soit spécialement convenue et dirigée vers certaine fin, par exemple, la suppression de la traite. Des conventions ou traités, dans ce sens, obligent les contractants seulement et ne sauraient, en conséquence, constituer une règle générale du droit international . L'immunité des pavillons et l'indépendance des nations s'y opposent. C'est pourquoi, en temps de paix, la seule exception à ce principe absolu ne peut avoir lieu qu'à l'égard de crimes contre le droit des gens tels que la piraterie proprement dite et, encore dans ce cas, n'y a-t-il pas d'exception au droit, mais à la pratique seulement, puisque l'on ne peut dire que le pirate ait une nationalité.

Résumons :

a). Le mode d'exercer en haute mer et en temps de paix, non le droit de visite, mais le *droit de reconnaissance* de la nationalité, droit admis par toutes les nations, se réduit à la procédure suivante :

1° Se diriger vers le navire en vue et s'approcher de lui ;

2° L'avertir par un coup de canon qu'il doit hisser son pavillon aussitôt que le navire de guerre affirme sa nationalité en hissant le sien ;

3° L'arraisonner pour qu'il réponde aux questions et opérer ainsi la reconnaissance ;

4° S'il y a résistance ou dans le cas de soupçons, employer l'artillerie pour l'obliger à se mettre par le travers et, dans ce cas :

5° Envoyer à bord une chaloupe avec un officier afin d'exiger l'exhibition des papiers de bord qui confirment la nationalité du navire ou qui autorisent la conduite ultérieure, avec la circonspection et la prudence que nous avons indiquées.

b) En temps de paix, le *droit de reconnaissance* de la nationalité doit, en règle générale, se réduire à la mise en demeure de montrer le pavillon, sauf dans des circonstances exceptionnelles qui rendent nécessaire l'exhibition des preuves.

c) Enfin, ce droit appartenant à tout navire de guerre et

dans les limites pratiques que nous avons indiquées, ne peut être exercé que sur la haute mer où la police est ainsi faite, mais jamais dans les eaux territoriales, à moins que ce ne soit celles de l'État à qui appartient le navire.

d) L'exception relative aux navires qui font la traite et en vertu de laquelle on admet la visite en dehors de l'état de guerre n'est, comme nous l'avons dit, sanctionnée que par des traités obligeant les contractants seuls [1].

---

[1] Le traité de mai 1845 entre la France et la Grande-Bretagne offre un exemple des dispositions qui stipulent le droit de visite réciproque. Nous donnons à la fin du volume le texte de ce traité (appendice II).

(Note du traducteur).

CHAPITRE VI

JURIDICTION INTERNATIONALE

SOMMAIRE. — Application des lois territoriales. — Délits commis à bord, degré de gravité et jugement de ces délits, selon qu'ils ont été commis en haute mer ou dans les eaux territoriales, sur des navires de guerre ou de commerce. — Extradition. — Réfugiés et déserteurs.

Certains principes établis par le droit des gens universel, tels que la liberté de la haute mer, l'obligation pour tous les navires d'avoir une nationalité, le domaine et la juridiction territoriale dans les eaux d'un État, nécessitent des prescriptions déterminées, ayant, les unes, un caractère international, les autres, une application locale, et dont la violation entraîne une offense plus ou moins sérieuse à ces principes.

Indépendamment de cette violation éventuelle du droit, il est possible qu'à bord des navires il soit commis des délits dont la gravité est plus ou moins sérieuse, mais qui doivent tomber nécessairement sous le coup d'une loi répressive. Il serait facile de fixer l'autorité compétente dans de semblables occurrences, si les navires se trouvaient toujours en haute mer ou dans les eaux de leur propre pays, et s'il ne se rencontrait de fréquentes occasions où se trouvent en présence les droits de la souveraineté dont dépendent ces navires, et les droits de la souveraineté à laquelle appartiennent les eaux où se commet le délit.

De là ressort la nécessité de règles internationales qui tranchent la question et suppriment les conflits de juridiction.

Pour résoudre le problème, il faut examiner plusieurs hypothèses, afin de pouvoir, d'après chacune d'elles, décider à quelle juridiction appartient la connaissance des illégalités ou délits commis à bord des navires ou pratiqués par les équipages sur territoire étranger.

Dans l'appréciation de tels faits, il y a plusieurs éléments à considérer ; ce sont :

1º Le lieu où a eu lieu l'incident : haute mer ou eaux territoriales ?

2º La qualité des navires : de guerre ou de commerce ?

3º La nature des délits : délits purement disciplinaires, délits communs, ou crimes contre l'État ?

Ces diverses hypothèses résultant de combinaisons et de circonstances variées, dictent les différentes procédures à suivre. Celles-ci, malgré les variations de la législation des États, demeurent subordonnées à un principe général de droit public reconnu par les nations, d'après lequel on considère toujours comme territoriale l'action de la justice en matière de criminalité et de pénalité. De ce principe procèdent les règles suivantes :

1º Que les crimes sont toujours soumis à la loi du pays sur le territoire duquel ils ont été commis ;

2º Que l'action des lois pour les actes de police, de juridiction et de pénalité, ne peut se faire sentir que dans les limites territoriales d'un État et ne saurait être étendue au territoire d'un autre.

Ainsi donc, chaque État est seul compétent pour juger des délits commis sur son propre territoire, quel que soit le délinquant et n'a pas le droit de procéder au jugement de crimes commis sur un territoire étranger. L'action des lois d'un État n'atteint pas les délinquants qui se sont réfugiés sur un territoire étranger et ne s'applique pas à ceux qui, ayant commis un crime dans un autre pays, se réfugieraient sur son territoire.

Cependant, à l'endroit d'une certaine catégorie de crimes, il y a des conventions qui consignent la remise des criminels quand ils se sont refugiés sur les territoires respectifs des États contractants. C'est ce que l'on appelle *l'extradition* et les traités qui ont pour but de l'établir sont nommés *traités d'extradition* : ils n'ont force de loi que pour les nations qui les ont signés.

L'extradition est bien différente de *l'expulsion* ; cette dernière se fonde sur le droit qui appartient à l'État de faire sortir de son territoire tout étranger dont le séjour pourrait constituer un danger. L'*extradition* va plus loin : non seulement elle expulse l'individu, mais elle le livre expressément aux autorités de l'État qui l'a réclamé.

Appliquons ces principes au droit maritime ; la juridiction internationale en ce qui touche le lieu où les délits ont été commis, varie selon que la perpétration en a eu lieu sur la *haute mer* ou dans des *eaux étrangères* et selon que le navire est de *guerre* ou de *commerce*.

1° En *haute mer*, les faits qui se passent à bord d'un navire, *soit de guerre*, *soit de commerce*, doivent être réputés accomplis sur le territoire de l'État dont le navire bat le pavillon, par le fait que le droit d'exterritorialité s'exerce là dans sa plénitude ; sur cet élément, d'usage général et commun aux nations, les navires ne sont soumis, nous le savons, qu'à la juridiction de leur pays. Bien plus : que le navire, après l'accomplissement du délit, en haute mer, entre dans un port étranger, aucune autorité étrangère n'aura le droit de procéder à un acte de police ou de justice à propos des faits pratiqués en haute mer et, par conséquent, hors de son domaine territorial.

Il est bien entendu que cette règle ne s'applique pas aux cas de piraterie, à l'endroit desquels, le droit de saisie et de procédure en tous lieux appartient à tous les États : là où il y a piraterie, il n'y a pas de nationalité qui puisse s'en juger offensée.

2° Si les faits criminels se sont produits à *bord* dans les *eaux territoriales d'un État étranger*, il faut distinguer le caractère du navire.

Est-il de guerre ou de commerce ?

Navire de guerre : tous les faits qui se sont passés à bord d'un navire de guerre demeurent subordonnés aux lois du pays auquel il appartient, parce que les navires de guerre ne relèvent pas de la juridiction du pays étranger dans les eaux duquel ils se trouvent. Remarquons toutefois, que même dans cette hypothèse, l'immunité du navire de guerre disparaît et la juridiction locale retrouve tous ses droits, quand les navires de cette catégorie commettent des actes d'agression ou d'hostilité ou même enfreignent les lois sanitaires ; ils doivent respecter ces lois aussi bien que les règlements fiscaux et de police du port, et cela avec d'autant plus de soin que le caractère officiel dont ils sont revêtus leur impose l'obligation d'être les premiers à donner l'exemple du respect pour des prescriptions d'intérêt commun.

Navire marchand : il faut établir la distinction de la nature des délits. C'est, en effet, la nature des délits qui fixe la juridiction, les conditions du navire marchand en port étranger étant différentes de celles du navire de guerre.

Ainsi, quand il n'y a pas de traité qui fixe la procédure à suivre, quand il n'y a pas de raisons de réciprocité qui en conseillent l'application, l'usage général est d'adopter les règles suivantes :

1° Si le délit est une simple infraction à la discipline intérieure et aux devoirs de l'homme de mer, ou se limite à des offenses entre matelots, sans qu'il en résulte une altération de la tranquillité dans le port, l'autorité locale n'a pas à intervenir dans l'appréciation de faits qui ne l'intéressent nullement, et elle ne doit procéder que dans le cas où son appui est réclamé.

2° Si le délit est grave, ou commis à bord par des personnes étrangères à l'équipage, ou de nature à compromettre la tranquillité du port, la juridiction territoriale revendique le droit d'intervenir afin de contenir et punir les coupables parce que sa juridiction territoriale lui donne le droit et lui impose le devoir, non seulement de protéger ses nationaux et les étrangers résidant sur son territoire, mais aussi de maintenir l'ordre et de faire respecter les lois de police et de sécurité publique.

Nous avons encore à examiner un autre conflit de juridiction : c'est celui qui se produit quand les délits sont commis à terre par le personnel de navires étrangers, ou quand, à bord de ces navires, se refugient des individus qui ont commis des délits à terre. Dans les deux cas, deux juridictions sont en présence, laquelle doit prévaloir ?

I. — *Première hypothèse*. — Un délit est commis a terre par l'équipage d'un navire. — On ne peut contester à l'autorité locale le droit d'agir dans le but de s'emparer des étrangers qui ont enfreint les lois du pays et de les y soumettre même s'ils appartiennent à des équipages de navires de guerre. Dans cette occurrence, il est d'usage d'avertir le commandant du navire, si celui-ci ne peut, en raison de la gravité du délit, obtenir la remise des coupables, il pourra employer ses diligences à réclamer en leur faveur, un traitement humain et un jugement impartial.

Deuxième hypothèse. — Les délinquants appartiennent a un navire de guerre et parviennent a regagner leur bord. — Dans ce cas, l'autorité locale n'a plus le droit de les y appréhender ; elle peut en exiger la remise par la voie diplomatique, s'il y a un traité d'extradition ; s'il n'y en a pas, elle doit se borner à se plaindre du fait et à demander des explications satisfaisantes sur la punition qui aura été infligée.

Troisième hypothèse. — Le navire est marchand et les crimes commis ont été graves. — L'autorité locale a alors le droit de poursuivre les coupables et de les appréhender *même à bord* du navire mouillé dans les eaux territoriales ; elle devra toutefois agir avec une grande prudence, et prévenir l'agent ou le représentant du pays auquel appartient le navire ; celui-ci aura le droit de veiller à ce que le procès soit conduit et le jugement rendu avec justice et équité.

Nous avons examiné les hypothèses de délits commis *à terre* par le personnel d'un navire ; il nous reste à étudier celles où des individus quelconques, même des nationaux du pays, se réfugient de terre à bord des navires étrangers dans les eaux de ce pays.

II. — *Première hypothèse.* — Refuge a bord d'un navire de guerre. — Le commandant d'un *navire de guerre*, dans des eaux étrangères, a le droit de se refuser à recevoir des personnes compromises devant les lois du pays qu'il visite. Il peut, toutefois, être amené à les accueillir par des considérations tirées de la situation des réclamants, des lois d'humanité et de la dignité de son pays. Mais il doit se rappeler que le refuge n'est pas mérité par ceux qui sont poursuivis ou condamnés pour des crimes portant atteinte à la morale universelle et de nature à être flétris par les lois de toutes les nations. S'il s'agit de personnes poursuivies ou condamnées pour délits n'ayant pas un caractère général ou infamant ou si les délits sont d'ordre politique, alors, en hommage aux sentiments, d'humanité et de générosité, et pour l'honneur de son pavillon, le commandant doit recevoir à son bord les refugiés, de la même manière que tout pays civilisé accueille les émigrés. Il ne faut pas, cependant, que le refuge ouvert à des hommes compromis dans les discordes civiles d'un pays, puisse devenir un secours pour l'un des partis, ce qui aurait lieu si, par exemple, un commandant accueillait des hommes pour les transporter ensuite à un autre point du territoire où ils pourraient reprendre leurs actes d'agression.

Deuxième hypothèse. — Refuge a bord d'un navire marchand. — Si le cas se produit à bord d'un *navire marchand*, on ne doit pas moins mettre en avant les considérations d'ordre moral qui ont été appliquées au cas du navire de guerre. Cependant, les circonstances et les interventions officielles auxquelles le caractère particulier du navire peut donner lieu, sont de nature à modifier l'exterritorialité qui est accordée au navire de guerre.

Troisième hypothèse. — REFUGE A BORD A L'INSU DU COMMAN-DANT DU NAVIRE. — On ne doit pas appliquer les préceptes établis sur le refuge à bord lorsque les individus se sont introduits furtivement dans le navire à l'insu du commandant ou lorsqu'ils ont dissimulé ou altéré la vérité sur leur situation et sur les motifs qui les ont amenés. Alors, le commandant a le droit, s'il le juge à propos, de les expulser de son bord, mais non de les remettre aux autorités locales, ce qui serait un acte d'extradition et revêtirait un caractère peu humanitaire.

Tout ce que nous avons dit relativement à la personne de ceux qui se réfugient à bord entraîne la *réciprocité*. La réclamation des réfugiés de terre ou la remise des déserteurs du bord, quand elles sont fondées sur des raisons de convenance et de déférence réciproques, ne peuvent être assimilées à une extradition proprement dite ; il y a toutefois une espèce d'extradition qui se pratique selon la coutume, indépendamment de l'existence des traités ; elle est réduite à des formes beaucoup plus simples et tendant à répondre aux nécessités du service maritime. Nous voulons parler de celle qu'on applique aux *déserteurs du bord*. On considère généralement la désertion non comme un crime procédant d'une malveillance intentionnelle ou offensant pour l'humanité, mais plutôt comme une faute due, dans la plupart des cas, à la tendance naturelle aux gens de mer à changer de situation, à l'attrait que leur offre la terre après une longue réclusion, après les duretés de leur métier de marin et l'austérité de la dicipline du bord.

A cette atténuation morale de la faute, ajoutons la considération de la convenance générale qu'il y a à ne pas laisser les navires dépourvus de leur personnel, ce qui empêcherait ou entraverait le service. La simplicité des formes, la réciprocité de l'acte et l'avantage commun qui en résulte, rendent cette pratique d'extradition d'un usage général entre nations maritimes. [1]

Les devoirs du commandant d'un navire doivent s'étendre à tout ce qui intéresse les individus de sa nation en pays étranger. Là, sa mission est de les protéger quand ils sont menacés et ce qui, à l'égard des étrangers, serait un simple acte d'humanité, est, à l'égard des nationaux, un rigoureux devoir.

Tous les principes établis et reconnus par les nations, tant pour les navires de guerre que pour les navires de commerce dans les eaux territoriales d'un autre pays, sont basés sur l'hypothèse de relations pacifiques et de bonne harmonie entre les États ; aussi bien, ils ont leur application entre nations civilisées où existent des institutions politiques régulièrement organisées, et où, par conséquent, le droit des gens est, non seulement reconnu, mais aussi mis en pratique.

[1] Il n'y à pas d'asile à bord des navires de commerce dans les eaux territoriales étrangères, De là, les esclaves fugitifs dans les eaux territoriales d'un pays esclavagiste pourront être réclamés par les autorités du lieu. Ils seront en outre *éventuellement* extradés s'ils ont été amenés en pays non esclavagiste ; nous disons *éventuellement,* parce qu'il est admis par la plupart des États que le fait pour des esclaves de toucher le sol d'un pays non esclavagiste constitue leur libération.

A bord des navires de guerre la situation n'est plus la même. Le principe d'exterritorialité couvrant ces navires, ils peuvent donner asile à l'esclave. Cependant ce principe d'exterritorialité est encore discuté quand on cherche à l'appliquer au navire de guerre étranger dans des eaux territoriales. Calvo et Bar l'admettent sans restriction. Pinheiro Ferreira le qualifie de chimérique fiction. Quant à Perels, il considère que l'exterritorialité existe réellement et que par conséquent le droit d'asile existe aussi. L'opinion en Angleterre ne s'est fixée qu'après de longs débats au sein de commissions spéciales. Enfin les instructions de 1878 établissent nettement la libération de l'esclave par l'asile donné à bord d'un navire anglais en eau territoriale étrangère.

(*Note du traducteur.*).

CHAPITRE VII

CÉRÉMONIAL MARITIME

SOMMAIRE. — Importance du cérémonial et sa signification dans le passé et dans le présent. — Différentes manières de saluer. — Réciprocité de procédés pour les salves.

L'observation des principes établis de commun accord comme règles de droit, pour l'usage de la mer, conduit aux bonnes relations entre les peuples. Et ces bonnes relations s'accentuent encore quand l'obéissance aux lois est entourée de certaines formalités, affirmant le culte dont elles sont l'objet. De là, l'usage et la pratique des saluts en mer dont l'ensemble constitue ce que l'on appelle le cérémonial maritime.

Considéré comme un acte de courtoisie réciproque, destiné à témoigner de l'amitié existant entre les nations, à rendre hommage à leur mutuelle indépendance, à honorer et distinguer les entités qui les représentent, le cérémonial maritime, dans ses divers modes d'application, mérite d'occuper l'attention.

Avant de l'apprécier au point de vue moral, disons un mot de sa forme matérielle et pratique et indiquons quels sont les différents moyens adoptés pour les saluts maritimes en considérant *l'objet* auquel ils sont destinés et *la manière* de les rendre.

Quant à *l'objet* il y a :

Le salut des navires de guerre passant près des forteresses ou entrant dans des ports étrangers et la réponse qu'il comporte.

Le salut en mer ou dans les ports entre navires de guerre de différentes nations.

Le salut des navires de commerce aux navires de guerre.

Enfin, le salut aux personnes royales, aux ambassadeurs, ministres et consuls et les démonstrations de fête à l'occasion de solennités nationales.

Quant au *mode* et *moyens* de faire ces saluts, il y a :

Les salves d'artillerie ;

Le mouvement d'amener et de hisser le pavillon.

Celui d'amener les voiles hautes du navire ou de laisser filer les écoutes.

Celui d' « arriver pour l'autre navire. »

Enfin, le pavois et autres signes de fête.

De tous ces genres de saluts, la salve d'artillerie est le plus adopté d'après la règle : c'est le plus marquant dans son effet et celui qui atteint le mieux son but par son éloquence bruyante et guerrière.

On emploie toujours la salve d'artillerie quand on a pour objet d'honorer le caractère officiel d'une personnalité ou de saluer la souveraineté de l'État dans les eaux duquel le navire a jeté l'ancre. Dans ce dernier cas, la salve est appelée *salve à la terre* ; elle a lieu lorsqu'un navire de guerre entre dans un port ou dans une station où existe une ville, une place de guerre, un arsenal ou une forteresse, à la souveraineté territoriale desquelles il rend, par ce moyen, un hommage de courtoisie.

Les salves doivent recevoir réponse coup pour coup, quelle que soit l'importance politique du pays à qui appartient le navire qui a salué, et cela par la raison qu'elles ont un caractère d'internationalité et d'hommage de nation indépendante et souveraine à nation jouissant de droits égaux.

La salve à la terre est, rigoureusement obligatoire, sauf le cas d'impossibilité. Cependant, on ne peut en considérer l'omission comme une offense, mais simplement comme un manque de courtoisie quand elle ne peut être justifiée; s'il y a des précédents ou des circonstances qui indiquent dans l'omission une pensée évidente de provocation ou d'injure, une demande d'explications est nécessaire.

Le salut par le canon est majestueux et imposant, quand un navire de guerre, au moment de déployer le pavillon de l'État dans les eaux duquel il a jeté l'ancre, vient par le bruit de son artillerie, appeler l'attention et faire remarquer qu'au moment de s'arrêter sur un littoral ami, son premier acte est de saluer la souveraineté et l'indépendance de l'État, ses institutions et ses habitants : au contraire, quand le salut n'a pas lieu, la visite reste ignorée par la plupart, la présence d'une entité représentant la souveraineté d'un autre pays passe inaperçue.

Souvent, les conditions matérielles d'un navire ou la nature de son armement ou l'absence même d'armement rendent la salve impossible. On se borne alors aux saluts de pavillon, aux visites officielles et aux compliments entre autorités ; et il est d'usage d'indiquer la raison de l'omission de la salve.

Quand les navires de guerre de différentes nations se rencontrent en haute mer ou dans les eaux territoriales d'une puissance tierce, ils ne sont pas rigoureusement obligés à la salve, mais il est admis entre pays dont les relations sont amicales, qu'un navire de guerre en rencontrant un autre portant le pavillon d'un amiral ou d'un officier général, lui serve la salve d'ordonnance établie d'après les différents grades de la hiérarchie militaire.

Il est aussi d'usage qu'un navire isolé rencontrant une escadre, rende le salut le premier.

Les saluts échangés entre navires en hommage à leurs chefs ou commandants aussi bien que ceux adressés aux personnes royales ou aux chefs d'État et à leurs représentants ont un *caractère personnel* et sont ainsi dénommés.

Les salves entre officiers de marine commandant des navi-res sont rendues par le nombre de coups désigné dans les ordonnances et correspondant aux grades respectifs. Mais, pour obvier à la difficulté de connaître avec exactitude ce protocole et pour éviter toute équivoque, il est d'usage général de rendre ces salves à nombre égal de coups : un excès de courtoisie est préférable à tout acte pouvant donner prétexte à des susceptibilités.

Pour accentuer davantage et faire mieux interpréter la salve aux officiers de marine, on a la coutume de hisser une voile de l'avant durant la salve.

Les salves aux personnes royales, quand elle se rendent à bord d'un navire restent sans réponse ; elles font l'objet de remerciements seulement ; il en est de même quand les navires en ports étrangers prennent une part ostensible aux fêtes nationales du pays, telles que : anniversaires des souverains régnants, évènements extraordinaires ou autres solennités.

Il est également d'usage de prendre part aux réjouissan-ces des navires étrangers à l'occasion d'une solennité inté-ressant leur nation. On doit, toutefois, dans ces cas, avoir en vue qu'il est convenable de s'abstenir de toute partici-pation à des manifestations dont l'origine ou le motif rap-pelle des évènements capables de blesser la susceptibilité et l'amour propre de gouvernements étrangers, ou dont la si-gnification est une attaque aux institutions et à l'histoire de son propre pays. Dans de tels cas, le commandant du navire mouillé dans un port où les réjouissances ont lieu devra s'en abstenir, autant que possible ou même s'absen-ter d'avance, sous un prétexte quelconque afin de n'en être pas spectateur. Le bon sens, le point d'honneur et le sentiment de la dignité nationale, règlent la con-duite dans de telles conjonctures ; il faut y porter la plus sérieuse attention ; l'on ne saurait s'entourer de trop de prudence quand il s'agit de relations entre États.

A l'occasion des réjouissances, on a coutume de pavoiser

les navires. Mais on supprime les pavillons d'États, à l'exception de celui de la nation en l'honneur de laquelle a lieu la fête ; celui-ci est hissé au grand mât. Cette suppression a pour but d'éviter toute susceptibilité qui pourrait résulter de la place attribuée aux pavillons des différentes nations.

Pour les démonstrations funèbres, on place les pavillons à mi-drisse et pour la mort d'une personne royale on met les vergues en pantenne.

En ce qui concerne les visites et les compliments entre officiers commandants de navires, les dispositions adoptées dans les ordonnances maritimes rendent généralement uniforme un cérémonial, dont le système est devenu pour ainsi dire international par suite de l'accord de la plupart des puissances. C'est dans cet ordre d'idées qu'à une époque récente beaucoup d'États ont adhéré aux règlements adoptés et à la réciprocité proposée par l'amirauté anglaise en 1876 et 1877, relativement à la manière de rendre les salves et à l'échange des visites.

Quant aux formes diverses adoptées pour les saluts, le compliment par le pavillon entre navires de nationalités différentes, est tombé en désuétude. On veut considérer cette pratique comme correspondant peu au système international, parce que le pavillon, emblème de la nation, ne doit pas s'abaisser devant un autre.

Entre navires de même nation cette difficulté disparaît ; il ne peut y avoir dans la manœuvre du pavillon, apparence de soumission à l'étranger ; elle constitue simplement un signe conventionnel de courtoisie expressif, simple et très pratique entre navires qui ne peuvent disposer d'autres moyens de salut. C'est ce qui a lieu quand, par déférence pour un navire de guerre, le navire marchand le salue en amenant par trois fois son pavillon à mi-drisse et en le hissant aussitôt. Le navire de guerre répond à cette courtoisie en amenant son pavillon une fois.

L'ancien salut, qui consistait à amener les voiles hautes,

n'est pas toujours pratique et ne pourrait être mis en usage aujourd'hui par les navires à vapeur.

Il en est de même du salut consistant à « arriver pour un navire » ; outre qu'il n'est pas souvent réalisable, il marque une certaine soumission dès qu'il n'y a pas de réciprocité. C'est, cependant, le mode de procéder dans les ports pour les canots des navires et les petites embarcations quand elles passent près de celles qui conduisent des officiers supérieurs. Lever les rames, filer les écoutes ou lofer, en diminuant sa marche de manière à ne pas mettre obstacle à la marche d'un autre cânot, sont des marques de respect et de déférence qui signifient que l'on est aux ordres de celui que l'on veut honorer.

L'on voit par la comparaison de ces différentes formes, que le salut par l'artillerie est le premier de tous comme nous l'avons indiqué plus haut ; c'est aussi le plus solennel et le plus juste : on peut l'employer sans y attacher aucune idée de suprématie ou de soumission entre États différents, c'est seulement un moyen de témoigner mutuellement de leurs bonnes relations, d'honorer leur souveraineté, de considérer leurs représentants, et cela, sans manquer au respect dû à l'indépendance et à l'égalité des nations entre elles [1].

Malgré sa raison d'être et sa convenance, le cérémonial maritime a produit, cependant, des résultats opposés, chaque fois qu'une interprétation erronée, au lieu d'en faire une courtoisie réciproque lui a donné le sens d'une soumission et d'un asservissement.

C'est surtout au XVIIe siècle, à l'époque où certaines puissances brillaient par l'éclat de leur marine et s'arrogeaient, pour ainsi dire, la prépondérance, que le cérémonial a soulevé des rivalités, des susceptibilités et des controverses ; de simples actes de respectueuse

---

[1] Voir à la fin du volume le règlement des salves et visites pour la marine française (Appendice III).

amitié donnèrent naissance à de graves questions, à de violents conflits en pleine paix et même à de sanglantes hostilités ; les points du litige étaient en particulier le nombre de coups de canon et le droit à la première salve.

Il était difficile qu'il en fût autrement, quand les grandes puissances statuaient, dans leurs ordonnances maritimes respectives, que leurs navires devraient être salués les premiers et qu'ils devraient contraindre les autres, par la force, à saluer au cas où ceux-là ne le feraient pas spontanément.

Un tel ordre, rendu général et sans qu'aucune puissance cédât rien de sa prétention, ne pouvait être exécuté qu'au moyen de la force : de là, de graves conflits que l'histoire mentionne, et que le bon sens condamne.

Parmi les nombreux exemples de cette erreur et de ses conséquences, nous en citerons un bien curieux. En 1668, l'amiral espagnol Papachin revenant de Naples à Cadix avec deux navires, rencontra sur les côtes de Valence une division de trois vaisseaux français commandée par le célèbre amiral Tourville.

Aux exigences de Tourville, qui réclamait le premier salut, l'amiral espagnol répondit qu'il avait l'ordre de ne pas le rendre ; il s'en suivit un combat d'une heure et demie qui ne se termina que lorsque les navires espagnols démâtés eurent eu 120 hommes hors de combat, morts et blessés, et que les français eurent aussi été démantelés ; alors, sur une nouvelle invitation de Tourville, l'amiral espagnol, cédant à la force, se décida, tout en protestant, et après avoir tenu conseil, à tirer une salve de neufs coups. Le français répondit, se déclara satisfait, et, après avoir offert ses services à l'espagnol, il reprit sa route.

Ce qui se passa à l'embouchure de l'Escaut en 1671, n'est pas moins curieux. Le célèbre Ruyter, commandait une flotte hollandaise de plus de quarante navires et avait mis le vice-amiral Ghent à la tête de l'une de ses divisions. Il advint que cet officier échangea une salve avec un navire de guerre anglais, le « *Merlin* », qui sortait de la Meuse. Le vaisseau de Ghent, n'ayant cependant pas amené son pavillon comme le navire anglais y prétendait, le « *Merlin* » lança un boulet et poursuivit sa route. Un tel acte d'agression pratiqué par un seul navire contre une puissante escadre pourrait passer pour une bravade : mais les instructions formelles de l'amirauté britannique étaient là, prescrivant cette conduite au cas où la flotte hollandaise ne voudrait pas saluer et ordonnant de ne cesser le feu que quand elle s'y serait décidée. Comme le navire anglais s'était borné à faire feu sans attendre l'accomplissement de cet acte de déférence, le commandant, à son arrivée dans la Tamise, fut appréhendé et jeté à la tour de Londres, pour n'avoir pas strictement accompli les ordres qu'il avait reçus.

Dans la déclaration de guerre qui fut notifiée quelque temps après par l'Angleterre à la Hollande, ce fait que Ghent n'avait pas voulu amener son pavillon était mentionné parmi les motifs qui déterminaient l'ouverture des hostilités.

La répétition d'incidents de cette nature et le nombre considérable d'autres actes qui devenaient la source de conflits constants, rendirent évidente la nécessité de régler la question sur les bases d'une juste réciprocité. Le droit conventionnel a établi entre diverses nations l'obligation des salves en haute mer et en a réglé le service dans les ports ; il a ainsi fondé une coutume en harmonie avec les principes de la liberté des mers et de l'égalité de droits des nations.

Le cérémonial maritime international dans ses différentes formes et applications mérite, comme nous l'avons dit en commençant, l'attention de tous. Son utilité est reconnue, non seulement comme un moyen de rendre hommage à l'indépendance des nations, mais aussi de donner aux officiers qui les représentent, des marques de distinction et d'honneur justement dues à leur hiérarchie.

L'exemple des faits, les règles de convenance, les justes principes de droit et l'accord des nations sont unanimes à indiquer et à admettre aujourd'hui, que le cérémonial maritime ne doit et ne peut impliquer une marque de supériorité ou de subordination, et qu'il doit seulement être considéré, accepté et pratiqué comme un système de réciproque et égale courtoisie tendant à affirmer les bonnes relations entre États, et non à leur nuire. Cela n'empêche pas toutefois que, dans la pratique, il faut agir avec le discernement, le bon sens et l'élévation de sentiments qui doivent toujours dominer lorsqu'il s'agit de soutenir l'honneur national.

CHAPITRE VIII.

ASSISTANCE EN MER ET SECOURS AUX NAUFRAGÉS

SOMMAIRE. — Obligation de porter secours en cas de péril et de naufrage. — Fondement de cette obligation. — Mission qui appartient
aux navires de guerre.

Le cérémonial maritime considéré comme un hommage
à l'indépendance des nations, est un moyen d'établir entre
elles un signe visible de courtoisie réciproque et de mutuel intérêt. Mais, si l'on reconnaît la convenance et l'utilité de ces démonstrations, il faut accorder plus d'importance encore aux procédés dont la fin est de rendre plus
efficace et effective cette mutuelle déférence entre nations.
Le cas se présente lors des sinistres en mer ; il n'est pas
rare que dans les nombreux contre-temps auxquels les
navires sont exposés, il y ait des avaries, bris de mâture,
manque de vivres, incendies accidentels ou spontanés, abor-
dage, etc., qui causent assez de dommage pour entraîner la submersion et ne laisser souvent pour toute ressource à l'équipage que les canots et les petites embarcations si peu faites pour braver les tempêtes de l'Océan.
Les conditions dans lesquelles l'assistance réciproque est
due varient selon les périls qui menacent les navigateurs,
selon que le naufrage est imminent et met non seulement
le navire mais l'existence de l'équipage en danger.
Dans ces conjonctures diverses, qui sont des épisodes

exclusifs de la vie de mer, la pratique internationale des services et de l'assistance réciproques doit trouver sa bienfaisante application ; le droit naturel l'impose, le droit conventionnel l'a consignée, le droit coutumier en a fait une règle imprescriptible parmi les nations civilisées.

Les principes de droit naturel et les règles de justice devraient suffire à imposer l'obligation morale de porter secours à ceux qui en ont besoin et qui, sans cela, seraient victimes de la mer ; mais cette saine doctrine s'appuie largement aussi sur le droit secondaire qui reprouve les abus et les pratiques inhumaines des temps anciens, pratiques qui étaient la conséquence d'usages et d'abus admis aux temps barbares, mais que la civilisation a bannis.

Sous la dénomination de *Jus naufragii*, la pratique admettait et sanctionnait dès les premiers siècles du Moyen-Age, pour en faire plus tard une règle, l'idée que le navire naufragé, tout son chargement et les objets sauvés devaient être confisqués au profit du seigneur du lieu. Un semblable usage était la conséquence de cet autre droit d'*aubaine* qui mettait les étrangers hors la loi, frappait leurs biens de confiscation et réduisait leurs personnes en captivité. Ainsi, le *Jus naufragii* reposait sur une base doublement fausse, la punition de l'impéritie ou de l'impuissance du naufragé, et la mise de l'étranger hors du territoire.

Une pratique qui établissait une lutte ouverte entre la force brutale et la justice ne pouvait manquer d'être réprouvée le jour où la justice prévaudrait.

Le droit romain, en matière de naufrages, contenait déjà des dispositions conformes à la justice et à l'humanité. Les conciles de l'Église, au xıı siècle, fulminèrent l'anathème contre ceux qui dépouilleraient les naufragés ; les lois maritimes de différents États, promulguées jusqu'au xv siècle, renfermèrent aussi des règles protectrices et prohibitrices des attentats contre les personnes et les biens des naufragés.

Mais ces différentes lois et autorités ne purent du même

coup supprimer une pratique que l'avidité barbare des habitants des côtes admettait et sanctionnait, et qui faisait considérer le naufrage comme un don du ciel. Il y a plus : le dépouillement des naufragés qui avait d'abord été un simple acte de rapine, prit peu à peu un caractère moins facile à effacer : les seigneurs féodaux avaient fait prévaloir la maxime que tout ce qui touchait les côtes de leur territoire, appartenait aux maîtres de la localité, et l'acceptation de ce principe s'enracina au point de faire considérer comme licite la pratique barbare d'allumer sur le littoral des feux placés de manière à tromper les navigateurs et à les attirer à la côte.

Les ordonnances maritimes de différents États et de nombreuses conventions internationales sont venues successivement établir un accord général modifiant d'abord ces usages barbares, abolissant ensuite le *Jus naufragii*, établissant enfin le principe que les biens sauvés du naufrage doivent être restitués à leurs propriétaires quand ceux-ci les réclament dans un délai déterminé, déduction faite, toutefois, des dépenses entraînées par le sauvetage et la garde des objets sauvés. Des règlements de finances et de police fixent une juste rétribution pour ceux qui contribuent au sauvetage ; c'est un moyen de stimuler les efforts.

Les causes des naufrages peuvent être d'ordre physique ou naturel, violence de la tempête, furie de la mer, grosses avaries dans le navire, etc ; ou d'ordre moral ou personnel comme l'imprévoyance, l'impéritie ou la témérité du commandant et de l'équipage. Mais quelles que soient ces causes, l'appréciation en appartient à d'autres juges qu'aux équipages des autres navires et ne peut influer sur la conduite qu'ils ont à suivre. En tout cas, et en dépit des causes, le commandant du navire présent à un sinistre, a le devoir strict d'employer tous ses efforts à sauver les vies et les biens en danger. Dans ces moments suprêmes, l'ordre, l'obéissance et la discipline sont impérieusement réclamés de l'équipage. Le commandant a le droit d'exiger ces qualités. Mais il les obtiendra plus facilement, il s'assurera mieux le dévouement de ses hommes si, par son attitude dans ce moment critique, ou par sa conduite antérieure, il a conquis leur respect et leur estime en montrant du sang-froid, de la prudence et du courage, en étant sévère dans la discipline, mais humain et juste dans l'application qu'il en fait.

Il reste à observer, qu'en temps de guerre, en cas de naufrage, ou même de relâche forcée sur la côte ou en port ennemi, le droit qu'a le belligérant de s'approprier le navire et ce qui en est sauvé ne peut lui être contesté. Il y a, cependant, des exemples d'une conduite plus digne ; la générosité repousse ce droit de confiscation et ne veut pas l'appliquer aux victimes d'infortunes que les forces humaines sont impuissantes à conjurer. Entre l'usage et la non application d'un droit que bien des publicistes qualifient d'inhumain et de peu généreux, seules, les circonstances et les raisons d'ordre moral ou politique peuvent décider.

En un mot, s'il y a une obligation reconnue par tous, fondée sur les principes de justice et de droit naturel et sanctionnée par le droit positif, c'est bien celle de s'entr'aider sur mer dans toutes les occasions où les navires manquant de secours, il est possible de leur prêter assistance sans péril pour soi ; et au cas de naufrage, il y a de même obligation d'employer tous ses efforts pour sauver les existences en danger et garantir la propriété d'autrui.

C'est dans ce but humanitaire qu'ont été établies les stations de secours et de bateaux de sauvetage sur le littoral de nombreux États. C'est là une œuvre méritoire et qui fait honneur aux nations qui la pratiquent, la protégent et la développent.

CHAPITRE IX

REPRÉSAILLES

SOMMAIRE. — Cause et objet des représailles. — Quand et jusqu'où elles peuvent s'exercer. — A qui appartient le droit de les exercer. — Anciennes lettres de marque et de représailles. — Représailles par embargo, par rétorsion ou par blocus pacifique.

Au cours des relations pacifiques entre États, surgissent parfois des incidents qui déterminent des réclamations d'une part, des hésitations à y obtempérer de l'autre. De là, des difficultés plus ou moins prolongées et dont la solution devient difficile dès que l'emploi de la procédure officielle ni le recours aux règles du droit international pendant la paix ne suffisent plus à calmer les ressentiments soulevés.

Dans ces circonstances, il y a des cas où la partie qui se croit lésée, en présence de l'inutilité des moyens employés pour obtenir satisfaction, recourt à des mesures coercitives en se faisant justice par elle-même, afin d'obliger l'autre partie à la réparation demandée, sans toutefois que cette manière d'agir constitue une rupture des relations pacifiques.

C'est de la nature et de l'importance des offenses que dépend alors la rigueur des moyens dont il est fait usage. Un État, par exemple, a manqué aux obligations d'un contrat, à des paiements dus, causé, en un mot, un dommage matériel à un autre État dans ses propres biens ou dans ceux de ses sujets ; ce dommage entraînera la réclamation d'une indemnité pécuniaire ; si, en dépit de tout, la réparation est contestée ou refusée, on considère qu'en présence de l'inefficacité des réclamations, c'est un droit pour la puissance lésée de s'indemniser par elle-même en s'emparant, jusqu'à équivalence de l'indemnité demandée, de valeurs appartenant à l'État offenseur ou à ses sujets et en les conservant en son pouvoir jusqu'à ce qu'elle ait reçu satisfaction.

Ce sont ces moyens violents qui constituent l'exercice des *représailles* ; sans comporter l'état de guerre parce qu'elles ont un objet déterminé et une fin limitée, les représailles produisent cependant un temps d'arrêt dans les relations d'amitié, et il n'est pas rare que les ressentiments augmentant, il en résulte une exaspération qui conduit finalement à la guerre.

Que l'on considère les représailles comme exercées par le gouvernement d'un État, en tant qu'entité morale et collective contre un autre État ou contre des particuliers, qu'on les regarde comme entreprises au profit du gouvernement qui en fait usage, ou à celui de ses sujets lésés, le recours à ce moyen est, en tous cas, uniquement réservé au gouvernement.

Les représailles consistent dans la confiscation provisoire des valeurs appartenant à l'État et qui sont possibles à saisir pourvu qu'elles ne constituent pas des dépôts confiés à la foi publique, dépôts qui, même en temps de guerre, doivent être respectés ; ou bien de toute autre valeur appartenant même à des particuliers ; on s'appuie pour agir ainsi sur la considération que les sujets sont membres ou parties de ce tout qui constitue l'État ; ou que la cause et l'intérêt des particuliers ne peuvent être séparés de la cause et de l'intérêt du corps social entier. En faveur de ce principe, on allègue également que, quoique les représailles affectent l'individu innocent pour la seule raison qu'il est le sujet de l'État offensant, il reste à cet individu la ressource d'être indemnisé par son gouvernement ; la forme de la réparation par l'État, reste donc collective, sans affecter exclusivement le particulier sur lequel elle est éventuellement retombée.

Ceci étant donné, l'exercice des représailles consiste dans *l'embargo*, c'est-à-dire, dans l'acte par lequel la souveraineté d'un pays s'empare des biens se trouvant sur son territoire et appartenant à une autre nation, par exemple des navires de commerce mouillés dans ses ports, et les met sous séquestre jusqu'à ce qu'elle ait obtenu satisfaction. Si cette mesure détermine la réparation demandée, l'embargo est levé.

Dans le cas de refus persistant, la vente des objets soumis à l'embargo contribue à faire rentrer l'État lésé dans la somme qu'il a exigée, mais il doit restituer l'excédent. Si les incidents présentent assez de gravité pour donner lieu à la guerre, l'embargo se change en confiscation totale et définitive.

L'embargo sur les navires exercé de cette manière a toujours un certain caractère violent et vexatoire ; mais il se présente aussi sous d'autres formes moins odieuses.

Ainsi, il y a l'embargo qui résulte de l'ordre donné par une puissance de retenir durant un délai déterminé, les navires mouillés dans un port pour permettre de tenir secrètes certaines opérations maritimes ou pour quelque autre raison d'utilité publique. Sous ces prétextes, le procédé est admis en droit, à condition toutefois, qu'une indemnité soit concédée pour les bénéfices perdus.

Il y a encore l'embargo nommé *angarie*; c'est l'acte par lequel le souverain d'un pays s'empare, temporairement, de tous les navires mouillés dans ses ports malgré leur nationalité étrangère, afin de les employer, en même temps que leurs équipages, au service de l'État.

Le gouvernement qui recourt à l'angarie, en dépit des raisons de dernière nécessité qu'il allègue, ne saurait se soustraire à une certaine responsabilité vis-à-vis des gouvernements dont relèvent les navires ainsi employés. Si la raison de nécessité peut être admise comme justifiant un procédé conseillé par le droit de conservation, il est impossible de l'invoquer parallèlement au respect dû au droit d'indépendance et d'immunité des nations.

Les représailles par embargo de navires créent de grandes responsabilités, par les conséquences qu'elles peuvent entraîner ; c'est pourquoi, dans une question aussi délicate, il est nécessaire d'observer et de bien définir :

1° quand peuvent avoir lieu les représailles ;

2° quelles en sont les limites ;

3° à qui appartient le droit de les exercer.

En premier lieu, les représailles doivent être basées sur des motifs justes et ne peuvent être exercées qu'après un refus de réparation, et comme dernier recours pour l'obtenir quand tous les moyens de persuasion ont été épuisés.

En second lieu, les représailles ne doivent pas dépasser les limites du droit de guerre ; leur effet cesse dès que leur cause n'existe plus. C'est pourquoi, dès que, par ce moyen, la réparation exigée est obtenue, l'embargo doit être levé.

Enfin, le droit de représailles appartient à l'État seul qui en délègue l'exercice à son gouvernement et non aux particuliers, comme cela se pratiquait autrefois. Au temps de l'anarchie sociale du Moyen-Age, tous les éléments qui se divisent aujourd'hui en pouvoirs publics et constitutifs des sociétés politiques étaient si confondus que les seigneurs féodaux, sous le moindre prétexte, soutenaient entre eux des guerres partielles ; il arrivait même quelquefois que des États étaient en paix tandis que leurs sujets respectifs exerçaient entre eux des hostilités pour leur propre compte, sur leur propre initiative, sous leur propre autorité ; c'était, en un mot, la guerre privée, c'est à-dire d'individus à individus et non d'États à États.

Ces pratiques ne se limitaient pas au continent, elles s'étendaient à la mer et la piraterie en profitait pour exercer ses rapines ; les navires particuliers étaient obligés de s'armer pour la défensive et il n'était pas rare qu'ils en prissent l'occasion pour saisir l'offensive, relever quelque tort ou s'indemniser de dommages éprouvés ; il y avait donc, pour ainsi dire, un état permanent de guerre privée sous prétexte de représailles.

Mais, à mesure que le principe d'autorité publique s'affermit, les gouvernements s'efforcèrent de mettre un terme à de semblables abus. Les lois et les traités commencèrent à établir que les représailles ne pourraient être exercées dans le but de s'indemniser de dommages, sans autorisation du souverain ; cette autorisation ne devait être concédée qu'après une réclamation non suivie d'effet et prenait les noms de *lettres de représailles* et de *lettres de marque*. Accordées même pendant la paix, ces lettres mettaient les particuliers en mesure de se faire justice et de s'indemniser eux-mêmes sur les propriétés des sujets du pays d'où était partie l'offense. Les lettres de *représailles* autorisaient cette action *dans les limites territoriales* soumises à la juridiction du souverain qui les concédait. Les lettres de *marque* étendaient le droit de saisie à *tous autres lieux*.

Les progrès successifs de la civilisation amenèrent les gouvernements à se réserver l'exercice des représailles durant la paix ; dès la fin du XVIIe siècle, toute autorisation à cet effet était refusée aux particuliers, et l'État usait lui même de l'embargo. Cela n'empêchait pas qu'en temps de guerre, les lettres de marques fussent concédées. Mais alors, ce n'était plus une formule autorisant les représailles et perpétuant la guerre privée, c'était un moyen de faire concourir les forces privées à la guerre publique. C'est ce qui constituait la course maritime, admise exclusivement en temps de guerre et dont nous parlerons plus loin.

Dans ces conditions, tandis que les *lettres de représailles* avaient pour but la réparation d'un dommage privé, les *lettres de marque* étaient une conséquence de la rupture ouverte entre deux États en même temps qu'elles en étaient inséparables. Les premières, une fois soumises à des for-

mes réguliè res, tombèrent en désuétude par le fait que l'on
ne devait pas compromettre la cause publique pour un intérêt privé ; mais, les secondes, autorisant la course et régu-
larisées par l'intervention directe du pouvoir souverain,
ouvrirent dans le droit des gens une période importante et
ce n'est qu'en 1856 que l'accord d'un grand nombre de nations restreignit l'application de ce procédé.

Aujourd'hui donc, nous voyons, d'une part, les représailles
exercées par les gouvernements seuls, sous la forme d'embargo, et, d'autre part, l'importance de la course comme
auxiliaire de la guerre maritime, singulièrement dimi-
nuée.

D'un caractère moins violent que l'embargo, la simple *rétorsion* est un autre genre de représailles. Elle consiste
dans la promulgation de lois tendant à priver une nation
déterminée de certains avantages concédés à d'autres ou à
causer à un autre gouvernement ou à ses sujets un embarras ou un dommage en compensation de celui qui a été
éprouvé. Il y a lieu d'appliquer la rétorsion, par exemple,
quand les sujets d'un État sont soumis dans un autre pays
à des traitements injustes ; leur gouvernement est alors en
droit de déclarer qu'il usera des mêmes procédés sur son
territoire vis-à-vis des sujets de l'autre État ; tel est aussi
le cas, lorsque, contre les usages établis ou réglés de commun accord, un État frappe de droits exagérés les marchandises d'un autre État ; ce dernier use du droit de
rétorsion en imposant davantage également certains produits du premier pays.

C'est là un droit incontesté, un droit de représailles commerciales dont le but et l'usage judicieux doivent amener
l'État provocateur à réfléchir et à revenir sur les procédés
qui ont pu déterminer la rétorsion.

La rétorsion est donc un droit légitime et dont le caractère bien spécial provoque moins de conflits que les représailles par embargo.

Il y a des exemples de représailles par l'emploi de

moyens beaucoup plus violents, par la mise en mouvement de forces navales régulières pour établir ce que l'on a, improprement, appelé *blocus pacifique* ; ce genre de blocus consiste à interdire toute communication avec un port ou avec tout le littoral d'un pays, et à saisir les navires appartenant à ce pays, et cela sans qu'il y ait guerre déclarée, en pleine période de paix, bien définie et bien affirmée.

En 1827, l'Angleterre, la France et la Russie, dans le but de couper toute subsistance aux armées turques qui couvraient la Grèce, et d'entraver les mouvements de l'escadre turco-égyptienne mouillée à Navarin, bloquèrent ce port et y livrèrent la célèbre bataille navale de ce nom, qui en pleine paix, amena la destruction complète de la flotte turque par les forces alliées.

En 1831, le Portugal subit aussi le blocus pacifique ; une flotte française sous les ordres de l'amiral Roussin, se présenta à l'embouchure du Tage et bloqua le port et la ville de Lisbonne.

Les déclarations annexes du traité de Paris 1856, en établissant que les blocus pour être valables doivent être effectifs, ne les admettent plus que comme un effet de l'état de guerre. D'où il faut tirer la conséquence que le droit commun, issu des décisions de ce congrès, ne saurait plus admettre le blocus en tant que « *pacifique* ».

TROISIÈME PARTIE

RELATIONS INTERNATIONALES PENDANT LA GUERRE.

CHAPITRE PREMIER

DE LA GUERRE EN GÉNÉRAL

SOMMAIRE. — Causes et objet de la guerre. — Guerre publique. — Guerre offensive ou défensive. — Justice de la guerre. — En quel sens on peut dire qu'elle est douteuse. — Guerre civile. — Déclaration de guerre et sa nécessité. — Casus belli. — Manifestes de guerre. — Ultimatum. — Lois de la guerre.

Les institutions d'ordre moral sont sujettes comme les phénomènes d'ordre physique à des perturbations plus ou moins accidentelles ou durables qui se révèlent par leurs effets.

Si les causes qui troublent l'ordre physique nous sont souvent inconnues, pour les institutions d'ordre moral, nous pouvons rechercher la raison de la secousse qu'elles éprouvent dans des offenses que l'on juge faites à certains intérêts, dans des conflits entre les droits et les devoirs des individus entre eux.

Le droit naturel garantit à tout individu le droit à sa propre conservation et à sa légitime défense ; il l'autorise à repousser tout ce qui peut lui porter préjudice dans ce sens. Mais indépendamment de ces règles naturelles il existe, au sein de toute nation, des lois qui règlent la conduite des membres dont elle se compose et en vertu desquelles, l'appréciation et la répression de toute offense à des droits ou de tout manquement à des devoirs, ne relève pas du libre arbitre individuel.

C'est pour résoudre ces conflits que sont créés les différents pouvoirs reconnus par la collectivité : le pouvoir législatif, établi pour définir les droits et les devoirs ; le pouvoir judiciaire auquel incombe la mission de juger les contestations entre individus ; enfin, le pouvoir exécutif qui a le devoir de mettre en vigueur les décisions et prescriptions des deux précédents.

Ainsi, quand un trouble quelconque vient rompre l'harmonie entre les droits et les devoirs des membres d'une société régie par une loi commune, les conflits résultant de ce trouble sont de la part des tribunaux l'objet d'une solution qui doit y mettre fin et si le jugement n'efface pas toujours les ressentiments personnels, ceux-ci ne se traduisent pas, du moins dans la pratique, par des actes d'hostilité.

Or, les perturbations qui ébranlent les rapports des individus composant une société, nous les retrouvons chez des collectivités d'individus constituant des entités morales, chez les nations indépendantes ; alors la solution des conflits n'est plus aussi facile et ne saurait être obtenue par les moyens que nous indiquions plus haut.

En effet, quoique les règles de droit international établissent et définissent la conduite réciproque des nations, ces règles ne sont pas toujours suffisantes parce que les mêmes moyens n'existent pas pour trancher les différends survenus ; ces moyens seraient incompatibles avec le principe d'indépendance. L'indépendance ne reconnaît pas de loi positive et commune à toutes les nations, encore moins admet-elle un pouvoir judiciaire au verdict duquel doivent se soumettre les États et un autre pouvoir qui les contraigne à l'exécution de ces lois ou décisions.

De là, il résulte que lorsque le cas est grave et toutes les fois que les règles du droit des gens sont insuffisantes pour aplanir les difficultés, il n'y a pas d'autre moyen de redresser les torts, de punir le non-accomplissement des devoirs ou le manque au respect dû aux droits réciproques des nations, que de recourir à des actes moins pacifiques.

De là, il découle encore que lorsque cette insuffisance des préceptes du droit des gens est reconnue, on recourt graduellement aux discussions et négociations diplomatiques, à l'arbitrage d'une puissance tierce acceptée comme telle par les deux parties ; aux mesures violentes de représailles et de coaction, enfin à l'emploi de la force après que l'on a reconnu l'impuissance de tous les moyens pacifiques ou persuasifs.

Cette situation internationale où l'on fait appel à l'emploi de la force afin de trancher des difficultés que des raisons de droit ne pourraient résoudre, est *l'état de guerre* et les nations ou partis qui se placent dans cet état sont dits *belligérants*.

La guerre est donc un recours extrême au principe de propre conservation et de légitime défense ; elle est, par conséquent, fondée sur le droit naturel. Il faut la regarder, toutefois, comme constituant une période transitoire, anormale, comme un moyen de veiller à la défense de l'État ; mais surtout comme ayant pour but de rétablir de nouveau la paix.

Aussi, doit-elle être considérée moralement comme un *moyen éventuel* et non comme une fin absolue et permanente.

Malgré le caractère de violence dont elle est revêtue, la guerre est cependant parfois inévitable et nécessaire, parce que, comme nous l'avons dit déjà, elle constitue l'exercice d'un droit naturel, celui de la propre conservation et de la légitime défense. Il y a, en effet, des circonstances dans lesquelles une nation offensée par une autre dans ses intérêts et dans sa dignité, voyant son indépendance menacée, ét ses droits méconnus, n'a d'autre moyen d'obtenir réparation ou de sauver son honneur, que l'appel à la guerre. Si un semblable recours ouvre la voie à la désolation, ce malheur peut être compensé dans l'ordre matériel et moral, tant par la réparation des dommages ou offenses que par la sauvegarde de la dignité du pays, et la dignité d'une nation fait partie intégrante de son indépendance.

Dès que l'état de guerre existe entre deux ou plusieurs nations, celles-ci se trouvent dans la condition de belligérants ; les relations réciproques sont rompues, les traités préexistants cessent d'être appliqués. Et de même qu'en vertu de leur caractère international, ces traités sont dits *publics*, de même la guerre entre États est qualifiée de guerre *publique*.

Quoique la distinction entre la guerre offensive et la guerre défensive, s'applique plus justement au système stratégique, quelques publicistes prétendent qualifier d'offensive la guerre engagée par la puissance qui attaque l'autre en en violant les droits ; et de défensive la guerre faite par la puissance qui cherche seulement à défendre ses droits menacés, qu'elle repousse seulement l'agression, ou qu'elle la prévienne par une attaque. Cette distinction dépendrait donc de la justice ou de l'injustice de la cause.

Mais il est bien difficile d'établir d'une manière absolue ce qui distingue une guerre juste d'une guerre injuste ; on ne peut le faire que lorsque le caractère ressort nettement d'une conquête faite par le plus fort, d'une violence inique et sans sujet contre une nation pacifique ; aussi, dirons-nous que, si la raison et la justice doivent être d'un côté, il est toutefois certain que chaque État indépendant a le droit de recourir à la force quand il n'a plus d'autres moyens d'obtenir réparation et qu'aucune nation n'est compétente pour décider sur ce point, ni pour se constituer en tribunal dont la sentence puisse être imposée.

De là, il résulte que le droit des belligérants doit être considéré comme *douteux*, c'est-à-dire égal pour chacun et comme devant être décidé par eux seuls ; ce qui nous amène à dire que quant aux hostilités et à leurs effets, la guerre doit être réputée juste pour chacune des parties.

La guerre publique confère, par conséquent, des droits égaux aux belligérants et ce qui est licite pour une des parties l'est au même titre pour l'autre.

Cette égalité que nous signalons quand il s'agit de la guerre, il faut l'étendre aux luttes qui n'étant pas internationales, sont engagées entre deux parties qui peuvent diviser une nation indépendante, l'un suivant le gouvernement reconnu de fait, et l'autre soutenu par une portion considérable de la population, disposant chacun de forces et de moyens pour maintenir un État que l'on qualifie de *guerre civile*.

La guerre, étant un différend qui se tranche par les armes, entraîne toujours avec elle des résultats ruineux tels que la dévastation, les dommages et autres conséquences graves ; aussi, quelles que soient les raisons ou les prétextes qui en sont l'origine, les nations en lutte cherchent-elles à repousser la responsabilité morale qu'elles pourraient encourir. A cette fin et dans le but de gagner l'opinion des nations étrangères en leur faveur, elles s'efforcent de justifier leur manière d'agir au moyen de notes, de manifestes et d'autres pièces diplomatiques dans lesquelles elles cherchent à attribuer à la partie adverse les offenses, les violations faites aux compromis et au droit des gens, qui ont déterminé le conflit, et exposent les raisons qui les ont décidées, après avoir épuisé les moyens persuasifs, à recourir à la guerre.

Ces documents portent le nom de *manifestes de guerre* ; ils appellent souvent des *contre-manifestes*, et sont une dernière tentative, presque toujours inutile, pour éviter l'ouverture des hostilités.

Déclaration de guerre.

Une fois tous les moyens de conciliation épuisés, la guerre devient inévitable; elle constitue une relation, non d'individu à individu, mais d'État à État et, par cette raison, elle ne doit pas être entreprise entre nations civilisées sans avoir été *déclarée*. Même au cas de conflits ou d'agressions imprévues entre les autorités déléguées des différentes souverainetés, par exemple, entre commandants de forces navales ou gouverneurs de colonies, on ne peut conclure de ces actes, malgré les luttes légitimes auxquelles ils peuvent donner lieu, que l'état de guerre existe formellement. La guerre ne peut légitimement avoir lieu qu'après une déclaration formelle et publique faite par le dépositaire de la souveraineté.

La déclaration de guerre se fait par une notification officielle au gouvernement de la puissance ennemie; elle doit être publiée de manière à être connue par les sujets de l'une et l'autre nations qu'elle peut directement intéresser; il en est également donné connaissance aux gouvernements des autres pays, parce que la guerre, modifiant les relations internationales qui existent durant la paix, impose aux sujets des nations non belligérantes, comme à ceux des nations en lutte, de nouvelles obligations et de nouvelles abstentions; aussi bien, doivent-ils être prévenus pour être en mesure de sauvegarder leurs intérêts durant cette nouvelle phase internationale.

Il y a encore d'autres raisons; si une nation devait demeurer sous le coup d'une attaque à l'improviste, de la part d'un État qui aurait prémédité son agression et gardé secret son dessein, elle pourrait être victime d'une surprise jusqu'à un certain point insidieuse, qui affecterait aussi ses sujets habitant le territoire de l'État agresseur où la liberté et la sécurité leur avaient été tacitement garanties ; il y aurait également bien des intérêts compromis, ceux, par exemple, qui sont engagés dans des navires de commerce ; ces navires se trouvant dans des parages éloignés et ignorant la rupture des relations pacifiques continueraient leurs opérations avec confiance et subiraient injustement les conséquences de la guerre. La bonne foi cesserait d'exister pour faire place à un état permanent de crainte et de défiance mutuelles si la doctrine de l'imprévu était mise en pratique.

La déclaration de guerre peut être *pure et simple* ou *conditionnelle* ; *pure et simple* quand la décision définitive de l'entreprendre est péremptoirement notifiée ; *conditionnelle*, quand elle consiste dans l'avis que si la satisfaction exigée n'est pas donnée dans un délai marqué, la guerre sera considérée comme déclarée *ipso facto*, et que les hostilités commenceront.

Les notes diplomatiques, qui expriment ces deux ordres d'idées, sont désignées sous le nom d'*Ultimatums* et le point controversé ou celui dont l'acceptation ou le refus entraîne l'exécution ou la non-exécution de l'ultimatum est ce qui constitue le *casus belli*.

Les publicistes sont presque unanimes à soutenir le principe de la déclaration de guerre, *dans tous les cas*, avant l'ouverture des hostilités. Ils observent, toutefois, que la nation attaquée et se limitant à la défensive n'a pas besoin, en droit, de faire cette déclaration, si ce n'est par respect pour sa propre dignité, les faits suffisant à manifester l'état de guerre. Quelques auteurs sont, au surplus, très positifs sur ce point. Rayneval, entre autres, affirme que la guerre sans déclaration préalable et sans publication, n'est plus qu'une guerre de pirates et de bandits.

Aussi, en dépit de quelques opinions moins positives et de quelques exemples odieux de guerres entreprises soudainement et commencées le lendemain d'un jour où l'on niait l'intention de la faire, peut-on dire que la déclaration de guerre préalable et formelle est encore aujourd'hui une règle maintenue par le droit coutumier, appuyée sur la saine raison, et exigée par la dignité et la loyauté auxquelles une nation civilisée ne doit jamais manquer.

Une fois la guerre déclarée et publiée, une fois les relations diplomatiques rompues entre les nations rivales, aucun souverain ou gouvernement étranger n'est juge du différend ; la décision en est remise au sort des armes et à la force. Dès ce moment, chacune des puissances en guerre est autorisée à attaquer son adversaire, à accomplir sans relâche des actes d'hostilité, à réduire les ressources de son ennemi, afin de le faire plier aux conditions qu'elle veut lui imposer.

Pour atteindre ce but, tous les moyens capables d'affaiblir l'adversaire et de lui porter préjudice peuvent être employés ; cependant, comme entre nations civilisées, le principal objet de la guerre est de revenir à une paix juste et honorable, les belligérants ne doivent pas perdre de vue, que si une nécessité absolue les a obligés de recourir à la guerre, il faut en circonscrire, le plus possible, l'action désolatrice, en s'abstenant de tout acte qui peut avoir un caractère de cruauté, de rapine et de vandalisme ; ce sont-là des moyens inutiles pour atteindre l'unique but de la guerre loyale : la victoire et ensuite la paix.

Moyens à employer pour la guerre.

Nous nous trouvons en présence de la guerre, qui, ayant pour objet la défense des intérêts et de la dignité d'un État, est devenue l'unique moyen d'obtenir la solution des questions internationales que les raisons appuyées sur le droit n'ont pu déterminer. A quels moyens vont recourir les États ennemis ? A l'emploi de la force évidemment ; chacun d'eux cherchera à paralyser ou à réduire son ad-

versaire jusqu'à ce que la victoire remportée sur lui
l'oblige à céder, à accorder les réparations exigées, à ré-
rétablir la paix, mais dans des conditions qui reconnaissent le droit lésé et la réparation de l'injustice commise ou
de l'injure reçue.

Bien qu'en ce cas, le recours à des moyens capables de
détruire l'ennemi ou d'en annuler l'action, soient nécessairement licites, les nations civilisées, non seulement
doivent exclure tous expédients comportant quelque perfidie, mais aussi tous les moyens que la morale universelle
réprouve. Telles seraient les cruautés que l'humanité
repousse et qu'aucune utilité ne réclame.

Il y a donc certaines limites dans lesquelles doit être
maintenue l'action de la guerre ; de là certaines restrictions
dans l'emploi des moyens destinés à vaincre l'ennemi.

L'ensemble de ces restrictions constitue les *lois de la
guerre* ; invariablement suivies entre peuples civilisés, ces
lois ont acquis une force obligatoire qui, si elle ne résulte
pas de traités publics, est consacrée par le droit coutumier.
Seules, des circonstances extraordinaires, des raisons de
nécessité absolue dites *raisons de guerre*, pourraient en
excuser la non-observation.

Les principes sur lesquels s'appuient ces lois de guerre
et qui doivent dominer la conduite entre belligérants, sont
les suivants :

1° La guerre est une relation d'État à État et non d'individu à individu. Par conséquent, la lutte s'établissant
entre des corps collectifs, ceux-ci peuvent employer la force
pour se rendre maîtres de la propriété et des ressources
dont dispose l'ennemi, en distinguant, toutefois, les biens
individuels de ceux qui appartiennent à la collectivité, et
en respectant les premiers ;

2° Les sujets d'un État employés comme instruments
de guerre et, comme tels, prenant une part active à la
lutte, sont les seuls dont les personnes soient sujettes à
l'action directe de la guerre ; ce qui ne veut pas dire que

ceux qui n'y concourent pas personnellement n'y aient pas une part *passive*; la guerre étant entreprise par les Gouvernements et au nom de la collectivité de la nation, on ne saurait concevoir que les individus non combattants demeurent absolument étrangers au résultat de la lutte.

Ces principes relatifs aux personnes et aux propriétés des sujets d'une nation ennemie, se manifestent dans leur application par le respect dont un gouvernement entoure la liberté et la propriété des individus qui résident pacifiquement sur son propre territoire, ou qu'il rencontre sur celui de l'ennemi au moment de l'invasion ou de la conquête.

Aux sujets ennemis qui résident sur le propre territoire d'un État en guerre, il est concédé un délai pour se retirer sains et saufs avec leurs biens; il leur est même permis de continuer à résider sans être inquiétés, à moins que la conduite différente de l'adversaire n'appelle des représailles.

Quant aux habitants pacifiques que l'on rencontre sur le territoire envahi, ils ne doivent être ni inquiétés dans leurs personnes, ni attaqués dans leurs biens; toutefois, les contributions extraordinaires de nature à fournir des ressources pour la subsistance de l'armée occupante et la continuation des hostilités, peuvent leur être licitement imposées; ce n'est donc pas l'humanité seulement, on le voit par là, c'est aussi l'intérêt de l'envahisseur qui s'oppose à la destruction ou à la mise hors de service des valeurs qui peuvent être de quelque utilité. La destruction des biens serait d'un grand préjudice le jour où l'occupation deviendrait effective et permanente par la conquête ou la cession du territoire [1].

Outre ces règles d'un caractère générique, il en est d'autres qui s'appliquent spécialement aux opérations militaires et dont l'observation appartient principalement à ceux qui dirigent ces opérations et qui y prennent part.

____

[1] Voir Appendice IV.

C'est à elles que s'applique plus spécialement le nom de *lois de la guerre*.

Ce sont les suivantes :

1° Combattre l'ennemi et annuler son action offensive en le détruisant et même en lui donnant la mort ;

2° Epargner la vie de l'ennemi qui se rend inoffensif, en le privant temporairement de sa liberté : le nourrir, opérer les blessés et soigner les malades.

3° S'abstenir des violences ou des exactions inutiles à l'égard des habitants sans défense ; de la dévastation ou de la destruction de la propriété particulière, s'il ne doit pas en résulter un avantage pour les opérations militaires ou si la raison de guerre ne le réclame pas.

4° Epargner les œuvres d'art et les bâtiments qui, n'étant pas propriété particulière, n'ont pas cependant un lien direct avec la guerre, tels que les hôpitaux, les édifices destinés au culte, les monuments remarquables, chaque fois qu'une nécessité absolue n'y oblige pas.

Pendant la guerre, dans la lutte d'armée contre armée, il n'y a pas et il ne peut y avoir de préceptes qui fixent l'égalité des forces ; aussi a-t-on recours à des moyens qui compensent l'inégalité. On donne à ces moyens le nom de *stratagèmes de guerre* ; souvent, ils peuvent amener des résultats qui épargnent bien des existences et évitent la dévastation ; ce sont les embuscades, les surprises, les fausses retraites, les nouvelles répandues pour abattre le courage de l'ennemi, etc....

Mais dans l'emploi de ces moyens indirects pour obtenir un avantage sur l'ennemi, il ne doit pas y avoir de procédés incompatibles avec l'honneur, la loyauté et la dignité de celui qui les met en pratique. La guerre doit être une lutte entre des forces subordonnées seulement à l'habileté et à la valeur. On n'y doit, par conséquent, pratiquer aucune perfidie ou infamie ; par exemple manquer à la foi promise, en violant les armistices, simuler des parlementaires pour tromper l'armée ennemie, empoisonner les vivres dont elle doit s'approvisionner ainsi que les sources, salarier des assassins contre les chefs de cette armée ou mettre leur tête à prix, etc., etc.

Dans la guerre maritime, le stratagème de hisser un pavillon étranger pour tromper l'ennemi supérieur en forces et éviter ainsi le combat, est autorisé ; il est permis aussi aux navires de guerre de se dissimuler par le désordre de leur tenue et de se faire prendre ainsi pour des navires de commerce ; mais engager le combat ou même affirmer par un coup de canon la nationalité du navire sous un pavillon qui ne lui appartient pas ; demander un secours et simuler un danger pour attirer l'ennemi et le surprendre ensuite, sont des actes réprouvés par tous. Ce ne sont plus là des stratagèmes de guerre ; c'est la trahison et l'offense aux lois dictées par l'honneur et la morale universelle, et en certains cas même, aux lois qui règlent le respect pour la neutralité.

Au demeurant, il n'y a pas à tracer les limites de la perfidie ou de la trahison en présence de la noblesse d'âme et des sentiments élevés ; la bonne foi et le point d'honneur militaire suffisent à fixer la ligne qui sépare le stratagème licite de l'embûche déloyale.

Si l'état de guerre donne à une nation belligérante le droit d'affaiblir et de subjuguer son ennemi, il est non moins certain qu'investie de ce droit de légitime défense cette nation a le devoir moral de ne pas appeler à son aide la cruauté et la violence quand elle peut atteindre son but par des moyens plus humanitaires. Ainsi, quand l'action offensive de l'ennemi peut être annulée par le désarmement et par la privation de la liberté, c'est une cruauté inutile de préférer lui donner la mort.

Il n'est pas digne de nations civilisées de faire la guerre en donnant l'ordre de ne faire aucun prisonnier, ce qui se traduit par ne pas faire *quartier à l'ennemi*.

L'adversaire qui se rend et dépose les armes cesse d'être un instrument offensif de guerre ; par conséquent, sa vie doit être épargnée ; on le prive, toutefois, de sa liberté, et il demeure prisonnier afin de ne pas reprendre sa position offensive.

Les lois de la guerre, comme celles de l'humanité, ne défendent pas seulement de tuer ou de maltraiter les prisonniers, mais elles imposent comme un devoir de les nourrir, de les soigner d'une manière conforme à leur condition de victimes du devoir. Mais on peut adopter à leur égard des mesures de sécurité et de vigilance ; à moins, en effet, qu'ils n'aient signé un compromis par lequel ils s'engagent à ne pas chercher à rejoindre leur armée, l'évasion peut être considérée comme tacitement licite, parce que les prisonniers sont des ennemis passifs et que c'est uniquement par la force qu'ils ont été obligés de laisser leurs rangs.

On a coutume également de laisser la liberté aux prisonniers d'un certain grade, quand, sur leur parole, ils s'obligent à ne pas reprendre les armes jusqu'à la conclusion de la paix.

Lorsqu'il y a des prisonniers dans les deux camps, il est d'usage de procéder à l'échange ; dans ce cas ces hommes peuvent, sans offenser les lois de l'honneur, revenir à leurs armées respectives et prendre part de nouveau aux hostilités. C'est une conséquence tacite de l'échange fait à conditions égales ; tout compromis inhérent à l'état de prisonnier de guerre cesse par là même.

L'échange permet d'éviter, de part et d'autre, l'accumulation d'individus inactifs, la charge de leur entretien, ainsi que la surveillance nécessaire et constante qu'exige leur garde.

En ce qui concerne les armes, on cherche à en tirer le plus puissant effet ; et le moyen est licite puisque le but est de détruire celui qui veut vous détruire. Mais au nombre des moyens tendant à obtenir ce résultat nécessaire, il ne faudrait pas compter ceux qui, outre qu'ils mettent l'adversaire hors de combat, peuvent aggraver ses souffrances, rendre ses blessures incurables ou plus douloureuses sans qu'il en coûte une plus grande perte à celui qui les emploie. Ce serait une cruauté inutile et contraire aux lois de l'humanité.

Nous avons dit plus haut que la barbarie est réprouvée ; nous voyons maintenant que tout moyen *inutile* est proscrit ; ce n'est pas seulement le droit naturel qui le recommande, la Convention de Genève du 22 août 1864, ratifiée à Rome le 22 juin 1865, prescrit comme une loi de guerre l'abstention de l'usage de projectiles explosibles pour les armes à feu portatives ; ces projectiles sans augmenter l'effet destructeur de ces armes, ne pourraient que le rendre plus cruel et plus inhumain. Cette même Convention a consigné la neutralisation des hôpitaux et des ambulances et a réglé toutes les mesures à prendre pour la protection des blessés et l'échange des prisonniers. (1)

Terminons en disant qu'entre nations civilisées la noblesse, la loyauté et la générosité dans les procédés durant la guerre, sont des titres qui gagnent les sympathies et peuvent le mieux contribuer à la conclusion d'une paix honorable.

---

[1] Voir à l'appendice, les dispositions relatives à la neutralisation des services de santé, pour ce qui concerne la marine.

CHAPITRE II

LA GUERRE MARITIME ET LE DROIT DE PRISE.

SOMMAIRE. — Différence entre la guerre continentale et la guerre maritime au point de vue de la propriété particulière. — Raisons qui justifient cette différence.

Si les lois de la guerre imposent aux nations civilisées le *devoir* de procéder de manière à ne pas rendre l'emploi de la force inutilement violent ou cruel, elles leur abandonnent aussi le *droit* et leur recommandent en même temps comme une *nécessité* d'employer tous les moyens directs pour vaincre l'ennemi, en paralysant ou en détruisant ses forces et en supprimant toutes les ressources qui lui permettent de soutenir la guerre.

Entre belligérants, la résistance de l'un est un obstacle pour l'autre ; vaincre cette résistance est le but ; et tout ce qui peut conduire à la supprimer est le moyen le plus sûr d'atteindre ce but. Autrement, on ne saurait concevoir la guerre ; le principe admis, il faut aussi admettre les conséquences.

Mais si les lois de la guerre, s'autorisant de raisons humanitaires, proscrivent comme illicites les violences inutiles, il ne faut pas compter seulement avec l'idée morale de cette règle : il faut aussi la subordonner à l'utilité ou à la nécessité.

On ne doit pas faire le mal quand il n'en résulte pas un avantage quelconque ; c'est là une règle immuable ; mais il est licite de faire tout le mal possible quand un préjudice grave résulterait de ce qu'on ne l'a pas fait.

Considérées sous ce point de vue, les lois de la guerre varient dans leur valeur et dans leur portée, selon que la guerre est continentale ou maritime ; en effet, la mer et la terre sont des éléments si dissemblables, la manière d'en jouir et de les posséder est si différente que l'on s'explique facilement la diversité qui se produit dans l'application d'un même et unique principe.

Ainsi, sur terre, les ennemis se combattent en tant qu'obstacles à détruire ; mais à l'invasion du territoire ennemi, se substitue temporairement ou d'une façon permanente la souveraineté de l'envahisseur sur l'envahi ; ici la *propriété particulière* est *respectée*, parce qu'elle ne porte pas préjudice à l'envahisseur et qu'elle n'augmente pas les ressources de l'ennemi. La propriété immobilière sur terre peut être détruite par le fer et le feu, mais elle n'est pas transportable ; il n'y a aucune utilité à détruire, à bouleverser les champs, à raser les récoltes, ou tous autres éléments productifs de la richesse, parce que c'est de là que l'on tire les impôts, les contributions pour entretenir les armées ou pour s'indemniser des dépenses de la guerre durant l'occupation du territoire ; l'inutilité de la destruction devient encore plus évidente, quand, par suite d'une conquête définitive, le territoire est destiné à passer en la possession permanente du nouvel occupant. Observons, toutefois, pour opposer la raison de nécessité à la lettre de la règle, que lorsque le résultat de la guerre dépend de la destruction de la propriété, et de la dévastation d'une région déterminée, pour priver l'ennemi de ses subsistances et l'obliger ainsi à la paix, il est toujours permis de recourir à ce moyen violent.

C'est donc une raison de *convenance* qui ordonne de respecter les biens et les personnes des particuliers en exerçant, toutefois, un droit de perception collective sur les contributions dont ils sont frappés. Il n'est pas possible d'attaquer l'entité collective, la nation, sans léser directement ou indirectement les individus qui la composent.

Sur *mer*, les conditions de la guerre, par rapport à la propriété et aux personnes, changent totalement. Là, les moyens de résistance de l'ennemi rencontrent dans la propriété particulière un puissant élément de développement. Aussi, quoiqu'il paraisse y avoir dans l'immunité dont la propriété privée est couverte sur terre et dans la saisie à laquelle elle est exposée sur mer une certaine contradiction, ces deux situations n'en sont pas moins d'accord avec les principes de droit et les prescriptions des lois de la guerre.

Bien différente du territoire continental, la mer n'est pas susceptible d'appartenir à une nation déterminée ; l'usage en est commun à toutes ; par conséquent, il ne peut y avoir substitution de souveraineté par occupation ou par conquête ; seule, la prohibition de l'usage peut se produire ; et quand de l'usage de la mer il résulte un profit pour l'ennemi, lui enlever ce profit, lui interdire cet usage constitue un moyen indirect de faire la guerre. Telle est la raison pour laquelle on saisit les navires marchands, propriété particulière ; si l'on agissait d'une autre manière on sacrifierait les droits de l'État à ceux des particuliers.

Ce sont là des raisons de convenance et de droit ; leur mise en pratique nous fournit un autre argument : sur terre, la destruction inutile des biens particuliers serait une barbarie ; la saisie en serait irréalisable dans la plupart des cas, la propriété immobilière ne se transportant pas et ne trouvant pas d'acheteur durant une guerre et les valeurs mobilières étant faciles à dissimuler. En mer, au contraire, les chargements de navires peuvent aisément devenir la propriété des belligérants, ils peuvent être vendus : c'est un moyen pour l'ennemi d'augmenter ses ressources pécuniaires. Les chargements de marchandises représentent une grande valeur dont la capture constitue une grande perte pour la nation à qui ils appartiennent ; c'est un affaiblissement de revenus pour elle.

Rarement les chargements appartiennent à un seul individu ; la saisie affecte donc jusqu'à un certain point, le caractère des contributions dont les habitants sont frappés durant la guerre continentale. De plus, si la saisie de propriétés sur terre donne lieu à des vexations et à des violences individuelles et à un pillage difficile à empêcher, en mer, au contraire, elle peut être effectuée sans aucun de ces inconvénients ; on peut, sans offense personnelle, conduire un navire et son chargement dans un port, ouvrir la procédure légale et obtenir des tribunaux compétents un jugement de bonne prise.

Le principe général de la liberté des mers ne peut être invoqué en faveur de l'immunité des navires marchands ennemis. C'est précisément parce que la mer est libre qu'on ne peut y établir de moyens offensifs analogues à ceux mis en pratique sur le continent. L'ennemi ayant un droit de propriété sur le territoire, l'occupation du territoire met un obstacle à l'exercice de ce droit ; sur mer, où il y a seulement un droit d'usage, on cherche à mettre obstacle à l'exercice de cet usage.

Et, par analogie, si de la propriété nous passons aux individus, il est facile de comprendre que, tandis que la population territoriale (à l'exception de celle qui constitue l'élément de guerre) est inoffensive, sans caractère hostile, se composant d'individus de tous âges, sexes et conditions, s'employant à des occupations pacifiques, agricoles, industrielles et domestiques, en mer, les individus qui composent les équipages des navires marchands sont, au contraire, des hommes valides et dans la vigueur de l'âge, constituant ainsi un élément toujours disponible avec lequel l'ennemi, d'un moment à l'autre, peut renforcer ses flottes. De là, et de la facilité avec laquelle ces individus peuvent devenir un élément de guerre, il faut conclure à la convenance, à la nécessité de les arrêter comme prisonniers de guerre.

Indépendamment des considérations indiquées plus haut et qui autorisent pour des raisons de convenance et de nécessité la saisie des navires marchands, il en est d'autres qui viennent, moralement justifier la manière différente de procéder sur terre et sur mer.

En effet, tout le sujet est dominé par la considération que, tandis que la propriété territoriale est *immeuble*, les navires de commerce sont des *meubles*.

L'habitant pacifique qui occupe sa maison, qui exploite ses terres ou qui exerce son industrie locale ne pourrait, même s'il le voulait, transporter ses biens fonciers ni les abandonner. Que se passe-t-il, au contraire, pour les navires? S'ils vont exercer le commerce sur mer, c'est en vertu d'une action *volontaire*.

Par là, il est aisé de voir que pour les navires de commerce, il y a toujours un moyen facultatif d'éviter le risque de la prise, celui de s'abstenir de l'usage de la mer; pour la propriété territoriale immeuble et ses habitants pacifiques, cette facilité n'existe pas ; sans prêter de secours à l'ennemi, c'est *contre leur volonté* que les habitants se trouvent sur le théâtre de la guerre. En lui prêtant une aide, quoique indirecte ou éventuelle, c'est *par sa volonté* que l'équipage se soumet aux conséquences de ce même état de guerre.

Et si nous allons plus loin, si nous considérons la question au point de vue humanitaire, la prise en mer est un moyen indirect de faire la guerre qui, obligeant l'ennemi à céder, faute de ressources, est plus doux que les autres moyens employés dans ce but au prix de l'effusion du sang ou de grands préjudices individuels, tels que les combats en rase campagne, les bombardements des villes ou les blocus des ports.

La guerre maritime, sans le droit de prise pour interdire l'usage de la mer à l'ennemi, pour ruiner son commerce et ses ressources navales, serait interminable. Et comme les préjudices résultant de la guerre sont d'autant plus grands qu'elle dure plus longtemps, tout ce qui tend à l'abréger doit être considéré comme un bénéfice ou, tout au moins, comme une atténuation aux calamités qu'elle entraîne.

A un autre point de vue encore, des exemples vont nous montrer quels services peut rendre, pour l'issue des guerres maritimes, un navire marchand, employé même à un commerce pacifique et quelles conséquences importantes résultent pour l'un ou l'autre belligérant, de l'usage libre de la mer, laissé à ce navire. C'est par un navire rencontré, par hasard, que l'amiral anglais Nelson parcourant la Méditerranée à la recherche de l'escadre française de Brueys, sut qu'elle avait était vue cinglant vers l'Egypte. Sans cette circonstance, Nelson qui, dans l'ignorance où il était de la route suivie par son ennemi, se décidait déjà à aller le chercher dans l'Océan, n'eût pas gagné l'importante bataille d'Aboukir.

Plus tard, Nelson encore recherchait dans la Méditerranée l'escadre de Villeneuve. Il ne l'eût pas trouvé si un navire marchand ne lui en avait pas indiqué le mouillage du côté du détroit de Gibraltar. Il en résulta la victoire de Trafalgar qui eut une si grande influence sur les événements qui suivirent.

Résumons : le droit de prise s'appuie en premier lieu sur ce que l'inviolabilité des navires marchands ennemis est contraire au but de la guerre maritime, et sur ce qu'il n'y a aucune assimilation à faire, pour suivre les pratiques de la guerre continentale ; en second lieu, sur ce que les raisons d'ordre humanitaire ne peuvent être invoquées dans leur sens absolu ou relatif si l'on veut les opposer aux raisons de convenance.

Toutefois, en ceci, le droit coutumier, établit encore une exception d'immunité en faveur des barques côtières de pêche [1].

---

[1] Voir à la fin du chapitre la note du traducteur.

La pêche est une industrie si pacifique, elle est exercée généralement par une classe si pauvre et si laborieuse qu'on l'assimile dans les eaux territoriales du pays ennemi à celle des travailleurs des champs qui recueillent les fruits de la terre pour leur subsistance. Les exemples et la pratique généralement suivis établissent comme une règle internationale cette exception toute humanitaire et bienfaisante, et l'on peut considérer cette règle comme adoptée par le droit coutumier et par toutes les nations civilisées.

Une fois la prise des navires de commerce par les belligérants admise comme règle, il reste, quant aux moyens, à savoir où et par qui elle peut être exercée ; c'est la question du lieu et des moyens à employer.

Quant *au lieu*, la prise peut être exercée :

1° Dans les eaux territoriales du belligérant saisissant ;

2° Dans celles de son ennemi ;

3° Enfin, en haute mer.

Dans les eaux territoriales du saisissant : parce qu'aucun droit des nations étrangères à la lutte n'est offensé par cet acte ; dans les eaux du saisi : parce que c'est faire usage du droit de guerre que de poursuivre l'ennemi dans ses propres eaux territoriales ; et en haute mer : parce que l'adversaire n'ayant pas un droit de propriété mais seulement d'usage général, on ne fait en le prenant que le priver de ce droit.

Le droit de prise ne peut être exercé dans les eaux territoriales d'une nation étrangère à la lutte, parce que ce serait offenser ses immunités et son inviolabilité territoriale.

Quant *aux moyens* la prise est opérée par les forces navales régulières, c'est-à-dire les navires de guerre. Les navires particuliers sont aussi appelés à opérer la prise, mais il faut qu'ils soient armés et que le gouvernement belligérant leur ait donné commission de poursuivre les navires marchands de la nation ennemie et de seconder les efforts de la marine de guerre.

Ce sont ces navires que l'on appelle *corsaires*, de même que cette sorte de guerre qui consiste, non à combattre des forces régulières, mais à capturer des navires marchands et à entraver le commerce de l'ennemi, s'appelle la *course maritime*.

La course, quoique fondée sur le droit primitif a, dans son origine et dans sa pratique, une certaine similitude avec l'ancienne guerre de représailles. Aussi, a-t-elle une histoire tant par le fait de son importance propre que par le fait de ses abus et des efforts tentés pour la supprimer.

Le Congrès international de Paris, en 1856, abolissant la course pour les navires particuliers et autorisant la prise par les navires de guerre seuls, n'a pu concilier tous les intérêts, ni répondre aux aspirations de diverses nations maritimes qui acceptaient l'abolition de la course, à condition qu'elle entraînât celle de la prise, l'une étant une conséquence de l'autre. De là, il est résulté que le caractère international de la déclaration de 1856 est demeuré incomplet, plusieurs adhésions importantes ayant fait défaut. La tendance vers une théorie différente s'est manifestée à l'occasion de certaines guerres modernes ; ainsi, lors de la guerre austro-italienne les belligérants ont mutuellement déclaré qu'ils renonçaient à la prise, soit par corsaires, soit par navires de guerre.

Peut-être faut-il attribuer ce mouvement abolitionniste à la considération que dans une guerre dont la solution devrait être confiée principalement aux armées de terre, ayant par conséquent toutes les apparences d'une entreprise rapide, on pourrait renoncer à une pratique qui ne s'exercerait que peu de temps au-delà du délai donné généralement aux navires marchands pour rentrer dans leurs ports aussitôt après la déclaration de guerre.

Quelles que soient les aspirations généreuses ou théoriques, ou l'accord pratique des nations sur la conduite à tenir dans l'avenir, il est certain que jusqu'à présent, le droit absolu de saisie des navires ennemis constitue un principe reconnu et autorisé pour toutes les nations maritimes, quand elles sont en guerre.

Propriété privée en mer. — Droit de capture. — Restrictions à ce droit.

Ce n'est pas seulement en vertu de coutumes que le droit de capture de la propriété privée sur mer a été restreint. M. Testa parle de l'exception en faveur des barques employées à la pêche côtière. Nous y reviendrons plus bas, mais il y a d'autres hypothèses qu'il est bon de mettre en lumière :

Le droit de capture subit des restrictions :

1º *Par abrogation conventionnelle* : ainsi la Prusse et les Etats-Unis d'Amérique signaient le 10 septembre 1785 un traité dans lequel ils introduisaient cette clause (art. 23) : « Les deux puissances contractantes s'engagent à n'accorder aucune commission à des vaisseaux armés en course qui puisse les autoriser à prendre ou à détruire des vaisseaux marchands ou à interrompre le commerce. »

L'art. 12 du traité de commerce et de navigation du 1er mai 1829, entre les mêmes puissances remet en vigueur cet article 23.

2º *Par renonciation unilatérale.*

a) Sous condition de réciprocité. L'exemple nous en est fourni par la Prusse, l'Italie et l'Autriche qui pendant la guerre de 1866 déclarèrent *sous condition de réciprocité,* s'abstenir de capturer les navires de commerce étrangers excepté en cas de violation de blocus ou de contrebande de guerre.

b) Sans condition de réciprocité. Un décret de la présidence de la Confédération de l'Allemagne du Nord, du 18 juin 1870 déclarait « que les navires de commerce français ne seraient pas sujets à confiscation de la part des bâtiments de la marine fédérale. Cette disposition ne s'appliquait pas aux navires qui encourraient la saisie ou la confiscation, même s'ils étaient bâtiments neutres. » Cette disposition a été mise hors de vigueur par une ordonnance du 19 janvier 1871, *non pas à cause de la non réciprocité* de la part de la France, remarque Pérels, mais comme mesure de représailles contre les actes de guerre du « Desaix » qui avait coulé le « Ludwig, le Vorwaerts et la Charlotte. »

3º *Par licences spéciales.* C'est le belligérant qui accorde les licences.

Il faut faire rentrer dans ce cas, l'exemption en faveur des navires belligérants en cours d'expédition scientifique s'ils suivent les règles de la neutralité. Le règlement Russe de 1869 art. 16 établit ce principe.

4º *Par exemption en ce qui concerne la pêche.* Le caractère pacifique de l'industrie de la pêche et aussi la pauvreté de ceux qui s'y adonnent, sont les motifs de cette exception au droit de capture. Déjà au XVIe siècle nous trouvons des traités relatifs aux pêcheurs en temps de guerre. (Allemagne et France, 2 octobre 1521. — France et Hollande, 17 août 1675, etc.). Louis XIV par son rescrit du 15 juin 1675 défend de saisir tout navire, porteur de poisson frais, que le poisson ait été pêché du bord ou recueilli d'autres navires, pourvu toutefois qu'il ne se trouve pas à bord d'engins de guerre. Le Roi ajoutait qu'en édictant cette mesure libérale, il espérait entraîner ses ennemis à agir de même.

Cette pratique qui aurait pu se généraliser ne fut pas observée par tous ni de tout temps. En 1793, le gouvernement anglais autorisa ses commandants de navire à saisir les pêcheurs français, et cela en dépit des protestations de la Convention Nationale qui déclara la conduite de l'Angleterre sans exemple et contraire à tous les usages des nations civilisées. Il faut voir là un signe des temps plutôt que l'application d'un principe. Quoiqu'il en soit, le gouvernement français ne modifia en rien son attitude ; nous en trouvons la preuve dans un décret du comité de Salut Public (1796) : « en faveur d'une classe d'hommes dont le travail pénible et peu lucratif, ordinairement exercé par des mains âgées est si étranger aux opérations de la guerre. »

Aujourd'hui, le principe est admis ; il fait partie des formules du droit des gens et s'étend :

a) Aux bâtiments de pêche de toute espèce en pleine mer, dans les eaux territoriales, pendant la traversée et pendant la pêche.

b) Aux engins de pêche.

c) Au produit de la pêche.

d) Aux sujets ennemis adonnés à la pêche.

Il n'est donc pas besoin de prescriptions spéciales pour faire appliquer ce principe. L'instruction française de 1854 (art. 2), en fait cependant le commentaire.

Le principe d'exemption s'appliquera-t-il à la grande pêche ? Calvo ne saurait l'admettre, il taxe la grande pêche d' « opération commerciale et industrielle », soumise en conséquence aux lois de la guerre. M. Testa, de son côté, a bien soin d'enregistrer le principe en ne l'appliquant qu'à la « *pêche côtière.* » Cette distinction paraît équitable.

5° *En cas de danger en mer.* L'humanité repousse l'idée de profiter d'une circonstance aussi néfaste pour saisir l'ennemi.

6° *Par extension de la formule : navire libre, marchandises libres.* Les décrets français et anglais concernant la propriété ennemie pendant la guerre de Chine (7 et 28 mars 1860), admettent que la marchandise chinoise à bord de navires chinois sera libre.

7° En vertu de l'article additionnel (20 octobre 1868) de la convention de Genève (22 août 1804).

(Voir à l'appendice les articles de cette Convention relatifs à la marine). (Appendice XV).

8° *En faveur des navires et des colis de la poste.* Le code prussien admet l'hypothèse, mais le droit des gens n'en a pas encore fait un principe. Il est hors de doute que la jurisprudence internationale devra admettre d'ici peu de temps cette exception qui intéresse au plus haut point tous les États. Déjà le droit conventionnel était entré dans cette voie. L'art. II de la convention postale anglo-française de 1856 portait qu'en cas de guerre entre les deux parties contractantes, le service des paquebots-poste continueraient jusqu'à déclaration de rupture des communications postales. Cette convention n'est plus en vigueur, mais l'idée subsiste et il est probable que les États intéressés chercheront à se mettre d'accord sur ce point.

(Note du traducteur).

CHAPITRE III

COURSE MARITIME ET CORSAIRES.

SOMMAIRE. — Moyens d'exercer le droit de prise. — Abus et répression de la course, — Cas où le corsaire devient pirate. — Tentatives pour abolir la course. — Résolution du Congrès de Paris abolissant la course en 1856. — Acceptation presque générale de cette résolution.

L'état de guerre donne à toutes les nations belligérantes le droit de prise sur les navires marchands ennemis. De ce principe de droit commun, résulte comme conséquence, la nécessité de déterminer les moyens à employer pour la prise.

Ces moyens dépendant de l'emploi de la force, nous avons vu au chapitre précédent que les navires armés sont les instruments de ce droit. Ce sont d'abord : les navires de guerre, auxquels le Gouvernement de la nation belligérante donne la mission d'entraver l'usage de la mer, soit en livrant combat à son adversaire, soit en envahissant le littoral, soit enfin en poursuivant le commerce de l'ennemi. Puis, comme le droit de prise est admis en toute l'étendue de la haute mer, il est certain que pour atteindre un meilleur résultat, il convient de mettre à profit d'autres instruments qui, auxiliaires des forces régulières et en augmentant le nombre, étendent le cercle de l'action et donnent, par conséquent, un plus grand développement à l'exercice du droit de capture. C'est ce que l'on obtient en faisant appel aux navires de propriété privée, équipés et armés par des particuliers et qui reçoivent mission de poursuivre le commerce ennemi : ils deviennent, dans ce service, les auxiliaires des navires de guerre.

Comme nous l'avons dit aussi au chapitre précédent, ces navires, légalement autorisés par le Gouvernement d'une nation belligérante qui accepte leur aide et règle les conditions de leur concours à la guerre, sont appelés *corsaires*, de même que l'on qualifie de *course* cette sorte de guerre contre le commerce ennemi. La course est, on le voit, une conséquence du droit de prise ; l'un cessant, l'autre cesse.

Les corsaires étant des navires particuliers, mais autorisés par le Gouvernement d'un État à entreprendre cette sorte de guerre, il est évident que leur mission devient légale et que le caractère de la lutte entreprise par eux n'est pas celui de guerre privée, encore moins de la piraterie puisqu'ils prennent part à une guerre d'État à État publiquement déclarée.

Les corsaires sont sur mer les agents de la force publique de l'État qui les autorise et qui est responsable pour eux ; leur action est officielle et légitime puisqu'ils sont belligérants ; ils courent par conséquent les risques de la guerre, non seulement quand ils attaquent le commerce de l'ennemi, mais encore quand ils ont à se défendre contre lui : on peut comparer les corsaires aux corps de volontaires et d'irréguliers qui, au cours des campagnes continentales, se forment pour la défense du territoire et non pas tant pour prendre part aux batailles rangées que pour inquiéter l'envahisseur par tous les moyens directs et indirects.

Il faut, en conséquence, regarder comme fondement de la légalité des corsaires le principe qui permet à toute nation de faire appel au concours de ses sujets pour la défense commune et la défaite de l'ennemi.

Dans ce sens, on peut dire que la course est fondée sur

le droit primitif et découle du droit naturel de légitime défense et de conservation.

Ainsi donc, si par rapport au droit des gens, les corsaires présentent le caractère d'auxiliaires dans la guerre maritime, ils doivent aussi, au point de vue moral, être considérés comme mus par le sentiment qu'ils ont à concourir à la défense de l'État.

Il est certain, toutefois, qu'un genre de guerre qui se présente avec la perspective de gains résultant de la prise de navires sans défense, porte en lui un stimulant où l'intérêt particulier, l'espoir du lucre doivent entrer pour une certaine part dans les vues de ceux qui s'y prêtent volontairement. Le cas a dû se présenter plus d'une fois.

Cette double influence, juste, légale, l'on pourrait même dire patriotique d'une part, et de l'autre portant un caractère de spéculation, impose à l'État qui autorise la course la nécessité de la définir et de la régler. Il doit, par là, éviter ou réprimer les abus qui peuvent se produire et dont les nombreux exemples ont fourni des armes à ceux qui ont réclamé l'abolition de ce moyen de guerre. Les nations ont reconnu ce devoir, et ont soumis l'exercice de la course à des lois et réglements identiques quant au but et aux moyens.

La première et la plus importante condition qui tire son origine de la nature même du corsaire et à laquelle il devait se soumettre était celle qui l'obligeait à obtenir de la nation belligérante une *lettre patente de course* ou *lettre de marque* c'est-à-dire un document lui donnant commission de guerre ; il ne faut pas confondre ce document avec les anciennes lettres de marque ou de représailles : nous avons vu, en effet, que celles-ci n'impliquaient pas toujours l'existence d'une guerre d'État à État.

Pour obtenir *la lettre de marque*, il était indispensable que le corsaire fût en règle au point de vue de la nationalité : il fallait plus spécialement que l'équipage appartînt en totalité ou au moins en majorité à la nation qui donnait l'autorisation. De là devait dépendre, en effet, le caractère patriotique ou mercenaire qu'affecterait la mission du corsaire.

La concession de la patente de course exigeait également une caution pécuniaire, variant selon les circonstances et destinée à la garantie des indemnités à servir à ceux qui auraient à souffrir un préjudice de la part du corsaire et qui exigeraient cette juste réparation. De plus, la lettre de marque n'était délivrée que pour un temps déterminé; ce qui permettait de l'annuler ou d'en prolonger la validité selon l'usage qui en avait été fait.

L'autre condition indispensable, universellement obligatoire et qui peut être regardée comme la plus sérieuse barrière opposée aux abus de la course, était celle qui prescrivait qu'aucune prise de propriété privée ne pût être considérée comme valable et définitive qu'après avoir été déférée à un tribunal compétent et reconnue par lui pour légalement faite. Avant cette procédure et jusqu'au jugement, la prise n'était qu'une détention provisoire. Mais, malgré ces restrictions imposées par la sévérité des lois, la course, soit qu'elle se ressentît de son origine, la guerre privée, soit qu'elle subît l'influence de sa nature de spéculation et de sa forme aventurière, restait réfractaire à l'accomplissement légal de sa mission et poussait d'autant plus aux abus et aux violences que le corsaire, dans la solitude de l'Océan, comptait sur l'impunité.

La légalité qui couvrait les actes connus du corsaire n'était pas une garantie suffisante pour empêcher les procédés attentatoires et mêmes criminels, de rester impunis.

Il n'était pas rare non plus que le corsaire, légalement autorisé au début, et agissant sous la responsabilité d'un gouvernement, vînt à se transformer en pirate et à se dénationaliser par ce fait, soit en commettant des actes réprouvés par la loi, soit en prenant subrepticement patente de course chez deux États en guerre entre eux; là, le but était manifeste : le corsaire démentait son caractère d'auxiliaire d'un belligérant, il n'était plus au service des deux États à la fois que pour étendre le cercle de ses rapines.

Enfin, les abus et les vexations résultant du droit de visite exercé sans mesure, principalement durant les longues guerres de la fin du siècle dernier et du commencement de celui-ci, contribuèrent également à faire regarder la course comme un fléau pour le commerce. On ne s'étonne plus alors que l'idée de la supprimer soit née de cet ensemble de faits et se soit développée.

La mesure la plus radicale que l'on pût présenter dans ce sens était l'abolition complète du droit de prise; la course étant une conséquence de ce droit, la prise eût été supprimée *ipso facto*.

Déjà, au milieu du XVIIIe siècle, l'abbé de Mably, dans son traité du *droit public de l'Europe*, marquait l'intérêt d'un accord entre toutes les nations pour la suppression de la prise. La guerre d'indépendance d'Amérique vint fortifier cette théorie. Franklin, en sa qualité de plénipotentiaire de l'état naissant, réclama au nom de la morale, une abolition qui était surtout favorable à la politique et à la situation d'un pays dont la marine marchande, plus que les armées navales, devait activer le développement; c'était là surtout le grand intérêt qu'il voyait à adopter un principe qui mettrait le commerce des États-Unis à l'abri des hostilités.

Cette politique traditionnelle du gouvernement américain donna lieu sous la présidence de Monröe, à de nouvelles tentatives, dans le but d'arriver à un accord pour l'abolition de la course. Elles échouèrent devant la considération que le droit de prise constituait un moyen de guerre dont les nations ne pouvaient se priver sans risquer de s'affaiblir. En présence de cet insuccès, on chercha à abolir les corsaires, tout en maintenant le droit de prise exercé seulement par les navires de guerre; mais alors on se heurtait à une inégalité de conditions entre les belligérants. Si toutes les nations maritimes possédaient des marines militaires de force égale et disposaient de ressources semblables pour les entretenir, la course serait évidemment superflue ; l'équilibre des forces régulières se conserverait et on n'aurait pas besoin de les augmenter de part et d'autre. Mais, cet équilibre n'existe pas et ne peut pas exister ; et par suite, abolir la course, serait supprimer une faculté dérivée du droit naturel, l'appel au concours de tous pour la défense de l'État ; ce serait mettre la nation la plus faible dans des conditions d'inégalité considérable vis-à-vis de la plus forte ; celle-ci pourrait disposer d'une partie de ses navires de guerre pour inquiéter le commerce de son ennemi tandis qu'il n'aurait pas la même facilité.

Ces conflits d'intérêts ont toujours laissé ouverte la question de la prise et de la course. A une époque plus rapprochée, cependant, un pas a été fait vers un accord sur ce point, mais il s'agissait de la course seulement et non du droit absolu de prise. Lorsque, en 1854, la guerre éclata entre l'Angleterre, la France et la Turquie d'une part et la Russie de l'autre, des négociations furent entamées par l'Angleterre avec les autres puissances maritimes en vue de supprimer la course. Mais le gouvernement des États-Unis d'Amérique répondit qu'il n'accéderait à cette proposition que dans le cas où, allant plus loin, on prononcerait l'abolition complète du droit de prise, en l'interdisant aux navires de guerre. On retrouve là la pensée constante qui dirige la politique de ce gouvernement.

En présence de ce désaccord, la question demeurait indécise ; la guerre commença et les nations alliées déclarèrent leur intention de ne pas concéder de lettres de course. C'est ce qu'elles firent ; elles poussèrent plus loin les choses, et quand un congrès de paix se réunit à Paris en 1856, les plénipotentiaires des sept grandes puissances signataires, d'accord pour définir et mettre en harmonie différents principes de droit international maritime sur l'immunité des navires et des marchandises neutres et la validité des blocus, profitèrent des concessions mutuelles qu'ils se firent pour enregistrer comme une déclaration obligatoire et inséparable de ces points, l'abolition de la course.

Cette déclaration, obligatoire seulement pour les puissances qui y adhéraient, est demeurée une règle de droit conventionnel limité et ne porte pas ce caractère d'universalité indispensable pour établir une règle absolue, conforme et commune de droit international positif. De là, il résulte que la course n'a pas été abolie pour les nations qui se sont abstenues d'accéder aux décisions du congrès. La signification et les effets de cette abstention étaient d'autant plus grands qu'elle était maintenue par trois nations, les États-Unis d'Amérique, l'Espagne et le Mexique qui, par leur importance maritime, pour les deux premières principalement, ne pouvaient manquer de tirer une incontestable supériorité de la course.

On a vu une conséquence de cet état de choses et on a pu juger sur quelles inégalités repose la théorie de la prise quand, en 1861, la guerre civile a divisé les États-Unis en deux partis, les fédéraux du Nord et les confédérés ou séparatistes du Sud. La faculté d'armer des corsaires était un résultat de la non-adhésion de la grande République américaine à la convention de 1856. Les confédérés n'ayant pas de marine régulière, recoururent de suite à cet expédient et leur gouvernement, autorisé par le congrès, déclara accepter les nombreuses offres qui lui étaient faites pour constituer ce que l'on désignait sous le nom de milice maritime, c'est-à-dire les corsaires. Les fédéraux, au contraire, en possession d'une flotte régulière, éprouvèrent un contre-temps sérieux de cette décision qui était légale et qui leur fit regretter leur abstention passée. Aussi, invoquant la raison d'État, leur gouvernement voulut-il, bien que tardivement, adhérer à la convention de 1856, en alléguant que, puisqu'il ne pouvait obtenir son but principal, c'est-à-dire, l'abolition du droit de prise, il se décidait à accepter le principe de l'abolition de la course seulement. Une notification dans le sens d'une adhésion sans réserve aux déclarations de 1856 fut donc faite, mais le gouvernement fédéral y laissait entendre qu'il prétendait traiter *collectivement* au nom du pays tout entier, sans distinction de fédéraux et de confédérés, et comme un État reconnu, malgré la rébellion qui le scindait. Et tout en manifestant ainsi sa nouvelle résolution, le gouvernement américain ne manquait pas, dans ses notes diplomatiques, de classer comme pirates les corsaires des insurgés confédérés. Cette manière d'agir amena chez les puissances une certaine hésitation et la crainte bien fondée qu'une pleine adhésion faite dans de semblables conditions n'impliquât, de leur part, une approbation à à la qualification de pirates donnée aux corsaires des confédérés, ce qui eût été un procédé contraire aux devoirs des neutres. En conséquence, et afin de bien fixer aux yeux de tous les principes sur lesquels elles s'appuyaient, les puissances proposaient de faire suivre la convention pour laquelle on était en pourparlers, de la déclaration que si les Etats signataires accueillaient l'adhésion tardive du cabinet de Washington, ils répudiaient toute idée de compromis tendant à influer directement ou indirectement sur la guerre. Le refus du gouvernement des États-Unis d'acquiescer à cette clause, montra bien où il voulait en venir ; les négociations furent rompues et les États-Unis ne se départirent pas du droit de concéder des lettres de course.

La question de la course maritime et tout ce qui concerne la prise des navires marchands, en temps de guerre, demeura donc et demeure encore en l'état où l'a laissée le Congrès de Paris en 1856.

Comme principe absolu de droit international, le droit de prise des navires marchands ennemis reste en vigueur. Quant à la mise en pratique de ce principe et à son mode d'exercice, la faculté d'armer des corsaires n'existe que pour les nations qui n'ont pas adhéré au Congrès de 1856.

Mais si l'une de ces puissances délivre légalement des lettres de course contre un ennemi qui a adhéré à l'abolition, l'égalité de droit permettra à ce dernier d'user de cette faculté ; l'équité l'exige.

Il n'est pas hors de propos de répéter ce que nous avons déjà dit plus haut. Quelles que soient les aspirations plus ou moins généreuses traduites par les théories des publicistes ou par l'action politique des hommes d'État, il est certain que la grande nation maritime et commerciale qui s'est le plus opposée à l'abolition de la course ne l'a pas fait par sympathie pour ce moyen, mais dans le but d'exiger plus qu'une abolition restreinte. D'autre part, les grandes nations qui, suivies par le plus grand nombre des États maritimes, sont tombées d'accord sur l'abolition de la course seulement, sans supprimer le droit de prise par les navires de guerre, ont déjà prouvé qu'elles ne faisaient pas un usage rigoureux de ce droit si vivement discuté dans les assemblées.

La rapidité des guerres d'aujourd'hui, due à la puissance des moyens d'attaque et de défense, aussi bien que le fait que le succès de la guerre dépend des opérations promptes, décisives et de résultat immédiat, montrent certainement que non seulement la course par lettre de marque, mais aussi le droit de prise par les forces régulières, sont entrés dans une période de décadence et tout près d'être abandonnés.

Toutefois, comme les indices ne deviennent pas toujours des réalités, il est difficile de prévoir quand l'accord se fera entre toutes les nations pour régler cette question d'une façon définitive et pour constituer une règle commune et universelle de droit international maritime.

CHAPITRE IV

NEUTRALITÉ. DROITS ET DEVOIRS DES NEUTRES.

SOMMAIRE. — Nations amies ou alliées. — Belligérants et neutres. — Devoirs essentiels des neutres. — Comment on doit comprendre la non-intervention. — Droits des neutres corrélatifs aux devoirs des belligérants.

Les nations qui, réglant leur conduite sur les simples règles du droit des gens procèdent pacifiquement et d'une manière passive dans leurs relations réciproques, sont, par ce fait même, des nations *amies*. Mais si, en outre, il existe entre elles quelque pacte ou convention les obligeant, pour des cas plus ou moins déterminés, non seulement à maintenir cette amitié, mais encore à se prêter un mutuel concours pour l'affirmation de leurs droits ou pour leur réciproque défense, quand l'une d'elles vient à être offensée ou attaquée, ces nations, liées ainsi par le droit conventionnel, sont alors dites nations *alliées*.

De cette manière, lorsqu'il y a une guerre entre deux nations devenues *belligérantes*, un État étranger au motif de la lutte, mais allié de l'une des nations belligérantes, peut, par le fait de son alliance, être obligé à prendre une part directe ou indirecte à la lutte en faveur de son alliée.

Les nations qui, n'ayant aucun pacte avec les belligérants, étaient simplement amies et non alliées, de l'un ou de l'autre, demeurent étrangères à la lutte et se maintiennent vis-à-vis de l'une et de l'autre nation belligérante dans les mêmes relations d'amitié qui existaient avant la déclaration de guerre.

Cet état de relations pacifiques vis-à-vis de l'un et l'autre belligérant, subordonné à la conduite qui résulte de l'attitude passive au milieu des opérations de guerre, est ce qui constitue la *neutralité*.

Ainsi, la neutralité est un état relatif et non absolu, par le fait qu'il n'y a pas de nation neutre quand il n'y a pas de belligérants ; c'est une situation internationale qui tient aux relations réciproques entre trois États au moins, dont deux sont en guerre entre eux et un troisième est étranger à la lutte. On peut donc définir la neutralité, la condition d'une nation qui, étant et demeurant en paix avec des États en guerre, reste étrangère à la lutte et aux moyens de la soutenir ou de l'aider.

La neutralité n'est pas pour une nation un état entre la guerre et la paix, c'est la continuation de son état antérieur de paix quant aux conditions internes et aux relations politiques du pays, modifié, toutefois, par des conditions extérieures, relatives à sa conduite vis-à-vis des nations belligérantes.

La neutralité peut avoir des caractères différents suivant la liberté d'action qu'a un État ou les règles d'après lesquelles il doit fixer sa conduite.

Elle est pleine ou *parfaite* pour une nation qui n'a aucune alliance ou pacte l'obligeant à être neutre ou à cesser de l'être.

Elle est *conditionnelle* ou limitée quand, en vertu de quelque traité, la nation s'est obligée à demeurer neutre ou à cesser de l'être en présence de certaines éventualités.

Le caractère de neutre comporte l'abstention de tout acte de guerre et impose, par conséquent, aux neutres, vis-à-vis des belligérants certains devoirs qui ne pouvaient pas exister durant la paix.

De même donc qu'il y a des droits de guerre, réglant la conduite entre belligérants, il y a aussi des devoirs et des droits entre ceux-ci et les neutres.

Les devoirs essentiels des neutres sont les suivants :

1° S'abstenir de tout procédé hostile ou de toute part à la lutte pour ou contre l'un des belligérants ; une conduite contraire supprimerait la neutralité.

La conduite égale vis-à-vis de l'une et l'autre nation en guerre doit être passive ; il serait en effet, absurde et impossible que l'on prétendît être neutre en secourant *l'un* et *l'autre* belligérant.

2° Procéder avec une stricte impartialité à l'égard des nations en guerre, non plus seulement en s'abstenant de la lutte, mais en n'introduisant aucune modification dans ses relations extérieures de manière à favoriser l'une au détriment de l'autre [1]. De même que les devoirs des neutres constituent des droits pour les belligérants, de même les devoirs de ceux-ci constituent des droits pour les neutres.

De ce principe appliqué aux parties belligérantes il résulte que celles-ci doivent respecter non seulement les immunités, mais aussi les intérêts des États neutres, soit par rapport aux relations dans lesquelles ils demeurent entre eux, soit par rapport aux relations, qu'avant la guerre, ils pouvaient avoir avec l'une des nations en lutte.

---

[1] Le *Foreign Enlistment act* de 1870 établit que le neutre doit interdire l'entrée au service militaire d'une puissance étrangère, l'enrôlement ou la tentative d'enrôlement au service de l'étranger, le transport en connaissance de cause de personnes enrôlées, etc.

L'Allemagne a inscrit dans son Code pénal (art. 141), des pénalités sévères contre quiconque enrôlerait un Allemand pour le service militaire d'une puissance étrangère ou qui amènerait un Allemand aux enrôleurs. Cette disposition est également applicable en temps de paix.

Parmi les services que le neutre ne peut rendre aux belligérants sans violation de neutralité, il faut compter le pilotage à bord d'un navire de guerre, *si ce n'est* dans le cas d'entrée et de sortie d'un port neutre. Le cas de danger rentre dans l'hypothèse d'entrée et de sortie. En 1870 les pilotes danois ont, en vertu de cette exception, rendu aux navires français d'importants services dans la Baltique. (*Note du traducteur*).

C'est principalement dans les guerres maritimes que les questions relatives aux droits et devoirs réciproques des neutres et des belligérants, donnent lieu à de fréquents conflits, et la raison en est que les hostilités sont exercées non sur un territoire de propriété définie, mais sur un élément commun à tous. Les neutres s'y trouvent fréquemment en contact avec les belligérants et sont exposés à souffrir non pas l'action directe des hostilités, mais les conséquences de l'état de guerre.

De cette réciprocité de droits et de devoirs entre les belligérants et les neutres, résulte la nécessité de bien définir, non seulement les devoirs de ces derniers, mais aussi leurs droits et immunités durant la guerre entre d'autres nations. [1]

Les droits des neutres, que les belligérants ont le devoir de respecter, sont les suivants :

1º Inviolabilité du territoire et droit d'asile ;

[1] Dans le traité conclu à Washington le 8 mai 1871, entre la grande Bretagne et les États-Unis, concernant particulièrement la solution de l'affaire de l'*Alabama*, l'art. VI établit trois règles que les parties contractantes s'obligent à observer dans l'avenir, et que l'on trouve reproduites dans leur sens général dans la plupart des déclarations de neutralité récentes.

Voici ces règles :

Un gouvernement neutre est tenu :

1º D'user de toute diligence pour empêcher dans sa juridiction l'équipement et l'armement de tout vaisseau qu'il a des motifs raisonnables de croire destiné à croiser ou à concourir à des opérations hostiles contre une puissance avec laquelle il est en paix, et aussi d'user de la même diligence pour empêcher le départ hors de sa frontière de tout navire destiné à croiser ou à concourir à des opérations hostiles, ce navire ayant été dans ladite juridiction, adapté en tout ou en partie à des usages de guerre ;

3º De ne permettre à aucun des belligérants de faire de ses ports ou de ses eaux la base d'opérations, ni de s'en servir pour augmenter ou renouveler des approvisionnements militaires ou des armements, ou pour recruter des hommes ;

3º D'exercer toute diligence nécessaire dans ses propres ports et dans ses eaux et à l'égard de toute personne dans sa juridiction pour empêcher toute violation des obligations et des devoirs sus-mentionnés. (*Note du traducteur*).

2° Liberté de commercer durant la guerre, non seulement entre eux mais aussi avec les nations belligérantes.

Si l'on considère chacun de ces droits en particulier, l'on voit que l'état de guerre peut les restreindre dans leur application, mais non les violer dans leur essence. Mais, avant d'entrer dans l'étude de ces droits, il convient de noter que l'application de ces principes doit s'étendre aux parties durant les guerres civiles. Dès que dans un État indépendant, les liens de la société politique sont rompus et que les relations entre gouvernements et gouvernés sont suspendues, les uns et les autres formant deux partis peuvent être considérés comme deux puissances distinctes, indépendantes de toute autorité étrangère ; les autres nations alors doivent considérer ces partis comme possédant tous les droits concédés aux nations en guerre et doivent rester neutres jusqu'à la fin de la lutte comme s'il s'agissait de deux nations distinctes.

Quoique la reconnaissance de l'égalité des droits entre belligérants, soit la conséquence d'une parfaite neutralité, elle ne comporte pas toutefois la reconnaissance de la souveraineté ou de l'indépendance du parti ou du territoire dissident. Une telle reconnaissance ne peut jamais être présumée, il faudrait qu'elle fût consignée dans une déclaration *ad hoc*, explicite, et concluant à l'intention formelle de reconnaître la légitimité du nouvel État.

Le principe de *non-intervention*, proclamé à notre époque, ne peut être autre que celui de la neutralité prise dans son sens le plus absolu, c'est-à-dire celui d'une abstention complète de tout ce qui touche directement et matériellement à la lutte ou au conflit existant. Mais pour que cette nouvelle dénomination de principe de *non-intervention* soit juste, il faut qu'elle soit vraie, c'est-à-dire que, tandis que l'on proclame une parfaite impartialité à l'égard des combattants, on ne doit pas chercher à exercer une pression sur l'un d'eux, ni faciliter subrepticement des secours d'ordre matériel ou moral à l'une des parties au préjudice de l'autre.

Quand le principe que l'on qualifie *non-intervention* n'est pas mis en pratique d'une manière équitable, il est profondément immoral parce qu'il n'a ni le mérite de la franchise ni celui de l'audace.

CHAPITRE V

INVIOLABILITÉ DU TERRITOIRE ET DROIT D'ASILE.
PREMIER DROIT DES NEUTRES.

SOMMAIRE. — Neutralité du territoire par rapport aux belligérants, au passage et à l'occupation. — Application différente de ce principe aux eaux territoriales. — Raisons de cette différence. — L'asile constitue un droit et non un devoir. — Conditions d'admission des belligérants dans les ports neutres. — Prohibition de la sortie simultanée des belligérants .— Asile ou refuge donné à des ennemis.

Le droit primitif établit, et le droit secondaire admet après lui, que toute nation constituée en état indépendant doit posséder un territoire sur lequel elle exerce un droit de propriété et de domaine absolu.

De ce droit de propriété absolue il résulte qu'à l'instar de ce qui se passe en temps de paix où le territoire de la nation indépendante est exempt de toute juridiction ou de tout acte de souveraineté étrangère, en temps de guerre, le territoire d'une nation neutre est inviolable, c'est-à-dire non susceptible d'être occupé, envahi ou utilisé directement ou indirectement par les belligérants pour passer ou pour pratiquer des actes d'hostilité entre eux, ou encore pour poursuivre l'adversaire qui s'y est réfugié ; la nation neutre peut, par conséquent, non seulement interdire le passage sur son territoire, mais encore empêcher par la force toute tentative de s'y introduire.

L'inviolabilité du territoire d'une nation constitue donc un *droit* corrélatif au *devoir* des belligérants de ne pas troubler la tranquillité des neutres ; mais, en outre, cette inviolabilité a pour fondement et pour raison d'être, non seulement l'immunité dont le neutre doit jouir, parce qu'il est étranger à la guerre, mais encore le devoir d'impartialité auquel il est tenu vis-à-vis des belligérants ; si le passage ou l'occupation par des forces belligérantes était autorisé. Quoique cette concession fût faite également aux deux parties, il se pourrait, en bien des cas, qu'il en ressortît un avantage pour l'une d'elles, ce qui serait contraire à l'impartialité avec laquelle doit agir le neutre.

A ce point de vue, on peut dire que le droit d'inviolabilité territoriale entraîne le devoir de *neutralisation absolue du territoire*, c'est-à-dire que la jouissance de cette immunité ne doit pas, par ses effets, porter préjudice à l'action des belligérants.

L'immunité territoriale est l'une des prérogatives les plus importantes de l'indépendance d'une nation aussi bien en temps de paix que durant la période de neutralité.

Fondée sur les droits et devoirs réciproques qui règlent la conduite mutuelle des nations civilisées, l'immunité établit et sanctionne comme un devoir, pendant la paix, le respect pour le territoire indépendant ; pendant la guerre, elle sanctionne comme un devoir le respect du territoire neutre. Mais, en compensation, elle garantit les nations aux prises avec une guerre extérieure ou avec un mouvement politique, de tout acte hostile ou contraire à leur sécurité, du côté du territoire étranger qui, conservant son indépendance sera ou neutre pendant la guerre, ou désintéressé dans les luttes intestines de ces nations.

Ainsi, quand par le fait des hostilités, une armée ou une force quelconque des belligérants, cherchant à se dérober à la poursuite de l'ennemi, se jette sur le territoire d'une nation neutre, les individus qui composent cette armée y sont reçus ; mais ils cessent dès lors d'être des instruments de guerre et doivent déposer les armes en passant la frontière. Ils sont considérés comme des individus inoffensifs, sujets d'une nation qui, malgré son état de guerre, est en relations pacifiques avec la puissance neutre qui les accueille, mais cette puissance doit inutiliser leurs forces et leur interdire de sortir de son territoire pour recommencer la lutte.

Il se produit alors ce double résultat : d'une part, l'indépendance et l'immunité territoriale autorisent le droit d'admission ; mais, d'autre part, la condition de neutralité impose le devoir d'interdire toute nouvelle agression de la part de ceux qui ont reçu asile sur le territoire.

Si la neutralité établit une ligne de conduite qui sauvegarde les privilèges des États ou des partis reconnus comme belligérants, les règles internationales sont plus restreintes pour les réfugiés politiques qui ne peuvent être ainsi qualifiés.

De là, cette conséquence que si par suite non d'une guerre publique, mais d'une sédition ou d'une révolte au sein d'un État, des insurgés cherchent à passer sur le territoire d'un État limitrophe, il leur est accordé refuge, mais seulement comme à des émigrés et non comme à des belligérants ; en effet, là où il n'y a pas guerre publique, il n'y a pas de belligérants reconnus ; il n'y a pas à proprement parler de neutres, il n'y a pas de devoirs ni de droits respectifs des neutres. Il ne faut considérer alors que les mesures prises entre États et gouvernements qui respectent mutuellement leur indépendance et leurs privilèges.

Une nation qui accueille des individus placés dans des conditions semblables et cherchant un refuge, les considère simplement comme des étrangers qui, atteignant le territoire d'une nation amie, ne peuvent être exclus des lois de l'hospitalité ; elle ne fait aucune distinction, parce que leur criminalité purement politique et locale ne relève pas de la législation étrangère et ne peut donner lieu à l'extradition de ceux qui y sont impliqués. Mais il va sans dire que si la poursuite, par l'effet de la loi locale s'est arrêtée à la frontière, on ne doit pas abuser du droit de refuge qui y commence.

Le droit de propriété territoriale s'étendant aux ports et aux mers internes, garantit à toute nation indépendante et neutre l'inviolabilité et l'immunité de ces portions de son domaine. Toutefois, si une rigoureuse application des principes peut conduire à établir des procédés identiques, en ce qui concerne le passage, l'entrée ou le séjour des belligérants dans les eaux territoriales d'une nation neutre, il faut aussi prendre en considération les différences qu'entraîne l'application de ces principes à la guerre maritime : différences fondées sur le principe d'exterritorialité, sur les nécessités de la navigation et sur les conséquences du libre usage de la mer.

Dans la guerre continentale, le passage des troupes par le territoire neutre n'est pas sans inconvénient dès qu'il ne peut pas être concédé à l'un des belligérants sans l'être à l'autre ; et s'il est accordé à l'un et à l'autre, il peut encore être un acte contraire à l'impartialité. Au contraire, dans la guerre maritime, une armée navale faisant usage de la liberté des mers peut passer sur les eaux territoriales sans pour cela causer le moindre préjudice à l'État neutre qui y exerce un simple droit de juridiction et de vigilance. Interdire ce passage inoffensif et résultant du libre usage de la mer, correspondrait presque à interdire directement cet usage et nous savons qu'il est de droit commun pour toutes les nations. Si nous parlons, non plus du passage dans les eaux territoriales où s'exerce un droit de juridiction, mais de l'entrée dans les ports où le droit de propriété est exercé dans sa plénitude, les nations neutres ont le droit d'autoriser le mouillage des navires de guerre belligérants en s'appuyant sur les mêmes raisons et principes qui ont cours en temps de paix ; cette concession faite avec impartialité n'a rien qui viole la neutralité ; elle ne favorise pas, en effet, l'un plus que l'autre ; on a seulement en vue de ne pas mettre obstacle aux nécessités de la navigation qui rendent indispensables l'approvisionnement et la réparation des avaries, opérations sans lesquelles les navires ne pourraient entreprendre de longs voyages ni donner suite à leur commission.

Or, être neutre, c'est s'abstenir d'aider l'un ou l'autre belligérant, mais cette abstention ne doit pas aller jusqu'à interdire aux belligérants l'usage de la mer et l'accomplissement d'opérations que le droit de guerre leur confère.

Aussi, l'application des principes est-elle bien différente quand il s'agit d'une guerre continentale ou d'une guerre maritime ; dans le premier cas, les troupes entrées sur un territoire neutre, sont désarmées ; dans le second, elles demeurent maîtresses d'elles-mêmes.

Cette manière différente de procéder peut être regardée comme une conséquence de l'immunité du pavillon et du principe d'exterritorialité qui permettent de considérer le navire de guerre comme une partie du territoire de sa nation. Et si cette raison ne suffisait pas pour justifier la différence que nous indiquons, les conditions si diverses de la vie maritime et les exigences de la navigation l'expliqueraient.

Cette faculté, ce droit que toute nation indépendante et neutre possède de concéder impartialement l'entrée dans ses ports, facilitant ou modifiant l'usage de ces refuges, est ce qui constitue le *droit d'asile.*

La concession de l'asile est par conséquent une faculté et non une obligation. C'est un droit et non un devoir.

User du droit de propriété territoriale pour ne pas concéder l'asile, rentre bien dans la prérogative du neutre, mais n'est pas un procédé d'ami.

User de ce même droit en concédant l'asile, est aussi un procédé de neutre, mais plus noble et plus généreux, marqué au coin d'une amitié impartiale pour les belligérants, en dépit des risques de conflit et de compromissions dont le neutre prend naturellement la nouvelle responsabilité.

Effectivement, l'État neutre qui concède l'asile dans ses

ports, assume une responsabilité qui lui impose de nouveaux devoirs ; il se peut, par exemple, que dans ses eaux territoriales ou dans ses ports, des forces navales ennemies viennent à se rencontrer.

Il est vrai que lorsque les belligérants se trouvent en présence dans les eaux neutres, leur caractère d'ennemis doit cesser temporairement quant à ses effets immédiats ; si le droit de guerre peut être exercé dans les eaux particulières d'un État ou dans celles de son adversaire ou sur la haute mer, ce droit ne peut appartenir en propriété à aucune nation.

Conformément à ces principes, généralement admis par les plus éminents publicistes, adoptés par la pratique commune et sanctionnés par de nombreuses conventions internationales, lorsque les belligérants profitent de la concession d'asile, ils ont le devoir strict de respecter le droit du neutre qui concède cet asile ; celui-ci a, dès lors, le devoir, non seulement de rendre sa concession impartiale, mais aussi de faire respecter l'immunité de ses eaux en s'interposant, dans les eaux qui lui sont soumises, pour empêcher, par tous les moyens et même par la force, le moindre acte d'agression mutuelle entre les belligérants.

La délimitation des eaux dites territoriales peut être jusqu'à un certain point douteuse quand elle se rapporte aux eaux qui baignent une côte inhabitée et sans indice d'occupation de la part de la souveraineté à laquelle elle appartient. Dans ce cas, on ne pourra pas toujours agir en pratique avec une précision rigoureuse ; cela ferait, peut-être, perdre une occasion favorable de commencer le combat si l'on rencontrait l'ennemi dans ces parages. Et ce qui permet d'accepter sans trop de scrupule cette infraction aux règles indiquées plus haut, c'est l'idée que l'on saisit là une opportunité qui ne lèse en rien le domaine du neutre. Toutefois, ce sont les circonstances qui devront décider en de semblables éventualités ; quoique, en principe, les règles de droit ne soient pas détruites par certaines exceptions, il ne faut jamais admettre facilement des raisons qui peuvent donner à la force une prépondérance sur le droit.

Mais tout doute disparaît, et la violation des eaux territoriales neutres devient manifeste, quand un belligérant accomplit des hostilités contre son ennemi à l'intérieur des ports ou des baies où la propriété des eaux neutres est évidente ; alors ce n'est plus un droit, mais un devoir pour le neutre, maître de ces eaux, d'employer la force contre l'agresseur qui viole l'asile ; au cas où le neutre ne dispose pas de forces suffisantes, il doit protester énergiquement contre une infraction dont l'illégalité est d'autant plus grande qu'elle ne peut être matériellement empêchée.

L'illégalité des actes d'hostilité pratiqués dans les eaux d'une puissance neutre entraîne, comme conséquence, l'illégalité des prises opérées dans les limites de ces eaux. Quant une semblable violation a été commise par l'un des belligérants, il est du devoir du neutre d'exiger la remise de la prise pour la restituer au propriétaire primitif. En tous cas, cette remise sera faite seulement sur la réclamation du gouvernement neutre dans les eaux duquel l'acte illégal de prise aura été commis. La raison en est que le neutre seul a été offensé par cet acte et que, par conséquent, c'est à lui seul et non au capturé qu'il appartient de réclamer.

Remarquons qu'en procédant ainsi, l'État neutre ne se constitue pas juge de la validité ou de la nullité de la prise, cette question reste entière ; on ne considère, à ce moment, que l'illégitimité de l'acte d'hostilité commis dans des eaux neutres ; c'est pourquoi l'État neutre, maintenant son droit, recourt à la réclamation diplomatique au cas où la prise illégalement faite a été convoyée hors des limites de sa juridiction. Mais si la prise se trouve dans ses eaux, il en prend possession et procède directement à la restitution sans s'attarder à une discussion intempestive sur la nullité ou la validité de la prise.

Un État neutre ne peut s'ingérer dans les résultats des actes de guerre, ni s'opposer à ces actes quand ils sont pratiqués en haute mer. La prise est un acte de guerre relevant de la souveraineté du belligérant ; c'est pourquoi le droit d'asile peut être concédé sans rupture de neutralité tant aux prises faites en haute mer qu'aux belligérants qui les amènent. Le neutre, dans ce cas, n'a pas à considérer si la prise est valable ou nulle ; dès que la prise porte à son mât le pavillon de celui qui l'a saisie, on doit la considérer comme sa propriété provisoire et, à ce titre, elle a droit à la même hospitalité que lui. L'État neutre ne peut cependant pas consentir à ce que les prises soient jugées ou vendues dans ses ports ; cela équivaudrait à prêter son territoire pour favoriser les actes de guerre d'un des belligérants.

Il faut observer, toutefois, que l'État neutre, ayant le droit absolu de concéder ou de refuser l'asile dans ses ports, peut étendre ou modifier cette concession selon qu'il le juge plus convenable pour ses intérêts ou sa tranquillité, et comme l'admission des prises peut soulever des questions et des difficultés qui jettent la nation neutre dans les embarras imséparables de la guerre, il arrive souvent que les neutres refusent l'asile aux prises ou le soumettent à des conditions déterminées. Il y a cependant exception dans les cas de relâche forcée ; avant tout, l'on doit obéir aux règles que l'humanité impose comme un devoir et l'asile ne peut être refusé.

Les dispositions législatives touchant le droit d'asile peuvent varier selon les États.

Ainsi, à l'occasion des grandes guerres qui ont marqué le commencement de ce siècle, la législation portugaise refusait l'asile aux corsaires et aux prises. C'était une exclusion exceptionnelle ; généralement les nations maritimes ne l'établissent pas, considérant que cette sévérité pourrait produire des effets contraires, en rendant plus pénibles pour les capturés les rigueurs de la guerre. La certitude, en effet, pour les corsaires, de ne pas rencontrer de ports neutres où ils puissent se réfugier, peut donner lieu à des mesures de précaution et de vigilance de leur part et faciliter de nouvelles entreprises qui aggravent la condition de l'équipage prisonnier.

Quoique la pratique, suivie presque généralement de nos jours par les nations neutres, ait été la concession pleine et entière de l'asile, on a vu, durant la grande guerre civile des États-Unis d'Amérique, la France et l'Angleterre en présence des violences des deux partis, limiter cette concession au simple refuge temporaire, tant pour les fédéraux que pour les confédérés [1]. D'autres nations ont concédé l'asile aux fédéraux seulement, à titre d'État reconnu et le simple refuge aux confédérés, qui n'avaient pas caractère de nationalité, plaçant ainsi les droits de belligérants de ces derniers dans des conditions d'infériorité.

Le résultat, comme on le sait, fut un immense désastre pour la propriété ; et l'on connaît les faits de guerre de l'« Alabama », du « Sumter » et d'autres croiseurs audacieux.

Le droit qu'a le neutre de concéder ou de refuser l'asile empêche l'uniformité des conditions d'admission des navires belligérants. Mais il n'en est pas de même pour les conditions de séjour dans les ports ; elles ont un caractère constant de règles internationales.

Ces règles tendent à empêcher les conflits qui pourraient avoir lieu dans les eaux et les ports neutres, quand les belligérants ennemis s'y rencontrent et à éviter que la concession du droit d'asile vienne annuler ou affecter le caractère d'impartialité que réclame la neutralité.

Les règles généralement admises à ce sujet par le droit coutumier et que l'on peut considérer comme internationales sont les suivantes :

---

[1] V. Appendice V et VI.

1° Les belligérants doivent se conduire pacifiquement dans les eaux neutres, en s'abstenant de toute agression ou hostilité contre l'ennemi qu'ils rencontrent dans les mêmes eaux. Le neutre, qui a concédé l'asile, a l'obligation d'en rendre la jouissance effective et sûre, et il doit empêcher, fût-ce par la force, tout acte de guerre entre les belligérants.

2° Les belligérants ne doivent pas profiter de la concession d'asile dans les ports neutres pour y renforcer leurs équipages ou augmenter leur armement, à moins qu'ils ne reçoivent ces secours d'autres navires de guerre de leur nation. Quant à l'augmentation de l'équipage, on peut l'admettre exceptionnellement si le personnel est réduit au point d'être insuffisant pour manœuvrer le navire quand il devra sortir du port.

3° Les belligérants ne peuvent pas profiter des eaux neutres pour diriger, de là, des attaques contre leur ennemi, en attendant l'occasion favorable pour aller l'assaillir et le poursuivre hors des eaux territoriales ou en envoyant contre lui des embarcations armées ; ce serait mettre à profit le territoire neutre pour un but hostile. Le neutre a, en conséquence, l'obligation de s'opposer à tout système de surprise et d'embuscade tendant à faire de l'asile dans son port un moyen, pour le belligérant, de léser son adversaire.

4° Les navires ennemis ne peuvent sortir d'un port neutre simultanément ou immédiatement à la suite l'un de l'autre. Le neutre est obligé de rendre effectif par les intimations et au besoin par la force, l'accomplissement strict de cette prescription.

Si la sortie simultanée des belligérants était permise, la concession de l'asile deviendrait une véritable embûche pour l'adversaire le moins fort. En effet, il suffirait de saisir l'occasion du départ d'un belligérant dont l'attitude était inoffensive dans le port neutre, pour le poursuivre et l'attaquer dès qu'il aurait passé la ligne de respect. Ce serait le guet-apens. Cette règle importante serait vague si l'usage international ne l'avait pas fixée en précisant le délai qui doit s'écouler entre le départ de l'un et l'autre ennemi.

La durée de vingt-quatre heures est acceptée comme règle internationale, même par les États qui ne l'ont pas consignée dans des conventions spéciales. Ce délai est suffisant pour que le navire sorti le premier se trouve en sûreté contre l'attaque de celui qui voudrait le poursuivre. Le but ne serait cependant pas atteint si le premier sorti se trouvait encore en vue après vingt-quatre heures, retenu par des calmes ou des vents contraires.

Dans ce cas, le navire qui doit sortir le second, sera retenu jusqu'à ce que le premier ait été perdu de vue.

La question de la priorité pour la sortie est fort importante ; le navire inférieur en forces a, en effet, tout intérêt à éviter un combat défavorable et vingt-quatre heures d'avance sur son adversaire sont d'un grand avantage pour s'y soustraire.

L'usage adopté est que le navire belligérant entré le premier dans le port neutre, a le droit de sortir le premier. Toutefois, si ce droit de priorité n'était pas limité, il en résulterait que la présence d'un seul navire belligérant pourrait mettre obstacle à la sortie d'une escadre ennemie et annuler indéfiniment l'action de celle-ci.

Pour éviter cet abus, il est convenu que si le belligérant entré le premier, ne se dispose pas à sortir en profitant de son droit de priorité, celui qui est entré après lui et qui veut lever l'ancre doit en donner avis vingt-quatre heures d'avance à l'autorité locale. Celle-ci prévient le navire entré le premier pour qu'il puisse user de son droit de priorité ; s'il n'en profite pas, l'adversaire peut appareiller dans les vingt-quatre heures qui suivent. Si de son côté cet adversaire ne sort pas non plus, il doit renouveler sa notification et attendre un nouveau délai de vingt-quatre heures. Ce délai se compte, non du moment de la notification faite au commandant, mais de l'heure à laquelle on a appareillé.

Toutes ces règles de conduite et conditions de séjour des navires de guerre belligérants admis dans les ports neutres sont obligatoires. S'y soustraire serait une violation du droit international, un affront à la souveraineté neutre qui a concédé l'asile et à qui resterait, en ce cas, le droit et le devoir d'employer la force contre l'offenseur. Par conséquent, le belligérant qui voudrait sortir d'un port neutre pour poursuivre sans délai son ennemi sortant également, peut en être empêché par le feu de l'artillerie et être coulé bas s'il s'obstine dans sa marche.

Le gouvernement neutre qui ne recourt pas à ces moyens ou qui, ne les ayant pas en son pouvoir, ne proteste pas solennellement et n'adresse pas d'énergiques réclamations au gouvernement du belligérant offenseur commet une faute ; et l'autre belligérant qui n'a pas rencontré dans l'asile la garantie et la sécurité qu'il attendait et que le neutre n'a pas su ou n'a pas voulu rendre efficaces, peut exiger une satisfaction.

Un exemple qui met en relief cette doctrine, avec la pratique correspondante, et qui démontre le scrupule avec lequel on doit procéder dans ces circonstances, est le cas qui se présenta en septembre 1814 lors de la guerre entre l'Angleterre et les États-Unis. Le brick corsaire américain « *général Armstrong* », était mouillé dans le port de Fayal lorsque parut une division anglaise de trois navires sous le commandement du commodore Llyod. La nuit suivante, une chaloupe anglaise allant reconnaître le corsaire fut, d'après la version anglaise, reçue à coups de fusil et eut quelques hommes tués ; d'après la version américaine, le corsaire, craignant une attaque, alla se placer près de la batterie de terre et essuya là le feu de l'un des navires anglais ; l'équipage abandonna alors son bâtiment et l'incendia. En raison de ces faits, le gouvernement américain, en 1850, réclama une indemnité du gouvernement portugais pour la valeur du corsaire, en s'appuyant sur ce que ce gouvernement n'était pas intervenu en faveur du corsaire

dans ses eaux neutres, où la concession de l'asile donnait
au navire américain le droit d'être protégé.

L'affaire transportée dans le champ de la diplomatie ne
reçut sa solution qu'en février 1851. La difficulté fut alors
soumise, d'un commun accord, à l'arbitrage du prince
Napoléon, Président de la République française. L'arbitre,
considérant que l'insuffisance des batteries de terre ne permettait qu'une intervention pacifique, décida que l'indemnité n'était pas due, parce que le corsaire n'avait pas recouru dès le principe à cette intervention, mais, bien plutôt,
avant d'y faire appel, employé la force et fait couler le
sang pour repousser une agression *injuste*, à la vérité. Il
ajoutait que le corsaire, lui aussi, avait méconnu et offensé
la souveraineté neutre dans les eaux de laquelle il se trouvait et que, par conséquent, celle-ci s'était trouvée déliée
de l'obligation de le protéger par tous autres moyens
qu'une intervention pacifique [1].

Un autre exemple de manque de respect pour l'immunité des eaux neutres et des conséquences qu'il entraîne,
est celui du combat qui eut lieu sur les côtes de l'Algarve,
en 1759, entre les forces de l'amiral anglais Boscawen et les
navires français de La Clue. Le combat avait commencé
en vue des côtes ; La Clue dut céder à la supériorité de
l'ennemi et battit en retraite dans les eaux territoriales,
où quatre de ses navires s'échouèrent entre Sagres et
Lagos ; mais les Anglais poursuivirent la lutte, capturèrent
deux navires français et incendièrent les deux autres en
dépit des feux des batteries de terre qui cherchaient à les
en empêcher.

Le gouvernement portugais, neutre, voyant l'immunité
de ses eaux offensée, réclama, comme il le devait, satisfaction auprès du gouvernement anglais ; s'il n'avait pas agi
ainsi, il aurait dû subir les réclamations du gouvernement
français pour avoir manqué à son devoir. La mission spé-

[1] V. appendice, VII.

ciale de lord Kinnoult à Lisbonne, eut pour objet de donner la satisfaction demandée ; mais l'Angleterre se borna à cet acte et ne donna pas plus ample réparation ; et quand la France, quatre ans plus tard (1762), déclara la guerre au Portugal, elle fit mention de cette circonstance parmi les motifs qu'elle alléguait, en déclarant l'offense mal réparée [1].

Il n'est pas inutile de remarquer que quelques publicistes plus spéculatifs que positifs ont cherché à établir comme discutable le cas du combat commencé hors des eaux territoriales neutres et poursuivi sans interruption à l'intérieur de ces eaux ; ils ne trouvent pas de motif pour s'opposer à l'acte d'hostilité ainsi pratiqué *dum fervet opus*. D'autres, plus sérieux, sont d'accord pour dire qu'il n'y a pas d'exception à la règle qui regarde comme illégal tout acte d'hostilité sur territoire neutre. La pratique, mise en harmonie avec le droit, ne peut être différente.

L'étude que nous avons faite des situations diverses créées par la concession de l'asile aux belligérants dans les mers neutres, nous oblige à dire un mot du cas de relâche forcée, d'échouement ou de naufrage sur le littoral d'un ennemi, et à voir si, dans ces conditions, le droit de la guerre, autorisant la prise et le séquestre doit prévaloir sur le devoir de l'humanité qui réclame la concession du refuge.

C'est là une question à laquelle des solutions différentes peuvent être données selon que l'on veut appliquer plus ou moins rigoureusement ce que le droit justifie ou ce que la générosité conseille.

Aussi, dans des cas semblables où le droit de guerre autorise une manière d'agir et où la magnanimité en indique une autre, la conduite à suivre sera celle dictée par l'un des deux sentiments qui dominera l'intéressé. Mais il n'est pas douteux que souvent une nation grandit moralement et

[1] V. appendice, VIII.

gagne par la générosité de ses actes plus qu'elle ne pourrait obtenir matériellement par l'application rigoureuse de certains principes.

CHAPITRE VI

DE LA LIBERTÉ DU COMMERCE DES NEUTRES ENTRE EUX ET AVEC LES BELLIGÉRANTS. DEUXIÈME DROIT DES NEUTRES.

SOMMAIRE. — Conflit entre les droits des neutres et des belligérants en ce qui concerne la saisie de la propriété sur mer. — Le pavillon neutre couvre-t-il la marchandise ennemie et le pavillon ennemi rend-il ennemie la cargaison neutre ? — Difficulté de résoudre cette question par le droit primitif seul. — Opinions des publicistes et recours au droit coutumier et conventionnel. — Doctrine du Consulat de la Mer. — Ordonnances de Louis XIV. — Le droit conventionnel est en faveur du principe : *navire libre, marchandise libre.* — Neutralités armées ; leurs causes et leurs effets. — Influence des intérêts politiques sur les questions relatives aux droits des neutres. Conventions maritimes de 1801 et de 1807 et droit conventionnel après le congrès de Vienne (1815) en faveur de la doctrine que la cargaison suit le sort du pavillon. — Déclaration des représentants des grandes Puissances au congrès de Paris en 1856, établissant que le pavillon neutre couvre la marchandise ennemie et que le pavillon ennemi ne confisque pas la cargaison neutre. — La liberté du commerce des neutres devenue règle internationale.

Dès que deux ou plusieurs nations entrent en lutte, chacune d'elles a le droit de saisir sur mer la propriété et d'entraver le commerce de son ennemi.

Ce droit que l'état de guerre donne au belligérant permet à celui-ci :

1° D'interdire à ses sujets tout commerce avec la nation avec laquelle il est en guerre ;

2° De prohiber, en général, tout commerce avec les pays occupés par lui ou soumis à sa domination ;

3° De prohiber, en général, tout commerce avec les ports

devant lesquels il a établi le blocus ou dont il a occupé le littoral.

Mais les nations qui, par le fait qu'elles sont neutres, sont étrangères à la guerre, demeurent en paix non seulement entre elles, mais aussi avec les belligérants; elles ne peuvent, par conséquent, être empêchées de cultiver leurs relations d'amitié; d'où il résulte qu'elles sont en droit de maintenir leurs rapports commerciaux avec les belligérants. C'est le fondement du droit qui appartient aux neutres de commercer librement avec les nations en guerre.

Ce principe établi, une nation belligérante, devant respecter les droits des neutres, ne peut :

1° Interdire aux neutres de commercer entre eux ;

2° Interdire aux neutres de commercer avec le belligérant son ennemi quand, dans ce fait, il n'y a pas violation de la neutralité.

Or, le commerce des neutres entre eux et avec les belligérants peut s'effectuer pratiquement de trois manière différentes :

1° Le navire et la cargaison peuvent appartenir au neutre ;

2° Le navire peut appartenir à un belligérant et la cargaison à un neutre ;

3° Le navire peut être neutre et la cargaison appartenir à un belligérant.

Dans la première hypothèse la condition neutre étant identique pour le navire et la cargaison, tout motif de conflit est supprimé, excepté dans le cas de contrebande de guerre. Mais c'est là une situation spéciale, comme on le verra, qui ressort de la qualité de la cargaison et non de sa condition de propriété neutre ou ennemie.

Dans les deux autres hypothèses, où, en ce qui concerne le navire et la cargaison, les deux natures, neutre et ennemie, sont réunies, il y a possibilité de conflits : le droit du belligérant de saisir la propriété ennemie, et le droit du neutre de faire de cette propriété ennemie l'objet de son trafic et de commercer avec les nations belligérantes, se trouvent en présence, par le fait que le neutre se trouve en paix avec les belligérants.

A première vue, il y a là deux principes opposés, le droit de guerre qui favorise la prise par le belligérant, et le droit résultant des relations pacifiques qui favorise l'immunité du neutre.

Lequel de ces deux droits doit prévaloir ?

La solution du problème dépend des questions suivantes :

1° Le pavillon neutre couvre-t-il la marchandise ?

2° Le pavillon ennemi rend-il ennemie la cargaison neutre ?

Question fort complexe que les intérêts et la conduite des nations maritimes ont souvent résolue différemment, et que la difficulté de mettre d'accord ces intérêts et cette conduite, ont fait souvent juger bien diversement par les publicistes.

Ceux qui ont prétendu discuter et résoudre la question en s'appuyant sur les simples règles et théories du droit naturel ou primitif, ont pris pour point de départ la nature hostile ou non hostile de l'objet; ils ont fait dépendre la prise ou la liberté, de la qualification de *Res hostium* ou *Res amicorum*, en déclarant la première sujette à la prise et la seconde libre.

Ceux qui prenaient pour base de leurs appréciations les différentes spéculations sur l'indépendance des nations, l'immunité des neutres, les traditions et les convenances générales du commerce, toujours diverses et souvent opposées, en jugeaient différemment.

Les uns émettaient l'opinion que le pavillon ennemi, autorisant la prise du navire, n'affectait pas la propriété neutre trouvée à bord, c'est-à-dire que *le pavillon ennemi ne rendait pas ennemie la cargaison neutre ;* d'autres étaient d'avis que les neutres, chargeant leurs marchandises sur des navires belligérants assujettissaient la cargaison au sort du navire, c'est-à-dire que *le pavillon ennemi rendait ennemie la cargaison neutre.*

Relativement aux navires neutres portant une cargaison

ennemie, il y avait aussi divergence d'opinions. Les uns
considéraient que l'immunité du navire entraînait la neutralisation de la cargaison ennemie, c'est-à-dire, que le
pavillon couvre la marchandise ; d'autres, partant du point
de vue restreint du *Res hostium, Res amicorum*, préféraient
admettre que le pavillon neutre ne couvrait pas la marchandise ; ils en venaient même à produire des arguments
tendant à la prise du navire neutre lui-même quand il porte
des marchandises ennemies, c'est-à-dire que *le bien d'ennemi confisque le bien d'ami.*

Dès que les simples indications du droit naturel ou les
spéculations de la théorie ne produisaient pas une solution
uniforme, capable de concilier des interprétations si différentes, et de satisfaire des intérêts si divers, cette solution
ne pouvait se rencontrer que dans le droit secondaire,
sanctionné par la coutume la plus généralement suivie, ou
même consigné par les progrès successifs du droit conventionnel.

On avait la doctrine du droit coutumier dans le *Consulat
de la Mer*, le premier code international des nations maritimes de la Méditerranée et qui régla ces questions du
xıv^e au xvıı^e siècle.

Le *Consulat de la Mer* considérait les objets qui constituent en mer la propriété privée, comme pouvant être de
trois natures différentes, à savoir ;

L'objet qui transporte ;

L'objet transporté ;

Et le prix du transport.

C'est-à-dire, le navire, la cargaison et le fret ; et partant
du principe du droit primitif et de la qualification de *Res
hostium, Res amicorum*, il plaçait ces trois espèces de propriété sous la sauvegarde de la coutume, pourvu, toutefois,
qu'elles appartinssent à des amis (la qualification de neutre
n'était pas encore employée dans le langage du droit maritime). Et d'accord avec ces principes, il établissait la doctrine suivante :

La cargaison ennemie sur navire ami pouvait être saisie, mais non le navire. Dans ce cas, le capitaine du navire était indemnisé du fret.

La cargaison amie sur navire ennemi n'était pas saisie (mais le navire l'était). Dans ce cas, le saisissant conduisait le navire dans un de ses ports et recevait le fret de la marchandise qu'il remettait.

La règle du Consulat de la mer équivalait, on le voit, à celle que l'on formule de la manière suivante : *le pavillon neutre ne couvre pas la marchandise ennemie et le pavillon ennemi ne confisque pas la marchandise neutre.*

La doctrine du Consulat de la mer a réglé la procédure des guerres maritimes jusqu'au milieu du xviie siècle ; puis quand le commerce, par son développement, prit un nouveau caractère de réciprocité et d'activité, on reconnut l'utilité de modifier cette doctrine, en renfermant le droit de capture ou d'immunité dans une autre formule et en l'entourant de règles qui fûssent plus facilement applicables dans la pratique. Il résulta de ce besoin que non seulement les ordonnances de différentes nations, mais aussi le droit conventionnel vinrent successivement introduire des modifications à la règle du Consulat de la mer.

Le premier exemple de ces modifications remonte à la convention de 1604, entre Henri IV de France et la Sublime-Porte. Il y était établi que le pavillon français protégerait contre la prise des navires de guerre ottomans les marchandises de propriété ennemie de la Porte. Cet accord servit de base à différents traités entre la Turquie et d'autres nations maritimes, et entre ces nations et les États barbaresques qui adoptèrent le principe : *navire libre, marchandise libre,* c'est-à-dire *le pavillon couvre la marchandise.*

Les traités de Westphalie en 1648, ayant pour objet principal de résoudre des questions de politique et de limites territoriales à la suite de la guerre de Trente ans, ne stipulèrent rien sur les règles du droit maritime, de sorte que pendant le xviie siècle et jusqu'à la paix d'Utrecht, le droit conventionnel entre les différentes nations maritimes fut le dépositaire de la doctrine de la liberté de la marchandise sous pavillon libre. Nous citerons les traités que l'Angleterre conclut sous la domination de Cromwel avec le Portugal, en 1654 ; avec la France, en 1677 ; et avec la Hollande, en 1674 et 1688.

Louis XIV, parmi les mesures qu'il prit pour élever la France à la hauteur d'une grande puissance navale, promulgua les célèbres ordonnances de 1681 ; en même temps que de nombreuses dispositions empruntées de longue date au droit coutumier, et des règlements antérieurement adoptés, ces ordonnances consignèrent une doctrine sur les prises plus austère que celle du Consulat de la mer. Tandis qu'elles établissaient, comme le *Consulat*, que la marchandise ennemie était saisissable sur navire neutre, elles réglaient, d'autre part, que par ce seul fait, le navire qui les portait, quoique neutre, devait être saisi et elles formulaient la règle que *le pavillon neutre ne couvrait pas la marchandise*, que *le pavillon ennemi confisquait la marchandise*, et qu'en outre, *la propriété ennemie rendait ennemie la propriété neutre*.

Ces divergences de règles, le manque de généralité dans les traités qui établissaient le principe de *pavillon libre, marchandise libre*, les grandes guerres maritimes des xviie et xviiie siècles, les rivalités entre puissances maritimes contribuèrent à faire varier indéfiniment le droit sur la prise des navires ou de la cargaison, non seulement selon les époques, mais selon les tendances des États en guerre : chacun suivait sa législation ou son système spécial et le modifiait seulement par les restrictions du droit conventionnel.

Ainsi, la France maintint les principes de l'ordonnance de Louis XIV jusqu'en 1744 ; à cette époque, elle rétablit la règle du Consulat de la mer, c'est-à-dire que la marchandise ennemie est saisissable sur navire neutre, sans que le navire soit soumis à la prise.

L'Espagne suivit l'exemple de la France ; les autres États proclamaient à l'ouverture des hostilités, la conduite qu'ils suivraient.

La Prusse maintenait le principe que la cargaison suivait toujours le sort du pavillon.

L'Angleterre adoptait comme règle générale, à l'égard des nations avec lesquelles elle n'avait pas de traité, la doctrine du Consulat de la mer. Bien plus, durant la guerre de Sept ans, de 1756 à 1763, cette puissance proclama et maintint une nouvelle restriction au commerce des neutres en leur interdisant, sous peine de saisie de leurs navires avec leurs cargaisons, tout autre commerce que celui qu'ils faisaient avant la guerre.

Le but que l'Angleterre voulait atteindre en proclamant ce principe, que l'on appela la *Règle de la guerre de Sept ans*, était d'empêcher que les nations coloniales avec lesquelles elle était en guerre pussent maintenir leur commerce avec leurs colonies, en abolissant le droit exclusif de pavillon et en autorisant les navires d'autres États à faire un commerce réservé jusque-là à leurs propres nationaux.

Malgré cette diversité de procédés touchant une question où une règle uniforme présentait tant d'utilité, il y avait déjà au xviie siècle une tendance en faveur du principe qui liait le sort de la cargaison à celui du pavillon. Cette tendance se manifesta davantage encore au cours du xviiie siècle ; non seulement les traités d'Utrecht de 1713, mais aussi de nombreux traités de commerce et de navigation consignèrent la double règle, — *navire libre, marchandise libre,* — *navire ennemi, marchandise ennemie.* Plus tard encore, en 1748, les mêmes dispositions furent insérées dans les traités d'Aix-la-Chapelle.

Au commencement de la guerre des États-Unis d'Amérique, la France devenant l'alliée du nouvel État et prenant part à la guerre par le traité de 1778, introduisit dans ce traité et dans ses ordonnances de marine le même principe et en étendit l'application à tous les États neutres.

La formation sur le continent américain d'un grand État indépendant, soutenant cette doctrine favorable aux neutres, ne fut pas seule à la fortifier. Il faut aussi en attribuer le développement à un évènement presque contemporain de cette guerre qui érigea en système ce qui jusque-là n'avait été que le simple résultat de circonstances accidentelles.

Ce fut la première neutralité armée de 1780 [1]; pacte par lequel, sur l'initiative de la Russie, les nations de la Baltique formèrent une ligue défensive et proclamèrent leur neutralité avec la résolution de maintenir parmi les nations ces principes favorables aux neutres, de les appuyer solidairement par la force et de convier les autres nations à leur donner leur adhésion.

Ce pacte établissait :

Que les navires neutres pourraient commercer librement avec les nations belligérantes ;

Que les marchandises des belligérants seraient libres sur navire neutre, à l'exception de la contrebande de guerre ;

Que la désignation de contrebande de guerre était celle établie dans les traités déjà existants ;

Que le blocus d'un port ne serait valable que lorsqu'il serait maintenu par la présence de navires le rendant effectif.

La circonstance qu'il n'était pas fait mention du sort de la marchandise neutre à bord du navire ennemi confirmait la coutume de lui attribuer le sort du navire ; c'était une concession aux belligérants, en compensation des garanties données aux neutres.

Invitées à adhérer à ces principes, la France, l'Autriche, l'Espagne, Naples, le Portugal et les États-Unis y consen-

---

[1] V. Appendice, IX.

tirent ; l'Angleterre fit une réponse ambiguë et ne voulut jamais se départir de la règle du Consulat de la mer, d'après laquelle le pavillon neutre ne couvrait pas la marchandise ennemie.

Quelques années plus tard, en 1793, éclatait la terrible lutte entre la France et l'Angleterre. On y prit moins garde aux questions de droit maritime et de liberté des neutres qu'aux grands intérêts politiques qui se débattaient. Les nations se considérant comme menacées par les doctrines proclamées par la Révolution française se rangèrent du côté de l'Angleterre, champion de leur indépendance. Les principes de la première neutralité armée, on le comprend, ne furent pas maintenus. Mais, en 1800, les nations du Nord, pour opposer une digue aux vexations dont elles avaient été victimes pendant leur neutralité, renouvelèrent le pacte sous le nom de *seconde neutralité armée*. Elles y reproduisirent les principes de la première et y ajoutèrent l'immunité des navires convoyés par les navires de guerre neutres. L'application de ce nouveau pacte fut de peu de durée. La recrudescence des grandes luttes continentales et les violentes crises que subit la politique générale de l'Europe amenèrent la Russie, non seulement à se désister de son rôle, mais encore à signer avec l'Angleterre la convention de 1801, stipulant que le pavillon ne couvrait pas la marchandise, c'est-à-dire que la liberté du commerce des neutres n'entraînait pas l'immunité des marchandises ennemies à bord des navires neutres.

La Russie s'était déjà déliée de cette convention, quand, en 1807, eut lieu l'attaque de Copenhague et la prise de la flotte danoise par l'Angleterre qui redoutait une troisième neutralité armée. La Russie, alors, revint à ses principes par une déclaration en faveur des neutres ; mais, de son côté, le gouvernement anglais, par une contre-déclaration, proclama de nouveau les principes contraires à ceux de la neutralité armée, en maintenant ceux du Consulat de la mer, pour la partie qui établit que le pavillon ne couvre pas la

marchandise. Telle fut la règle qui prévalut en Angleterre
durant les guerres maritimes que cette puissance soutint
contre la France sous la République et sous Napoléon Ier,
guerres durant lesquelles furent commises, de part et
d'autre, des violences et des excès de pouvoir qui ren-
versèrent tous les préceptes du droit maritime et du droit
des gens.

Enfin, le Congrès de Vienne (1815) assura à l'Europe
une longue période de paix. Les questions de droit maritime que l'on y débattit se rapportèrent seulement à la
traite, et depuis, il ne se présenta pas de guerre maritime
qui put donner l'occasion de soulever des questions relatives au commerce des neutres. Ce ne sont pas les seules
raisons du silence fait alors autour de la neutralité maritime ; le droit conventionnel entre nations établit peu à
peu et sans secousse le principe que le pavillon neutre
couvre la marchandise. Malgré les réserves expresses dont
cette adoption était accompagnée en prévision de quelque
guerre avec les États qui n'avaient pas reconnu ce principe,
il est certain que la tendance des neutres paraissait se
limiter à la généralisation d'une règle établissant que la
cargaison doit toujours suivre le sort du pavillon sans
qu'il faille s'occuper du sort de la marchandise neutre
sur navire ennemi ; en faisant dépendre la nationalité
de la marchandise de celle du navire, l'inconvénient de la
prise de la propriété neutre pouvait être évité par l'abstention des neutres de charger leurs marchandises sur des
navires belligérants. La visite et la prise se limitaient alors
à la vérification de la nationalité du navire, ce qui était
beaucoup plus facile en pratique que la reconnaissance et
la preuve de la nationalité de la cargaison ; ces réserves
introduites par le droit conventionnel en prévision d'une
guerre avec des États qui ne suivraient pas les mêmes
principes, étaient, disons-le, motivées surtout par l'attitude
constante de la Grande-Bretagne qui, depuis 1807, comme
nous l'avons vu, avait toujours soutenu le principe con-

traire comme étant son droit en même temps qu'une nécessité pour le maintien de sa prépondérance maritime et de ses intérêts commerciaux.

Il y avait donc deux pratiques opposées entre elles, l'une suivie par l'Angleterre, l'autre par la France et la plupart des nations, lorsqu'après une longue période de paix éclata la grande guerre d'Orient en 1854 ; les deux puissances rivales auparavant, firent alors cause commune et leurs flottes durent opérer de concert. Il devenait donc urgent d'en arriver à un accord et de mettre en harmonie les principes.

Dans les échanges de vue qui précédèrent la déclaration de guerre, l'Angleterre et la France s'engagèrent à renoncer au droit de prise de la marchandise ennemie à bord des navires neutres. La Russie et les États-Unis d'Amérique consignèrent les mêmes principes dans un traité et quand vers la fin de la guerre en 1856, les plénipotentiaires des grandes puissances réunies en congrès à Paris établirent une doctrine uniforme sur les points jusque-là en litige, la Grande-Bretagne renonça définitivement à sa règle de prise à condition que les autres puissances accéderaient à la suppression de la course.

Les grandes puissances, par la déclaration finale du 16 avril 1856, publièrent comme un principe international de droit maritime en temps de guerre, outre les propositions relatives à l'abolition de la course, et aux conditions de validité des blocus, celle qui statuait que le pavillon neutre couvre la marchandise à l'exception de la contrebande de guerre et que la marchandise neutre, à l'exception de la contrebande de guerre, n'est pas saisissable sur navire ennemi, ce que l'on exprime par la formule : *le pavillon couvre la marchandise mais ne la confisque pas* [1].

Ces principes, proclamés collectivement, furent acceptés par toutes les nations maritimes, à l'exception des États-

V. Appendice X.

Unis, de l'Espagne et du Mexique; mais les réserves de ces puissances ne signifièrent pas qu'elles ne voulaient pas accéder au principe de la liberté du commerce des neutres, elles eurent seulement pour motif le refus d'accéder à l'ensemble des déclarations, ces trois États n'ayant pas accepté l'abolition de la course.

En jetant un coup d'œil sur les usages internationaux, les précédents historiques et le droit conventionnel, on voit que, selon les différentes époques ou les périodes politiques, c'est sur l'immunité des navires et des cargaisons quand elles appartenaient à des neutres et à des belligérants qu'ont varié le principe et la pratique de la prise. Le résumé suivant fait ressortir les modifications successivement apportées aux principes :

1° *Consulat de la mer* : Marchandise ennemie sur navire neutre *est* saisissable.

Marchandise neutre sur navire ennemi *n'est pas* saisissable, (c'est-à-dire le pavillon ne couvre pas la marchandise et ne la confisque pas).

2° *Ordonnance de 1681* : Marchandise ennemie sur navire neutre *est* saisissable.

Marchandise neutre sur pavillon ennemi *est* saisissable (c'est-à-dire, le pavillon ne couvre pas la marchandise et la confisque; ou propriété ennemie rend ennemie la propriété neutre).

3° *Droit conventionnel et Ordonnance de 1778*. Marchandise ennemie sur navire neutre *n'est pas* saisissable.

Marchandise neutre sur navire ennemi *est* saisissable (c'est-à-dire, le pavillon neutre couvre la marchandise et le pavillon ennemi la confisque, ou navire libre, marchandise libre, navire ennemi, marchandise ennemie.

4° *Déclaration du Congrès de Paris 1856*.

Marchandise ennemie sur navire neutre *n'est pas* saisissable.

Marchandise neutre sur navire ennemi *n'est pas* saisissable (c'est-à-dire le pavillon couvre la marchandise, mais ne la confisque pas).

Cette dernière formule, devenue aujourd'hui la règle commune et conventionnelle du droit maritime international, fixe le droit universel, puisqu'il y a accord de toutes les nations maritimes sur ce point.

Les neutres sont ainsi garantis dans leur pleine liberté de commercer, tant sous leur propre pavillon lorsqu'ils conduisent des marchandises ennemies, que sous le pavillon du belligérant lorsque celui-ci transporte des marchandises neutres. Le principe qui affirme la pleine liberté du commerce des neutres, étant un principe général de droit international, ne peut souffrir de restriction qu'en présence des devoirs imposés par la neutralité ; tels sont ceux qui prohibent la contrebande de guerre et la violation des blocus.

Mais ces restrictions n'affectent pas la liberté du commerce quand il est licite et exercé par des neutres qui respectent les droits les belligérants. Ce sera donc une garantie de plus du respect que des belligérants devront, à leur tour, aux droits des neutres dans les guerres maritimes.

CHAPITRE VII

DE LA CONTREBANDE DE GUERRE

1re RESTRICTION A LA LIBERTÉ DU COMMERCE DES NEUTRES.

SOMMAIRE. — Contrebande marchande et contrebande de guerre. — Différentes raisons qui condamnent l'une et l'autre. — Distinction entre la contrebande de guerre faite par l'Etat neutre et celle faite par ses sujets. — Contrebande active et contrebande passive. — Désignation et classification des articles qui constituent la contrebande de guerre. — Droit conventionnel et coutumier à ce sujet. — Contrebande par accident ou notification. — Soi-disant droit de préemption. — Transport de troupes et de dépêches pour le service d'un belligérant. — Construction et armement de navires sur territoire neutre. — Pénalités imposées à la contrebande de guerre. — Différentes opinions sur son étendue. — État indécis de la jurisprudence et manque de solution définitive pour résoudre toutes les éventualités sur la question de la contrebande de guerre.

La liberté donnée aux nations neutres de commercer avec les belligérants a pour fondement le droit qui résulte de l'état de neutralité et qui permet de ne pas interrompre les relations avec les nations amies, vis-à-vis des nations belligérantes. Elles ont ce caractère *d'amies* puisque les relations réciproques continuent d'être pacifiques. Mais par cela même que la liberté du commerce est un droit résultant de la neutralité, elle ne peut se produire que dans certaines limites et de manière à respecter les devoirs imposés également par la neutralité. L'un de ces devoirs est certainement l'impartialité dans la conduite vis-à-vis des deux belligérants et, par conséquent, l'abstention de tout acte d'hostililé ou de tout concours à la guerre en faveur de l'un et au préjudice de l'autre. Il y a, en conséquence, une restriction au libre commerce des neutres, et elle se rapporte à la contrebande de guerre.

Toute nation indépendante a toujours le droit de réglementer le commerce de ses sujets ; elle peut soumettre l'importation d'articles de production étrangère à des prohibitions ou à des impôts selon que varient les systèmes financiers et économiques auxquels elle obéit, selon qu'elle veut protéger certaines industries ou créer des revenus pour l'Etat, au moyen de tarifs douaniers dont l'infraction est punie de certaines peines.

Aussi, arrive-t-il souvent, que l'âpreté au gain donne lieu à un trafic clandestin dont le bénéfice peut compenser la pénalité à laquelle s'expose celui qui l'exerce. On appelle ce commerce clandestin qui introduit des marchandises prohibées où tend à esquiver les droits fiscaux, la *contrebande* ; elle existe aussi bien en temps de paix qu'en temps de guerre.

Mais, l'état de guerre, qui crée des neutres et des belligérants, amène l'application de prescriptions spéciales, parce qu'il y a certains articles dont le commerce doit être prohibé, indépendamment des considérations fiscales et financières des temps de paix, et en conséquence de leur nature spéciale, de leur rapport direct avec les opérations militaires et la pratique de la guerre. On nomme ces articles *contrebande de guerre.*

La prohibition du commerce dont ils sont l'objet n'est plus un résultat des lois particulières d'une nation, mais une conséquence de l'état de guerre et elle est faite en vertu de lois internationales généralement reconnues et fondées sur le principe qui interdit aux neutres tout acte favorable à un belligérant au détriment de l'autre.

En effet, la guerre ne pouvant être faite sans armes ni munitions, la fourniture et le transport de ces articles à l'un des belligérants équivaut à un concours favorable à la guerre, et ceci, même dans le cas où le neutre fournirait ces moyens de guerre aux deux belligérants ; d'un côté, il serait absurde de prétendre être neutre en prenant part à la guerre ; de l'autre, il serait impossible d'user d'une parfaite impartialité dans le concours simultané que l'on peut prêter.

Si le gouvernement d'un État se disant neutre faisait pour son compte, à son ordre et par ses moyens directs des fournitures semblables à l'une des puissances belligérantes, il commettrait une violation flagrante de la neutralité. Ce procédé supprimerait, de fait, la neutralité et si le neutre était convaincu d'avoir agi ainsi, il serait dûment regardé comme l'allié de celui qu'il a secouru et demeurerait, par conséquent, exposé aux effets de la guerre.

Le cas est cependant différent quand le commerce est fait par des *particuliers* sujets d'un gouvernement neutre : celui-ci, sans déterminer ni protéger ce commerce, ne peut cependant s'opposer à ce qu'il soit exercé.

Mais, d'autre part, si ses sujets courent les risques inséparables de semblables opérations, le gouvernement neutre ne peut réclamer une immunité en leur faveur, ni les couvrir de sa protection lorsqu'ils sont pris en flagrant délit. Ce qui revient à dire que le pavillon neutre ne couvre pas la contrebande de guerre, même quand cette contrebande appartient à des neutres. Par conséquent, toutes les nations belligérantes, malgré le devoir qu'elles ont de respecter le commerce des neutres, ont, dans toutes les eaux où elles peuvent exercer la guerre, le droit d'empêcher le transport de la contrebande de guerre destinée à leur ennemi en l'interceptant et en s'en emparant même sur des navires neutres. L'usage d'un tel droit ne comporte pas un acte d'hostilité contre la puissance neutre à qui appartiennent les navires contrebandiers ; de même, la rupture de la neutralité n'est pas entraînée par le fait que des sujets tentent individuellement ce trafic en courant les risques qui y sont attachés.

Nous devons observer que *c'est le fait du transport à*

une destination ennemie qui donne au trafic le caractère de contrebande de guerre. Aussi, quand un État neutre permet à ses sujets le commerce *passif* de ces fournitures, c'est-à-dire, quand il autorise l'un et l'autre belligérant indistinctement à les acheter sur son territoire pour les transporter ensuite, à leurs risques et périls, on ne peut pas dire qu'il prend part à la guerre ; laissant ses ports ouverts à toutes les nations qui sont en droit d'y acheter ce qu'elles veulent, l'État neutre ne peut accepter pour les vendeurs la responsabilité de l'usage ultérieur des articles vendus et il ne peut prendre en considération ni les acheteurs, ni la direction, ni l'application donnée aux fournitures.

Il est donc évident, et c'est un principe général fondé en droit international primitif, qu'une telle restriction au commerce des neutres, en ce qui touche la contrebande de guerre n'est applicable que par le fait du *transport* par le neutre des articles constituant ce commerce *à destination d'un belligérant*. Et l'autorité unanime des jurisconsultes, les ordonnances des différents États relatives aux prises, le droit conventionnel sont d'accord pour considérer comme articles de contrebande tous les instruments et matériaux dont l'application est exclusive à la pratique de la guerre ; mais, malgré cette uniformité d'opinion sur le principe, les divergences sont notables tant parmi les publicistes que dans la juridiction des différents États et dans les stipulations de nombreux traités lorsqu'il s'agit de désigner pratiquement les articles dont le transport peut constituer la contrebande de guerre.

La difficulté vient moins de la classification *positive* de ces articles que de la classification *négative* à laquelle ils donnent lieu ; mais elle est principalement due à ce que beaucoup d'objets sont de nature pour ainsi dire *mixte*, pouvant constituer des matières premières applicables aux travaux de la guerre, applicables également et même nécessaires aux industries pacifiques.

Si l'on développait la spécification des objets qui constituent la contrebande de guerre en s'attachant uniquement à l'application indirecte qu'ils peuvent avoir à la guerre, on entraverait la liberté de commerce et on léserait les intérêts licites des neutres. Si l'on en restreignait outre mesure l'énumération, on compromettrait les droits légitimes des belligérants. Aussi, la détermination de justes limites conciliant des droits si opposés, a toujours été et est encore l'objet de difficultés pour la solution desquelles il faut prendre en considération non seulement les raisons de droit primitif, mais aussi celles qui relèvent du droit secondaire avec ses variations.

Appréciant la question au point de vue du droit primitif, des publicistes ont tenté de la résoudre d'une manière plus philosophique que pratique; ils ont classifié, comme l'a fait Grotius tous les articles en trois catégories, à savoir : ceux qui peuvent seulement servir à la guerre; ceux qui ne peuvent pas servir à la guerre, et, enfin, ceux qui servent également pour la guerre et durant la paix. Cette classification ne fait qu'énoncer ce qui de soi est évident; elle laisse subsister la difficulté pour la détermination des objets appartenant à la troisième catégorie, car comme l'observe Binkershoek, celle-ci renferme tout ce qui est susceptible d'achat et de vente.

Une classification *positive* et *négative* ne résoudrait donc pas le problème, parce qu'il reste entier pour les articles mixtes ou *usus ancipitis*. Et chaque jour la difficulté devient plus grande à mesure que les progrès de l'industrie et des sciences d'application et le perfectionnement extraordinaire auquel sont parvenus l'art de la guerre et les engins qu'on y emploie, déterminent l'appropriation des matières premières à des applications toujours susceptibles de varier; la théorie ne peut plus prétendre à fixer d'une façon précise les objets dont l'emploi n'est pas double.

Si dans le but d'arriver à une désignation plus pratique,

d'autres publicistes ont été d'avis qu'il fallait distinguer parmi les objets susceptibles d'être appropriés à la guerre ceux qui devaient ou non être prohibés, en laissant toutefois à la discrétion des belligérants le soin d'établir cette désignation selon les exigences de la guerre, ils n'ont pu avoir la prétention, par cette solution ou d'autres semblables, d'établir une règle générale de droit, ils n'ont fait que limiter le droit à l'arbitre et au caprice des intéressés.

C'est, en effet, uniquement dans la nature et dans la destination des objets, aussi bien que dans le rapport plus ou moins direct qu'ils peuvent avoir avec la pratique de la guerre que l'on peut trouver une base de distinction.

Mais, s'il y a des objets qui dans leur état primitif peuvent servir immédiatement et directement à la guerre, il y en a d'autres qui ont besoin d'être transformés. Aussi, à un autre point de vue, peut-on établir une distinction entre les articles qui servent directement à la guerre et ceux qui peuvent y être employés indirectement, c'est-à-dire qui concourent au résultat, mais ne suffiraient pas pour le déterminer. Ils ne servent pas d'armes pour l'attaque ou pour la défense, mais ils peuvent contribuer à la victoire. Et dans cette catégorie assez étendue, on introduirait tout ce qui peut servir à l'équipement, à l'habillement, à l'alimentation du soldat en campagne, et pour les forces navales tout ce qui est nécessaire à la construction et à l'armement d'un navire. Il suffit d'entamer l'énumération pour se convaincre que si l'on avait à classifier d'une manière absolue comme contrebande de guerre, tous les objets dont la condition est mixte, fort peu seraient exclus ; la seule application des principes du droit primitif ne suffit donc pas, on le comprend, pour résoudre la question. Il faudrait souvent évaluer de la même manière le *concours direct* qui arme le bras du belligérant et *l'assistance indirecte*, qui supplée à la faiblesse des arsenaux et des parcs. Il ne serait pas rare de juger moins coupable de violation de la neutralité celui qui fournirait à l'ennemi des instruments de combat que celui dont l'intelligence et l'habileté lui fournissent la théorie nécessaire pour les utiliser. Il serait nécessaire de peser chaque circonstance, de scruter chaque intention pour décider raisonnablement, au milieu d'une telle diversité de cas. Mais, au lieu d'une règle générale dont on reconnaît la nécessité, on n'aurait alors que des décisions particulières comme, s'il s'agissait d'une justice relative et non absolue.

C'est pourquoi la simple raison du droit naturel est insuffisante pour résoudre *à priori* ce problème du droit des gens.

Ce que l'on peut conclure, en tout cas, de cette difficulté de définir, en certains cas, la contrebande de guerre, c'est que d'après le droit naturel et primitif, aucun doute ne peut être élevé sur les armes, les engins et les munitions de guerre. Mais quant aux articles qui peuvent donner lieu à des interprétations ambigues, et sur lesquelles le droit primitif ne peut pas se prononcer, c'est au droit conventionnel à donner une solution non *à priori*, mais en s'appuyant sur des précédents que l'on puisse regarder comme créés par la coutume.

Les traités visant cette question peuvent être classés en trois catégories. Les uns restreignent les prohibitions au commerce et au transport des armes et munitions d'un usage immédiat pour la guerre. Les autres étendent la limite de ces restrictions. Les derniers, enfin, ont supprimé toute restriction et donné au commerce liberté entière.

Pour juger l'une de ces catégories établies par le droit secondaire des nations, il suffit de remonter au xviie siècle, époque à laquelle le droit maritime prit une importance en rapport avec l'intérêt que les États d'Europe portèrent au commerce et à la navigation.

Un des traités les plus remarquables et qui fut considéré longtemps comme fixant la jurisprudence internationale sur cette question, est celui de 1659 connu sous le nom de traité des Pyrénées. Il établit la classification de la contrebande de guerre en énumérant seulement toutes sortes d'armes à feu et les munitions qui s'y rapportent tels que : canons, mousquets, mortiers, pétards, bombes, grenades, étoupes, compositions goudronnées, affûts, fourchettes d'arquebuse, bretelles, poudres, mèches, salpêtre, balles, lances, épées, casques, cuirasses, halebardes, dards, chevaux, harnais, fontes, baudriers, etc.

Un autre article déclare libres tous les autres objets, même ceux d'alimentation.

Les traités internationaux qui suivirent celui des Pyrénées consignèrent presque tous les mêmes dispositions.

Un demi-siècle plus tard, le traité d'Utrecht (1713) terminait la guerre de la succession d'Espagne. Ce traité, ainsi que la convention commerciale y annexée constituèrent durant le xviiiᵉ siècle la base du droit public maritime en Europe. Reprenant l'énumération du traité des Pyrénées, les négociateurs ont indiqué par une classification *positive* ce qui devait dans toutes les circonstances être considéré comme contrebande de guerre.

Pour les articles non prohibés ils ne firent pas de classification *négative* ou *par exclusion*, parce que le détail en eût été impossible. Cependant, en ce qui concerne certains articles de cette catégorie, d'un usage égal pendant la paix et pendant la guerre, tels que les métaux, les substances alimentaires, le tabac et les matières premières pour la construction des navires, le traité déclarait qu'il n'y aurait pas contrebande de guerre chaque fois que l'article n'aurait pas pris la forme de l'instrument destiné à la guerre sur terre ou sur mer.

Les conventions postérieures qui étendirent ou restreignirent la désignation des articles de contrebande de guerre ou même qui consignèrent la suppression de la contrebande, peuvent être regardées comme des exceptions qui n'annulent pas une règle généralement suivie ; elles n'eurent de valeur que pour les parties contractantes et dans les limites fixées pour leur durée, et ne peuvent constituer une règle permanente de droit international.

Concluons donc que le droit secondaire et positif reconnaît comme contrebande de guerre les objets désignés comme tels par le droit primitif, c'est-à-dire les armes et les munitions de guerre.

Si nous voulons, parmi tant d'opinions, déduire des principes du droit primitif et des pratiques du droit secondaire une conclusion qui puisse constituer la meilleure règle de conduite, nous partagerons l'avis de M. Ortolan et nous dirons que l'on peut considérer aujourd'hui comme plus généralement acceptées et suivies les règles suivantes:

1° Les armes et engins de guerre aussi bien que toute espèce de munitions pouvant servir exclusivement à l'usage de ces armes sont les seuls objets dont le transport au belligérant doive toujours et nécessairement être considéré comme contrebande de guerre.

2° Les matières premières ou marchandises de toute espèce propres à des usages pacifiques mais pouvant servir à la confection des armes, engins ou munitions de guerre, ne doivent pas être considérées comme contrebande de guerre ; bien plus, on ne peut admettre qu'une puissance belligérante qualifie comme telle une marchandise que lorsqu'une circonstance particulière vient autoriser cette exception ; circonstance limitée au cas où la marchandise serait une contrebande dissimulée revêtant un caractère de fraude et, par conséquent, de nature à confirmer la règle et non à la détruire.

3° Les vivres ni les objets de première nécessité ne peuvent, en aucun cas, et sous aucun prétexte, être considérés comme contrebande de guerre, sauf lorsque le droit de les prohiber résulte du blocus.

4° Enfin l'énumération textuelle des objets qui devront être regardés comme armes ou munitions directement et exclusivement propres à la guerre est susceptible de varier par le fait que la science et la théorie ne peuvent fixer d'avance ce qui ressort des progrès de l'art militaire.

La premiere de ces règles a été consacrée aux temps modernes par les instructions du gouvernement français au moment de la déclaration de la guerre d'Orient ; il y était établi que la qualification de contrebande de guerre s'appliquait aux objets suivants quand ils étaient *destinés à l'ennemi* : bouches et armes à feu, armes blanches, projectiles, poudre, salpêtre, soufre, effets d'équipement, de campement et de harnachement militaire et tous autres articles fabriqués pour la guerre.

Quant à la seconde règle, il convient de noter que pour la désignation des articles de classification douteuse, de même qu'il faut savoir si par leur nature ils peuvent servir à la guerre, et dans ce dernier cas, s'ils sont effectivement destinés aux belligérants, de même, il faut chercher si la nature et les conditions spéciales du port de destination, port de commerce ou port d'armement, peuvent influer sur la manière de les classer. On peut citer pour exemple le charbon ; c'est maintenant un article indispensable pour une infinité d'applications pacifiques : fabriques, chemins de fer, navigation à vapeur, éclairage, etc ; interrompre le commerce de cet article serait un grave inconvénient et porterait un trouble incalculable chez les nations civilisées ; pour cette raison, et parce qu'il n'est pas un article d'usage exclusif pour la guerre, quoiqu'il soit indispensable pour les navires à vapeur, le charbon ne peut être considéré comme contrebande de guerre. Mais, quand il a pour destination un point où il n'existe pas d'établissements commerciaux ou industriels, où stationnent seulement des forces navales belligérantes, manquant de cet indispensable élément moteur et ne pouvant s'en fournir sur les lieux, il paraît indubitable que cette circonstance de la destination ne peut exempter cet article du caractère de contrebande de guerre.

Quoique la nature et la destination de la marchandise puissent, dans des circonstances spéciales, comme dans le cas que nous venons de donner comme exemple, la faire considérer comme contrebande de guerre, cela ne suffit pas pour faire adopter comme une règle la désignation de la contrebande par *accident* ou par *notification*; on a voulu établir par là que certains articles d'un usage commun en temps de guerre et en temps de paix, tels que les vivres et les approvisionnements maritimes, pouvaient être regardés comme contrebande moyennant une notification préalable. Si, à des époques troublées et sous l'influence de l'oubli de toute idée de justice vis-à-vis des neutres, on a agi ainsi, une telle pratique ne peut être considérée que comme une perversion des principes généraux du droit des neutres. Si on admettait comme règle un tel système, il n'y aurait pas de marchandise dont on ne pût déclarer le transport prohibé; ce serait établir l'arbitraire, la contrebande *ad libitum.*

Ce système arbitraire paraissait, du reste, si nuisible aux gouvernements qui y recouraient qu'ils n'hésitaient pas à en adoucir la pénalité en soumettant la contrebande, non à la prise, mais à la *préemption,* c'est-à-dire au droit de la saisir en payant toutefois sa valeur, calculée au lieu de destination et en laissant le navire libre.

Ce prétendu droit de *préemption* appliqué aux vivres et autres articles qui ne sont pas proprement de contrebande n'a jamais constitué une règle généralement reconnue, parce que c'était une attaque à la liberté et à l'indépendance du pavillon neutre. L'intérêt que le belligérant peut avoir à priver son adversaire de ces articles n'est pas une raison suffisante pour léser les droits des neutres ; en certains cas déterminés, le droit international admet en faveur des belligérants la restriction de ce commerce au moyen du blocus, mais les règles relatives à la contrebande de guerre fondées sur d'autres principes doivent être étrangères à cet état de choses.

Le prétendu droit de préemption, ne pouvant s'appuyer sur aucune notion exacte de contrebande qui pût le justifier, on a invoqué dans certains cas analogues la raison de la *nécessité* comme constituant un droit ; mais la nécessité peut avoir pour effet d'excuser la violation des droits étrangers, elle ne peut fonder un droit proprement dit. L'idée d'excuse comporte l'idée d'infraction ; la nécessité, par conséquent, ne peut créer de droits et il n'y a pas de juge impartial qui puisse dire quand elle existe et quelles sont ses limites. Un tel juge a toujours été et sera toujours la prépondérance de la partie intéressée.

On rencontre dans certaines conventions une clause qui interdit aux neutres de transporter sur leurs navires des militaires de terre ou de mer au service de l'ennemi. Indépendamment de toutes les conventions, il est de règle générale, en droit international, que le transport de troupes peut être empêché par le belligérant opposé ; par conséquent, le navire neutre employé à ce transport est saisissable comme étant au service de l'ennemi.

A la vérité, il y a dans le transport des troupes beaucoup plus de gravité que dans celui d'articles de contrebande de guerre ; si, en effet, ce dernier a été peut-être considéré comme une spéculation mercantile, le transport de troupes revêt décidément un caractère hostile ; le navire perd, *ipso facto*, son caractère de neutre et peut être traité comme un ennemi par le belligérant opposé.

Le même sort est réservé au navire qui, pour le service exprès du belligérant, se prête au transport de dépêches officielles relatives aux opérations. Souvent, en effet, cette transmission peut influer sur l'issue de plans militaires ou de combinaisons diplomatiques et internationales, et constituer ainsi un service équivalent à ceux que peut rendre un acte hostile. A un autre point de vue encore, l'exemple cité dans le chapitre II de cette section, relatif à l'amiral Nelson, montre l'importance que peut avoir en certains cas la transmission de nouvelles sur les opérations militaires.

On doit sous-entendre toutefois que les règles restrictives quant à la contrebande par transport d'hommes et de dépêches ne doivent pas avoir une acception si rigoureuse qu'il faille les appliquer quand le transport, la destination, la situation personnelle et le nombre restreint des individus transportés n'ont pas un rapport direct avec le service militaire ou avec une mesure conduisant à renforcer les belligérants. Il doit en être de même pour le transport de correspondances particulières et les services postaux, parce que dans ces cas ainsi restreints et déterminés, il n'y a à voir qu'une destination habituelle des navires neutres marchands ou des paquebots portant les malles et des passagers. Ce service est devenu aujourd'hui si régulier, si étendu et si fréquent entre les nations civilisées des différentes parties du monde, qu'on le considère généralement et par convenance universelle comme méritant le respect et l'inviolabilité[1].

Parmi les questions relatives à la contrebande de guerre, on a soulevé celle de la construction des navires de guerre dans les ports neutres.

En effet, les navires dans ces conditions qui, au moyen de contrats fictifs ou de quelque dissimulation tendant à en cacher la destination à un belligérant, parviendraient frauduleusement à effectuer leur sortie, devront être qualifiés contrebande de guerre comme étant de véritables moyens d'alimenter la lutte.

[1] Les agents de puissances belligérantes quand ils ont mission de prêter leurs concours aux opérations militaires et d'acquérir des engins de guerre sont-il réputés contrebande de guerre et doivent-ils être arrêtés? C'est, on s'en souvient, la question qui fut posée à l'occasion de la prise du *Trent* durant la guerre de sécession des États-Unis d'Amérique. Le cas est discuté; Bluntschli, Harcourt et Heffter s'inscrivent contre toute idée de contrebande. Perels déclare que la contrebande n'existe pas dans la matière, mais qu'il s'agit simplement de savoir si un belligérant est en droit de s'opposer à ce que le neutre favorise les intérêts de son ennemi, en dehors de la véritable contrebande de guerre. C'est poser la question sans la résoudre. Il paraîtrait équitable de dire que tout service rendu en connaissance de cause à l'un des belligérants est une violation de neutralité, que le service consiste dans le transport d'agents du belligérant, ou dans toute autre manifestation de l'intérêt que le neutre porte plutôt à l'un qu'à l'autre des belligérants. (*Note du traducteur*).

Ils sont par là même susceptibles de saisie sans qu'il y ait pour cela offense à l'État neutre dont les sujets auraient fait la construction. Si cependant l'armement a été fait publiquement et avec le but déclaré d'augmenter les forces d'un belligérant et si le gouvernement neutre n'y a pas mis d'entrave, il faut regarder cette conduite comme une violation des devoirs de la neutralité.

Le cas est bien différent quand il s'agit de navires construits et armés en port neutre pour le compte d'un gouvernement qui a entamé une campagne après que les contrats de construction ont été passés. Alors le gouvernement neutre sur le territoire duquel ces navires se trouvent en construction ou en armement doit en empêcher la sortie dès que la guerre a été publiée et que le gouvernement auquel ils sont destinés est passé à la condition de belligérant. Cette interdiction est maintenue pendant toute la durée de la guerre.

Il y a là une circonstance qui peut donner lieu à une intervention diplomatique et la solution ne dépend pas tant de la question de savoir s'il y a contrebande de guerre que du principe d'inviolabilité du territoire neutre. En effet, si l'inviolabilité constitue un droit pour l'État neutre, si elle fait du territoire neutre un territoire intact, si elle le soustrait aux actes de guerre, elle impose aussi à l'État neutre un devoir corrélatif qui est d'empêcher que son territoire soit mis à profit par un belligérant pour des actes d'hostilité préjudiciables à l'ennemi.

Tout ce que nous avons dit sur la détermination de ce que l'on peut ou non regarder comme contrebande de guerre, prouve que cette question de droit international maritime a été l'objet des opinions les plus contraires et qu'il est difficile de donner une solution capable d'en faire une règle généralement acceptée[1].

Une égale diversité d'opinion s'est manifestée à propos

---

[1] Voir la note du traducteur à la fin du chapitre.

de la pénalité à imposer au transport de la contrebande de guerre ; c'est-à-dire, à propos de la question de savoir si la prise doit être limitée aux articles qui constituent la contrebande ou si elle doit être étendue aux navires qui en sont porteurs, et dans quelles circonstances.

Il n'y a pas à s'étonner que les opinions des publicistes varient sur ce point selon la tendance qu'ils marquent en faveur de la liberté du commerce des neutres ou de la libre action des belligérants.

La cause des neutres est, certainement, des plus sympathiques, lorsqu'elle représente essentiellement la cause de la paix, du commerce, de la civilisation et des bonnes relations internationales, mais il ne faut pas qu'elle couvre la fraude et la mauvaise foi ; entre le belligérant qui, faisant usage des armes, court les périls de la guerre et le neutre qui vend les engins et se couvre de l'impunité, la position la plus digne d'intérêt est bien celle du belligérant loyal et découvert qui risque sa propre vie et non celle du fauteur actif mais caché de la guerre qui expose seulement son capital dans l'espoir de le doubler.

En somme, d'après les diverses interprétations fournies à la question, les objets que l'on peut distinguer comme confiscables en l'état actuel du droit international, sont ceux dont le transport et le commerce constituent indubitablement la contrebande de guerre.

En ce qui touche la pénalité, les précédents établis avant la guerre d'Orient nous montrent que l'opinion la plus générale est la suivante : si la contrebande consiste dans des articles applicables à la guerre, elle est saisissable, mais *non le navire*, à moins que la contrebande ne constitue la totalité ou plus des trois quarts du chargement ; dans ce cas le navire est également confisqué. Lorsque la contrebande consiste en transport de troupes ou de dépêches officielles pour l'ennemi, il y a lieu de saisir le navire parce qu'il est alors considéré comme un auxiliaire direct de l'ennemi. Dans ces circonstances, pour que la saisie du

navire puisse être opérée, il faut aussi que les objets constituant la contrebande soient à bord au moment de la prise,
qu'ils soient destinés à un port appartenant à l'ennemi ou
occupé par lui ; ou si cette destination n'est pas déclarée,
que le navire soit rencontré dans des parages voisins d'un
de ces ports et suivant une ligne qui marque bien une
direction opposée à celle consignée dans les livres du bord.
Dans tous les cas où il existerait, de fait, à bord des articles de contrebande de guerre, il faut considérer que d'a-
près le droit naturel et d'accord avec les prévisions du droit
conventionnel et coutumier, la désignation de contrebande
n'est pas applicable aux articles d'armement rencontrés à
bord d'un navire de commerce en nombre à peine suffisant
pour parer à la défense de l'équipage ; la sécurité de la
navigation réclame un semblable armement dans des parages hantés par des peuplades sauvages et adonnées au
pillage.

La question de la contrebande de guerre, tant dans sa
généralité que dans ses détails, est si importante et d'une
application si fréquente durant les guerres maritimes
qu'elle donnera lieu souvent à de grandes difficultés d'appréciation outre qu'elle se présentera avec la nécessité
d'être promptement résolue. Ces difficultés naissent non-
seulement des conflits possibles entre les devoirs et les
droits réciproques des neutres et des belligérants, mais
aussi de l'impossibilité de spécifier, d'après l'accord universel, les objets qu'il faut classer comme articles de contrebande de guerre, impossibilité qui subsistera, tant que les
progrès de la science et de l'industrie rendront incessante
l'application des inventions humaines à l'art de la guerre.

Le congrès de Paris de 1856 inscrivant dans ses déclarations de droit maritime le terme « contrebande de guerre »
n'a pas voulu le définir d'une manière positive ; il prévoyait,
sans doute, les difficultés pratiques qu'il rencontrerait s'il
tentait de passer de la généralité du principe au détail de
l'application.

Dans l'état actuel du droit international c'est une question sur laquelle l'accord des nations maritimes est encore à établir; il y a là une lacune à combler.

Au milieu de toutes les divergences d'opinions, quelques esprits inclinent vers une solution radicale qui consisterait à abolir toutes les restrictions et à ne limiter le commerce des neutres que dans le cas de blocus. Mais cette théorie ne résisterait pas à l'expérience de la première guerre, elle contient en elle la négation d'un droit naturel et supérieur aux conventions humaines, le droit de légitime défense; ce serait faire violence au droit naturel que d'assister impassible au transport et à la remise entre les mains de son ennemi d'armes destinées à être employées de suite contre soi. Quel que soit le dernier mot sur la contrebande de guerre, jamais une règle durable de droit ne sera établie sur une théorie qui, ayant la violence pour fondement, serait une déviation des plus simples prétextes de la loi naturelle.

Dans le chapitre qu'il consacre à la contrebande de guerre, M. Testa déplore la difficulté que l'on a éprouvée de tout temps à déterminer d'une façon précise ce que l'on peut entendre par objets ayant caractère de contrebande de guerre ; il reviendra sur cette idée dans sa conclusion, où il qualifiera de « lacune dans la jurisprudence du droit international », l'état d'indécision où l'on est encore sur ce point. Personne ne le contredira, personne moins que lui ne déplorera l'incertitude qui règne sur la matière mais on ne pourra jamais, tant que la guerre sera la guerre, et que d'autre part l'industrie progressera, *fixer* définitivement la nomenclature de la contrebande.

Nous venons d'en avoir la preuve à l'occasion des derniers événements de l'Extrême-Orient. Le conflit franco-chinois ayant pris, de l'avis du gouvernement anglais les proportions d'un état de guerre *de facto et de jure*, le cabinet de Londres 'décida dans les premiers jours de février 1885, que par application du *Foreign Enlistment act.* de 1870, le *charbon* rentrerait dans la catégorie des choses susceptibles de servir directement à l'attaque ou à la défense en temps de guerre et que, par conséquent, les navires de guerre français qui opéraient dans les mers du Céleste-Empire ne pourraient se pourvoir de charbon dans les ports de S. M. B. à portée des mouvements de la flotte française que dans une mesure très restreinte.

Pendant ce temps, le délégué anglais à la conférence de Berlin pour les affaires de l'Afrique occidentale, demandait que le charbon entrât dans la nomenclature des objets de *contrebande de fait*. Cette motion était d'ailleurs écartée.

En présence de l'attitude prise par l'Angleterre, le gouvernement de la République qui, jusqu'à la publication des mesures de l'*Enlistment act* n'avait pas exercé tous ses droits de belligérant prit le parti de déclarer *le riz* contrebande de guerre.

Voici les raisons juridiques sur lesquelles il s'est appuyé pour motiver sa décision :

« D'après la déclaration de Paris du 16 avril 1856, dont le Gouvernement français s'est engagé à observer les prescriptions, « le pavillon neutre couvre la marchandise ennemie à *l'exception de la contrebande de guerre*. » Il s'agit par conséquent de savoir si le riz est ou peut être déclaré contrebande de guerre.

« On peut dire qu'actuellement encore les lois internationales ne consacrent aucune classification rigoureuse des objets qu'un belligérant est fondé à traiter comme contrebande de guerre. La théorie et la pratique sont d'accord pour comprendre sous cette désignation « les objets transportés à l'un des belligérants dans le but de faciliter les opérations militaires et dont il peut se servir pour faire la guerre ». Dans cette classe sont comprises, sans contestation possible, les armes et munitions de guerre et tous autres objets qui, par leur nature même, sont d'un usage spécial à la guerre et servent directement à l'attaque ou à la défense. Les instructions adressées aux commandants de nos forces navales, en donnent l'énumération suivante : « Bouches et armes à feux, armes blanches, projectiles, poudres et autres matières explosibles, salpêtre, soufre, objets d'équipement, de campement, de harnachement militaire et tous instruments et objets quelconques fabriqués à l'usage de la guerre. »

« Mais, à côté de ces articles, il en est d'autres qu'un belligérant peut avoir un égal intérêt à intercepter, soit parce que son adversaire est en mesure de les approprier directement à la guerre, soit parce que la privation de tels approvisionnements le met hors d'état de continuer la lutte. Dans nos rapports avec la Chine, le riz fait incontestablement partie de cette seconde catégorie : par sa nature même, il n'est pas compris dans la contrebande de guerre proprement dite ; mais peut-on l'y faire rentrer par une déclaration expresse comme contrebande *accidentelle* ?

« Si, dit Grotius, je ne puis me défendre qu'en interceptant *les choses envoyées à mon ennemi, la nécessité me donnera le droit de le faire*, à moins qu'une autre cause ne survienne. »

« Vattel est plus explicite : « Les choses, dit-il, qui sont d'un usage particulier pour la guerre et dont on empêche le transport chez l'ennemi s'appelleront marchandises de contrebande. Tels sont les armes, les munitions…. *les vivres mêmes, en certaines occasions où l'on espère réduire l'ennemi par la faim.*

« Tous les auteurs qui ont écrit depuis lors sur la matière admettent qu'elle ne comporte pas de règle absolue. Cependant ils inclinent pour la plupart à restreindre autant que possible les droits de belligérants. Pinheiro Ferreira, se plaçant au point de vue de ces derniers, déclare *« qu'il est loisible à toute puissance belligérante de déclarer contrebande de guerre les objets dont elle est sûre que la privation amènera l'ennemi à faire la paix ou ceux dont elle a les moyens de lui couper l'approvisionnement. »*

« Les publicistes anglais James Reddie, Philimore, Pratt Moseley, enseignent que les belligérants peuvent comprendre dans la contrebande de guerre :

« Les objets qui, quoique l'on ne s'en serve généralement dans les vues de guerre comme *les grains, les provisions de bouche...,* peuvent cependant venir en aide à ces desseins, particulièrement lorsqu'ils sont destinés à ravitailler et à secourir des armées.

« Le droit conventionnel et les législations intérieures des États ne fournissent pas d'éléments de décision plus précis que les dissertations des auteurs.

« Un décret hollandais de 1689, rendu pendant la guerre contre le Portugal, classait parmi les articles prohibés ; *« les grains, les farines, les viandes et en général toutes les céréales et les substances alimentaires. »*

« Au xviiiᵉ siècle, le plus grand nombre des conventions qui ont trait à la matière limitent la prohibition aux armes et aux munitions de guerre ; dans les temps plus rapprochés, de nombreuses conventions étendent bien au-delà la liste des prohibitions, tandis que d'autres stipulent pour les neutres une entière liberté de commerce. En 1795, le Gouvernement anglais expédia un ordre en Conseil qui enjoignait aux croiseurs d'avoir à s'emparer de tous les navires qu'ils rencontreraient *chargés de vivres* à destination de la France ; mais cette mesure donna lieu à des réclamations. Il intervint entre l'Angleterre et les États-Unis une convention (1796) portant qu'en raison de la difficulté de préciser les cas dans lesquels les *provisions de bouche et autres articles analogues* constituaient réellement la contrebande de guerre, il était convenu que chaque fois que ces articles seraient capturés, il ne serait pas permis de les confisquer, et que l'on indemniserait les propriétaires.

« Dans le sens de la prohibition du commerce des vivres, on peut citer encore plusieurs ordonnances de l'Angleterre en 1689, en 1793. Mais ce qu'il importe surtout de retenir, c'est l'ensemble des Déclarations faites devant le parlement anglais en 1870, lors de la discussion du *Foreign Enlistment act*, qui précisent l'opinion du Gouvernement britannique sur la matière. Il en résulte que la qualification des articles de contrebande de guerre n'est pas du ressort du droit des gens, et que la question se rattache au domaine de la loi municipale ou interne. « Lorsqu'il prend lui-même part aux hostilités, soit directement, soit comme allié de l'un des belligérants, le Gouvernement anglais prétend devoir ne tenir compte que de ses lois municipales, et avoir la faculté d'édicter telles prohibitions qu'il juge utile pour atteindre le but de la guerre, et d'étendre ou de restreindre à son gré la liste des articles compris sous le nom général de contrebande de guerre. » [1]

1 *Le droit international* (tome IV), par M. Charles Calvo.

« Le 21 juillet 1870, M. Gladstone, répondant à une question posée à la Chambre des Communes, se refusait à définir les objets qui constituent la contrebande de guerre, « parce qu'une semblable définition serait une tâche trop difficile ». Il est, disait-il, des articles qui, « bien que d'une importance vitale dans la conduite des opérations belligérantes, ne peuvent être définis dans leur nature que par les circonstances du cas qui se présente ». En même temps, il citait une lettre du *Foreign office*, du 18 mai 1859, d'où il résulte que la Cour des prises de l'État capteur est seule compétente pour décider si la marchandise est ou non contrebande de guerre.

« Les cours d'amirauté de la Grande-Bretagne ont consacré cette doctrine par plusieurs arrêts et elles ont décidé notamment « que les souverains ont le droit de déclarer quelles sont les marchandises qui doivent être réputées contrebande et qu'ils ont de tout temps fait ainsi ;

« Que les princes déclarent souvent contrebande des objets qui ne sont pas tels par leur nature, et qu'en cas pareil il doit en être donné notification aux autres souverains ». [1]

« Des indications qui précèdent, on peut conclure tout au moins qu'aucune règle formellement consacrée par le droit des gens ne s'oppose à ce que le *riz* soit accidentellement traité comme contrebande de guerre. Des motifs suffisants, tirés des circonstances mêmes de la lutte engagée entre la France et la Chine, peuvent être invoqués à l'appui de la mesure prise par le Gouvernement de la République et notifiée par lui aux Puissances maritimes. »

Il est difficile d'invoquer l'opinion de jurisconsultes plus compétents et de se couvrir d'autorités plus reconnues. Ajoutons toutefois, pour être complet, que le système français n'est pas en rapport avec la théorie de Bluntschli qui considère la pratique de la saisie des *vivres de contrebande de guerre*, comme contraire à la morale, et va jusqu'à dire que le belligérant ne serait pas en droit de saisir les vivres que le neutre transporterait à son adversaire et dont lui-même aurait un pressant besoin. M. Perels répond à ceci : « Nous ne pouvons absolument pas adhérer à cette opinion ; l'officier qui dans un cas semblable ne saisirait point, au détriment de ses propres soldats, encourrait certainement une grave responsabilité. Au surplus, le débat n'est pas clos sur cette grave question et nous avons tenu à citer cet exemple récent pour indiquer les difficultés auxquelles on se heurte chaque fois qu'on agite la question de la nomenclature de la contrebande en temps de guerre (*Note du traducteur*).

---

[1] Pratt, *Law of contraband of war*.

CHAPITRE VIII

SOMMAIRE. — En quoi consiste le blocus et principes sur lesquels il est fondé. — Limites du blocus. — Nécessité qu'il soit effectif. — Obligation pour les neutres de le respecter. — Notification du blocus, diplomatique et individuelle. Violation du blocus soit par entrée soit par sortie. — Pénalités infligées pour la violation du blocus. — Jusqu'où elles peuvent s'étendre. — Durée du blocus. — Interruption et renouvellement du blocus. — Règles suivies par les nations sur ce point. — Nullité du blocus de cabinet. — Raison de cette nullité — Abus du droit de blocus. — Exemple de subversion de tous les principes sur lesquels le blocus est fondé. — Déclaration du congrès de Paris de 1856 et règles reconnues aujourd'hui par les nations.

En temps de guerre, le commerce des neutres avec les belligérants, exposé déjà à la prohibition en ce qui concerne la contrebande de guerre, peut encore subir les restrictions que lui impose le blocus ; en cet état et dans certaines circonstances spéciales, *tout article de commerce prend le caractère de contrebande.*

Pour comprendre quelles sont ces circonstances spéciales, il convient de noter que, de même que durant la paix, toute nation indépendante, a, en vertu du principe de souveraineté, le droit de réglementer le commerce de ses sujets, et de concéder ou de refuser aux étrangers l'accès de ses ports, de même en temps de guerre, toute nation occupant par l'effet des opérations militaires, le territoire de l'ennemi, acquérant un droit semblable à celui que l'ennemi possédait et exerçant sa souveraineté, y est maîtresse de ses actes : le droit qui appartient ainsi au belligérant s'étend aux eaux territoriales susceptibles de possession actuelle, chaque fois qu'elles sont occupées effectivement, par la raison que la souveraineté du nouvel occupant remplace celle exercée précédemment par son adversaire.

En conséquence, un belligérant qui s'efforce de réduire une place ou une ville maritime ou quelque point du littoral soumis à son ennemi et qui n'est pas en mesure de l'entourer complètement par terre, peut occuper les eaux territoriales et se substituer à son adversaire de la même manière qu'une armée occupe une portion du territoire continental.

De cette possession effective des eaux territoriales résultent le droit et la possibilité d'exclure les navires et les sujets des États neutres de tout commerce et communication maritime avec les points occupés. Telles sont l'essence et la fin du blocus maritime.

Ainsi, la substitution d'une souveraineté à une autre dans les eaux territoriales, et le transfert de l'exercice de cette souveraineté aux belligérants qui occupent les eaux est le fondement du droit de blocus. De sorte que le neutre qui communiquait avec un port déterminé au temps où une souveraineté amie qui ne lui en interdisait pas l'accès *y dominait*, pourra être empêché de communiquer avec ce même port le jour où une autre souveraineté, *même amie* y dominera et *le lui interdira*.

Comme, cependant, la substitution de souveraineté ne saurait exister sans l'occupation des eaux territoriales, il n'y a pas de blocus légal sans cette occupation. Il est donc nécessaire que le blocus soit effectif, c'est-à-dire que l'occupation existe de fait par le stationnement de navires de guerre assez rapprochés et en nombre suffisant pour commander par leur artillerie l'entrée du port bloqué, de manière qu'il y ait péril ou impossibilité d'y entrer de force ou de passer sans le consentement de l'occupant.

Le blocus est donc une opération militaire résultant du

droit de guerre et que tout belligérant peut diriger, sur tous les lieux dominés ou occupés par son ennemi ; et comme les droits de la neutralité imposent aux nations neutres le devoir de ne pas entraver, mais bien de respecter les belligérants dans la pratique de leurs opérations militaires, il en résulte que le blocus peut être établi sur un port quelconque, militaire ou commercial, comme sur un golfe, une baie ou une partie de côte dominée par l'ennemi, et que ce serait une violation de la neutralité que d'aller fournir des ressources à un port bloqué.

On doit, toutefois, ne pas oublier que les droits du belligérant sur l'espace bloqué par lui ne peuvent dépasser ceux dont jouissait l'autre belligérant avant le blocus ; s'il s'agit, par exemple, de l'embouchure d'un fleuve navigable jusqu'au territoire du neutre, le bloquant ne pourra mettre d'obstacle au passage des navires destinés au neutre ; par conséquent, rigoureusement, le blocus d'un fleuve ne peut être légal et n'avoir d'effet que lorsque le cours de ce fleuve est navigable jusqu'aux limites, mais non au-delà, du territoire de l'ennemi, parce que si une partie du fleuve servait de communication à des nations neutres entre elles, cet état de choses leur causerait un grave préjudice et léserait leurs droits.

Pour que le blocus soit effectif il faut, comme nous l'avons vu, qu'il y ait occupation des eaux territoriales et présence de la force ; il faut, en outre, que les puissances neutres n'en ignorent pas l'existence.

De même qu'une loi n'est en vigueur que si elle a été portée à la connaissance de ceux qui doivent y obéir, de même le blocus ne peut obliger les puissances neutres que si elles le savent établi. De là, il faut conclure qu'aucune nation neutre n'est forcée d'interrompre son commerce avec un point bloqué si le blocus ne leur a pas été notifié par une *déclaration diplomatique* qui en rende l'établissement public.

Mais cette notification diplomatique, pouvant être ignorée par ceux qui arrivent de loin et qui ne connaissent pas l'existence de la guerre, il y a lieu à faire une notification *individuelle ou in loco*.

Cette notification est faite par le commandant de tout navire bloquant ; pour la rendre plus effective et authentique, il l'inscrit sur le journal du bord du navire ainsi averti, en mentionnant le jour et le point où l'avertissement a été donné et en exigeant du capitaine du navire neutre la déclaration écrite qu'il l'a reçu.

Il n'y a pas infraction au blocus toutes les fois qu'il n'y a pas eu intimation *individuelle in loco*, quand même la notification diplomatique aurait été publiée. Si cette dernière rend le blocus légal, c'est la notification individuelle qui peut constituer une preuve indéniable du délit, quand un navire neutre tente d'entrer dans un port reconnu bloqué. Une semblable tentative est un cas flagrant de violation de blocus ; elle autorise la prise tant du navire que du chargement, parce que cet acte supprime tout caractère de neutralité : le navire et le chargement sont ennemis et doivent être traités comme tels. On peut même dire dans ce cas, que le navire et la cargaison ne constituent qu'une seule et même contrebande de guerre, quand même la nature de la cargaison ne comporte pas cette qualification ; l'infraction intentionnellement commise de la conduire à un port prohibé est suffisante.

Le blocus ayant pour objet de supprimer toute communication et tout commerce avec une localité, il s'en suit que son effet s'applique à la sortie comme à l'entrée des navires. Cependant, les navires neutres mouillés dans le port d'un État belligérant, qui n'auraient pu appareiller avant l'établissement du blocus, peuvent sortir sur lest ; autrement, ils subiraient la peine d'une faute dont ils ne sont pas coupables.

De même, le navire neutre entré avant le blocus et qui n'aurait pas encore négocié son chargement, de propriété neutre également, ne doit pas être empêché de sortir ; le

droit qu'il a de retirer son navire doit, en effet, s'étendre
à la marchandise que lui, neutre, il n'est pas parvenu à négocier. A plus forte raison, en doit-il être ainsi quand le
neutre n'empêche pas les opérations militaires du bloquant et ne porte pas préjudice au but du blocus.

Quand ces cas fortuits et reconnus de *bonne foi* se présentent, il est d'usage d'obtenir du commandant des forces
bloquantes une *passe* qui évite toute entrave à la marche
du navire neutre. Mais si l'on reconnaît qu'il y a eu fraude,
c'est un délit qui expose à la prise.

Le délit résultant de la violation du blocus subsiste durant tout le cours du voyage de retour du navire qui a
commis cette violation et il y a *flagrant délit* jusqu'au terme de la navigation; alors, seulement, il y a prescription
et la pénalité n'est plus appliquée.

D'accord avec les principes admis, le blocus établit le
droit de prohiber l'entrée des points bloqués tant pour les
navires de guerre que pour les navires de commerce. Cependant, les puissances qui établissent le blocus autorisent souvent la libre entrée et la sortie des navires de
guerre neutres par la considération qu'il n'est pas présumable, d'après leur caractère, qu'ils aillent aider le belligérant bloqué; et qu'en outre, la fin principale du blocus
étant d'interdire le commerce par mer, l'entrée ou la sortie
des navires de guerre impartiaux et non commerçants ne
porte pas préjudice à ce but.

Le blocus, après avoir été notifié et maintenu effectivement, dure autant que les événements de la guerre l'exigent, mais il peut se faire qu'il soit interrompu ou suspendu; ce cas se présente quand, par l'effet du mauvais
temps rendant impossible le mouillage des navires, ceux-
ci sont momentanément obligés de s'éloigner; s'ils retournent aussitôt que le temps le permet, cette suspension forcée et temporaire n'entraîne pas la cessation du blocus.
Mais, comme la présence des forces stationnaires est une
condition essentielle pour qu'il existe, il s'en suit que tout

navire neutre qui, durant cette interruption, entre ou sort, ne viole pas le blocus.

L'interruption dans de semblables conditions ne constitue pas la fin du blocus, comme nous l'avons dit plus haut, de sorte que si les forces bloquantes retournent à leur position primitive, le blocus est considéré comme existant, sans qu'il soit besoin d'une nouvelle notification diplomatique.

Si les forces bloquantes ont été dispersées ou détruites par les forces du bloqué, on ne regarde plus le blocus comme suspendu, mais comme terminé. La substitution de souveraineté a cessé d'exister et le bloqué retrouve sa juridiction et son domaine primitifs.

De plus, si à la suite de la levée du blocus, de nouvelles forces viennent le rétablir, une nouvelle notification diplomatique annonçant ce rétablissement devient nécessaire.

Résumons ce que nous avons exposé, en concluant aux règles suivantes :

1° Pour que le blocus soit reconnu, il faut qu'il soit effectif et maintenu par des forces navales en nombre suffisant ;

2° La simple notification diplomatique du blocus n'oblige pas les neutres à le reconnaître ni à en subir les conséquences ;

3° Outre la notification diplomatique, il faut une notification *individuelle ou in loco* ;

4° La violation du blocus consiste dans la tentative d'entrer dans le port bloqué après avoir reçu l'intimation individuelle et locale, ou d'en sortir avec un chargement reçu après l'établissement du même blocus ;

5° La pénalité appliquée à la violation du blocus est la prise du navire et du chargement ;

6° Le navire qui a violé le blocus en sortant d'un port bloqué n'est soumis à la pénalité que durant son voyage jusqu'au port de destination ; dès qu'il y a touché, il y a prescription.

L'histoire enregistre un exemple du plus monstrueux abus de blocus et de la subversion de tous les principes et règles de droit : celui du blocus continental établi au commencement de ce siècle pendant la lutte entre la Grande-Bretagne et la France, sous prétexte et à titre de représailles réciproques. La Grande-Bretagne, en 1806, déclare bloqués tous les ports, côtes et fleuves français depuis l'Elbe jusqu'à Brest.

Napoléon, par représailles, promulgue la même année le décret de Berlin établissant le blocus continental.

Il déclare :

1° Les Iles britanniques en état de blocus ;

2° Tout commerce et correspondance avec l'Angleterre interdits ;

3° Tout Anglais résidant en France ou en pays alliés, prisonnier ;

4° Toute propriété anglaise confisquée ;

5° Tout commerce de marchandises anglaises prohibé ;

6° Tout navire touchant aux ports de l'Angleterre ou de ses colonies, sujet à la prise.

Pour répondre à ces mesures, le gouvernement anglais promulgue les décrets de janvier et novembre 1807 :

Prohibant tout commerce d'un port à un autre appartenant à la France ou à ses alliés, ou occupé par elle ;

Déclarant bloquées toutes les côtes de France et des pays ses alliés ou de ceux d'où le pavillon anglais a été exclu ;

Prohibant tout commerce de marchandises de ces pays ;

Enfin, soumettant tous les ports de France ou des nations en guerre avec l'Angleterre aux mêmes restrictions que s'ils étaient réellement bloqués ; en outre, il établit un système de licence pour la navigation des neutres.

Pour répondre à ce procédé, et persistant dans son système de blocus continental, Napoléon promulgue le décret de Milan (décembre 1807), déclarant bloquées par mer et par terre les Iles britanniques et ordonnant de saisir tout navire qui toucherait aux ports anglais ; aussi bien, tout navire de quelque nation que ce soit ayant subi la visite d'un navire anglais ou touché un port anglais ou payé une imposition pour obtenir une licence de l'Angleterre est dénationalisé, considéré comme ennemi et par là même saisissable. En outre, Napoléon impose à toutes les nations avec lesquelles il signe un traité, l'obligation de fermer leurs ports aux navires et marchandises anglaises et établit aussi le système des licences.

Il va plus loin : par le décret de Fontainebleau il ordonne que toutes les marchandises anglaises trouvées en France ou dans les pays soumis à son domaine soient brûlées en place publique.

Cette période de violences exagérées, où l'on prétendait établir le blocus, *non de la mer à la terre*, mais *de la terre à la mer*, ne cessa que lorsque les armes des alliés vinrent, en 1813, abattre le premier Empire. Alors tomba un système qu'il faut attribuer à un égarement complet touchant les principes de justice et de droit, et au triomphe de la violence et de l'illégalité.

Si ces exemples se rencontrent dans une époque anormale, ne faut-il pas s'étonner que dans des temps plus rapprochés nous en trouvions de moins violents il est vrai, mais d'aussi illégaux ; nous voulons parler des *blocus pacifiques* établis sans déclaration de guerre préalable et tandis que les relations de paix continuent ostensiblement.

En 1827, l'Angleterre, la France et la Russie bloquaient les côtes de la Grèce et déterminaient la bataille de Navarin sans déclaration de guerre.

Plus tard, en 1838, les forces navales françaises et anglaises établissaient un blocus pacifique qui se prolongea pendant plus de dix années consécutives devant les ports de la République argentine, en se déclarant toujours en paix avec cet État. La même année, la France agissait de même à l'égard des ports du Mexique [1].

---

[1] V. Appendice, XI.

Ce genre de blocus établi à titre de représailles ou dans le but d'obtenir l'acquiescement à des exigences formulées, ne peut être regardé comme légal ; il renferme une anomalie, il constitue un véritable acte de guerre incompatible avec l'état de paix. Il est un véritable attentat contre l'indépendance des nations. En vain cherchera-t-on à l'appuyer sur le *droit de nécessité* : si la nécessité peut porter à la violation des droits, elle ne pourra jamais les créer.

Nous ajouterons qu'on ne peut admettre à titre de principe, la mise en pratique, durant la paix, d'un acte qui ne peut être motivé que par l'état de guerre.

Les violents abus dont nous avons parlé plus haut, aussi bien que les *blocus de cabinet*, ont toujours eu pour prétextes des circonstances extraordinaires et le pseudo-droit élastique de *nécessité*. Mais, outre que toute prétention à sanctionner ces pratiques est interdite par le droit naturel, le droit conventionnel vient encore et avec plus de raison les réprouver aujourd'hui. Les déclarations du Congrès de Paris contiennent et confirment le principe que le blocus est un acte de guerre et qu'il ne peut être que la conséquence de l'état de guerre ; et que pour qu'un blocus soit valable, il faut qu'il soit effectif, c'est-à-dire maintenu par une force navale suffisante pour interdire l'accès du littoral ennemi.

Il n'y a donc qu'*une seule espèce de blocus* : celui qui résulte pratiquement du droit de guerre, celui qui a pour fondement la souveraineté de l'occupant, celui que le canon maintient, que la force matérielle réalise par le fait que l'état de guerre seul le justifie, mais dont l'effet cesse dès que cessent les causes de validité et de légalité.

CHAPITRE IX

DROIT DE VISITE

SOMMAIRE. — Fondement du droit de visite en temps de guerre. — Par qui et où il peut être exercé. — Différence entre la visite proprement dite et la reconnaissance de la nationalité en temps de paix, quant au but et aux moyens. — Les navires de guerre sont exempts de la visite ; raisons de cette exemption. — Manière d'exercer la visite. — Procédure en cas de prise, de résistance ou de combat. — La visite pour la répression de la traite ; comment on doit la considérer. — Exemption de la visite par les navires marchands convoyés par des navires de guerre. Raisons qui ont rendu la visite vexatoire et odieuse. — Accords internationaux qui l'ont mieux définie et limitée.

Le principe de la liberté de la haute mer entraîne la conséquence qu'en temps de paix le navire dont la nationalité est reconnue, se trouvant dans la pleine jouissance de cette liberté, n'est soumis à aucune juridiction étrangère ; que par conséquent, en temps normal, on ne peut admettre qu'un seul droit, celui de reconnaissance du pavillon ; c'est-à-dire le droit de rechercher si les navires sur la haute mer ont ou non une nationalité ou si, ne l'ayant pas, ils encourent la qualification de pirates. Le simple droit de reconnaissance du pavillon ou de nationalité, le seul admis en temps de paix, comme nous venons de le dire, est exercé d'après une procédure simple, exempte de vexation et seulement dans le cas où il y a soupçon de piraterie.

Mais, en temps de guerre, il n'en est plus de même ; sur terre, le belligérant s'empare du territoire qui est propriété de l'ennemi ; sur mer, où il n'y a pas propriété, mais seulement usage, le belligérant s'efforce d'empêcher son ennemi de jouir de cet élément. Il est, par conséquent, nécessaire de distinguer les navires neutres des navires ennemis, afin d'exercer sur ces derniers le droit de prise et de vérifier si les premiers obéissent aux devoirs que la neutralité leur impose et respectent les droits des belligérants ; c'est-à-dire de voir s'ils s'emploient à la contrebande de guerre ou s'ils ont violé les blocus légalement établis. De là, la nécessité de la visite en temps de guerre.

Nous le voyons, tandis que le droit de reconnaître la nationalité en temps de paix a pour fondements l'intérêt général, la police des mers et la sécurité des navigateurs, le droit de visite naît de l'intérêt particulier d'un État qui est en guerre et qui, pour cette raison, a besoin d'interdire l'usage de la mer, non seulement à ses ennemis, mais aussi aux neutres s'employant à la fourniture ou au transport d'armes ou de tout autre secours à son ennemi.

Il est facile de faire ressortir la différence qui existe, quant aux fins et aux moyens, entre la *visite* en temps de guerre et la simple *reconnaissance* du pavillon en temps de paix. En effet, la reconnaissance a uniquement pour objet d'établir l'*identité de la nationalité* d'un navire dans le but de garantir la liberté de la navigation en la conciliant avec la sécurité des mers ; la visite, au contraire, restreint cette liberté, elle a pour but de *vérifier*, non seulement la nationalité, mais encore *la cargaison du navire*, en la soumettant à diverses restrictions, selon la nature, la provenance ou la destination qu'elle révèle. Dans le premier cas, la nationalité une fois reconnue, toute action cesse sur elle ; dans le second, après cette reconnaissance, ont lieu d'autres investigations.

Nous pouvons donc définir la visite, un acte propre au temps de guerre, une conséquence nécessaire du droit de prise de la propriété ennemie sur mer et du droit qu'a le belligérant d'empêcher la contrebande de guerre ou toute

violation des devoirs des neutres au préjudice des belligérants. En conséquence, la visite est, non-seulement un
droit, mais encore *le moyen d'exercer un autre droit*, celui
de prise.

Sans le droit de visite, il serait impossible aux belligérants d'exercer leur légitime droit de prise sur les ennemis
et sur les infracteurs des devoirs de la neutralité. C'est
donc la réciprocité des droits et des devoirs entre neutres
et belligérants qui rend nécessaire cet *unique* moyen de
faire connaître ce qui est ignoré, de sorte que, lorsque le
belligérant impose la visite au navire qu'il rencontre, on
peut dire qu'il exerce cet acte non intentionnellement à l'é-
gard d'un navire *neutre*, mais à l'égard d'un navire *inconnu*,
qui pourrait être un ennemi.

Si l'on pouvait obtenir que le pavillon indiquât toujours
la nationalité d'un navire, si l'on pouvait avoir la certitude que les navires neutres ne s'emploient jamais à un
commerce hostile, il suffirait que le pavillon neutre flottât
pour assurer au navire et à son chargement une pleine immunité et l'exempter de toute perquisition.

Mais le pavillon n'est qu'un indice ; il peut facilement
dissimuler la nationalité, c'est pourquoi les belligérants
ont besoin de vérifier l'identité du navire, non-seulement
sur des indices, mais encore sur des preuves. De plus, la
preuve que le navire est neutre empêche-t-elle qu'une
autre circonstance se présente ? Ne peut-il pas se faire que
ce navire prenne une part indirecte à la guerre en prati-
quant la contrebande ou en violant le blocus ?

Telles sont les raisons qui autorisent, comme moyen de
légitime défense, le droit pour le belligérant non-seulement
de vérifier si le navire en vue est ou non neutre, mais
encore, quand il l'est, à exiger l'exhibition des papiers de
bord afin d'établir si son chargement est hostile par sa
nature ou sa destination.

Tels sont le fondement et la fin du droit de visite désigné par les Anglais : *right of visite and search* et dont

l'exercice constitue non pas tant un acte d'autorité ou de juridiction sur les neutres que de précaution contre les navires inconnus. Il en résulte que c'est un droit donnant au belligérant la faculté de visiter par l'entremise de ses navires de guerre ou corsaires légaux, les bâtiments qu'ils rencontrent en haute mer, dans ses eaux territoriales ou dans celles de l'ennemi ; et l'autorisant non-seulement à obtenir les preuves de la nationalité, mais aussi à vérifier la nature et la destination de la charge, moyennant l'examen des papiers de bord, afin d'atteindre un double but : interdire l'usage de la mer à son ennemi et empêcher que les neutres lui prêtent assistance. Voilà pourquoi l'inviolabilité dont jouissent les navires marchands en temps de paix sur la haute mer, subit des restrictions en temps de guerre.

Voilà pourquoi aussi chaque fois qu'en temps de guerre un belligérant avise un navire en mer, il a de suite besoin de savoir s'il est ennemi ou neutre ; pour le combattre ou le saisir dans le premier cas ; pour ouvrir une procédure dans le second.

Le belligérant a le droit de ne pas se fier au pavillon hissé par le navire ; ce peut être, nous l'avons vu, un moyen déguisé pour se soustraire à la prise. De là, la nécessité des preuves de la nationalité.

Or, ces preuves sur les navires marchands, sont consignées dans les papiers de bord et c'est seulement par la visite qu'on peut les vérifier.

Si de la visite résulte la certitude que le navire est *ennemi*, la prise s'en suit *ipso facto*.

Dans l'hypothèse où le navire est reconnu comme *neutre*, c'est par la visite que l'on peut vérifier s'il porte de la contrebande de guerre ou s'il est en flagrant délit de violation de blocus. Dans chacun de ces cas, les actes du navire ayant un caractère privé, l'infraction aux devoirs de la neutralité ne peut être imputée au gouvernement du pays à qui appartient le navire ; c'est ce qui fait que la répression des actes illégaux du navire neutre est de la compétence du belligérant offensé.

On voit par ce qui précède que sans le droit de visite, unique moyen d'obtenir une certitude, le droit de prise serait illusoire, aussi bien que le serait le droit des belligérants d'empêcher que des secours parviennent à leur ennemi.

Le droit de visite n'est pas applicable aux navires de guerre et ne s'y exerce pas, par la simple raison que ces bâtiments ont un autre moyen direct de prouver leur nationalité et leur neutralité et qu'on ne peut admettre la supposition qu'ils pratiquent la contrebande de guerre.

Le moyen qu'a tout navire de guerre pour attester sa nationalité consiste à hisser son pavillon en appuyant cette démonstration d'un coup de canon que les Français appellent « coup d'assurance » et les Anglais « affirming gun ». C'est une forme simple, mais imposante adoptée par toutes les nations maritimes comme traduisant la parole d'honneur de l'officier commandant le navire, que la nationalité du pavillon est bien celle du navire ; le bruit du canon est comme la voix solennelle qui parle au nom de la souveraineté dont il a le devoir de soutenir l'honneur et les droits. Or, la parole d'honneur d'un offcier est admise par les nations comme une preuve, parce qu'elle émane directement d'un fonctionnaire à qui son caractère public donne une autorité aussi digne et plus digne de crédit même que ne peuvent être les papiers de bord des navires marchands. Si ces papiers sont un document écrit, la parole du commandant est un document vivant émanant d'un délégué de la souveraineté.

En ce qui concerne la prohibition de la contrebande, on considère également comme inutile la visite du navire de guerre neutre. La supposition d'un trafic semblable ne peut être admise. En effet, il y aurait dans ce trafic une grave violation de la neutralité, qui équivaudrait à un acte d'hostilité et serait une offense suffisante pour motiver une déclaration de guerre de la part de la nation ainsi offensée. En outre, il convient d'observer, qu'en vertu de sa propre mission, le navire de guerre a toujours à bord des armes et des munitions et qu'il serait impossible de voir dans ce fait une tentative de contrebande là où il n'y a que l'application des conditions habituelles d'armement.

Les formalités de l'exercice du droit de visite sont réglées presque uniformement par les usages internationaux aussi bien que par divers traités, indiquant les moyens pratiques, ainsi que les papiers de bord dont l'examen sert à constater la nature et la destination de la cargaison.

Dès qu'un navire belligérant avise un autre navire en haute mer ou dans les eaux où le droit de visite est licite, il doit supposer que c'est un ennemi tant que la véritable nationalité et la condition n'en sont pas établies. Si les moyens indiqués plus haut font reconnaître que le navire en vue est un *bâtiment de guerre ennemi*, l'honneur et le devoir indiquent la conduite à tenir; mais si c'est un navire de guerre neutre, la double reconnaissance de ces caractères lui garantit une double immunité.

Dans le cas où le navire belligérant avise *un navire marchand* et, comme tel sujet à la visite, il doit avoir en vue deux objets distincts :

1° En reconnaître la nationalité ;

2° Le saisir, s'il est ennemi ou s'il ne l'est pas, examiner si la destination et la nature de la charge le rendent coupable de contrebande de guerre.

La procédure à suivre est celle-ci : en premier lieu, on doit exécuter une manœuvre pour se rapprocher de la ligne du navire suspect ; arrivé à une distance raisonnable, il faut indiquer son intention de procéder à la visite en hissant son pavillon et en l'assurant d'un coup de canon à poudre : c'est le coup d'intimation. Si le navire marchand n'obéit pas à l'intimation, un second coup à boulet passant par la proue, sert de confirmation au premier, et signifie l'obligation de se soumettre à la visite.

Quand le navire marchand obéissant à l'intimation hisse son pavillon et suspend sa marche pour recevoir la visite, le commandant du navire de guerre visitant placé à une distance convenable, envoie une embarcation avec un officier chargé d'examiner les documents du navire. La présence de l'officier constitue la garantie qu'aucune violence ni infraction aux règles internationales ne sera commise à bord du navire dont on recherche la nationalité ; c'est pourquoi l'officier doit monter seul à bord du navire visité ou accompagné tout au plus d'un ou deux matelots chargés de l'aider dans ses investigations, ce qui enlève à sa démarche tout caractère d'invasion ou de prédominance.

Si l'examen des papiers de bord prouve que le navire est neutre et *destiné à un port neutre*, la visite est *ipso facto* terminée ; il n'y a pas d'ennemi à saisir ni de contrebande à interdire. Mais si le navire visité, quoique neutre, se dirige *vers un port ennemi*, cette circonstance doit être prise en considération ; l'officier alors réclame la présentation des documents relatifs au chargement et si l'examen amène la vérification qu'il y a de la contrebande de guerre, le navire est retenu. Il en est de même pour le navire *venant d'un port ennemi* s'il est prouvé qu'il a violé le blocus établi et notifié.

Il y a encore à considérer, pour la manière pratique d'exercer la visite, à quelle distance doit rester le navire visitant, quand après l'intimation, il expédie de son bord l'embarcation qui va faire la visite.

D'anciens traités établissaient que le navire visitant devait se tenir à une distance qui mît le navire visité hors de la portée du canon, sous le prétexte que, plus rapproché, le visitant donnerait à sa démarche une apparence de pression ou d'intimidation.

Il est certain, cependant, que l'état du temps et de la mer peut exiger que l'on n'expose pas une embarcation légère à aller aussi loin que l'indique cette délimitation rigoureuse ; aussi, la pratique généralement suivie et établie par l'usage èst-elle que le navire se maintienne à une distance raisonnable et à la portée du canon, non dans le but d'en imposer au visité mais pour être prêt à porter secours à l'embarcation envoyée. Cette manière de procéder est consignée par le droit conventionnel dans plusieurs traités établissant que le navire visitant doit se maintenir à la distance réclamée par l'objet de la visite, permise par l'état de la mer et conseillée par le degré de soupçon que le navire visité inspire.

La visite étant, par son objet et par son exercice, *un moyen* de distinguer en temps de guerre, l'ennemi de celui qui ne l'est pas, et de vérifier si le neutre n'agit pas comme un ennemi, il résulte qu'en temps de paix, où il n'y a ni belligérants, ni neutres, ni ennemis à saisir, ni contrebande de guerre à empêcher, le droit de visite n'existe pas. Il n'y a plus qu'une procédure limitée à la reconnaissance de la nationalité dans le but de refréner la piraterie, c'est-à-dire dans l'intérêt général des nations.

La visite constituant, quant aux fins et aux moyens une amplification notable de cette procédure autorisée en temps de paix, quelques publicistes ont cru pouvoir la désigner par le nom *de droit de visite et perquisition*, en donnant à la simple reconnaissance celui *de droit de visite.*

Cette désignation répondant aux vues politiques de quelques puissances qui avaient intérêt à maintenir un droit de visite, même pendant la paix, ne peut constituer un terme de droit commun international. L'expression anglaise *right of visit and search*, comme la locution française *droit de visite et recherche*, n'a d'autre sens ni valeur que la simple expression *droit de visite* ; celle-ci suffit à signifier l'ensemble des procédés employés exclusivement pendant la guerre, puisque c'est un droit appartenant aux belligérants seuls.

Concluons donc que le droit international maritime n'admet pas la visite en temps de paix. La liberté des mers et l'indépendance des nations s'y opposent [1].

[1] V. Appendice XII.

Dès qu'en temps de guerre la visite est une nécessité pour maintenir les droits des belligérants, c'est également un devoir pour les neutres d'en respecter les règles et de s'y plier. Donc, tout navire neutre doit obéir à l'intimation faite par le navire de guerre belligérant et se soumettre à la visite. Là où il y a un droit pour le belligérant, il y a un devoir pour le neutre.

Si le navire neutre cherche à fuir et tente ainsi d'esquiver la visite après l'intimation, le navire de guerre a le droit de le poursuivre et d'employer la force pour l'y contraindre. Dans ce cas, le navire de guerre n'est pas responsable des avaries qu'il a causées, même si le navire est neutre et s'il se trouve en règle.

Il se peut que, soit par crainte de contre-temps, soit parce qu'il a confiance dans la rapidité de sa marche et qu'il espère ainsi éviter les longueurs qu'entraîne la visite, le navire fuie sans résistance ni motif. Par ce seul fait il court les risques des avaries sans avoir à compter sur une indemnité parce que la faute en revient à lui seul.

Le navire marchand ennemi qui cherche à esquiver la visite n'aggrave pas par là sa situation; c'est une entreprise de droit naturel; mais, si au lieu de la fuite simple, qui peut se justifier ainsi, il y a résistance et combat de la part du navire chassé, soit ennemi soit neutre, celui-ci s'expose à la prise; quand même il n'y aurait pas d'autre motif, le fait qu'il a résisté par la force lui donne la qualité d'ennemi.

C'est ici le lieu d'observer qu'entre quelques États, le droit conventionnel a autorisé pour certains cas déterminés et dans des limites spéciales l'exercice du droit de visite en temps de paix pour la répression de la traite; mais ces traités sont spéciaux aux nations qui les ont signés et qui ont mutuellement abandonné sur ce point leur droit d'indépendance en temps de paix. Ces précédents ne peuvent donc établir de règle permanente de jurisprudence internationale. Nous avons, du reste, déjà étudié cette question au chapitre V de la première partie.[1]

La visite étant le moyen indispensable en temps de guerre pour exercer le droit de prise, répond pleinement à

[1] Si la jurisprudence n'est pas encore fixée sur ce point, elle vient de faire un grand progrès. La Conférence de Berlin de 1884-85, a dû s'occuper de la traite pour affirmer de nouveau le désir des puissances d'en finir avec cette horrible spéculation. — Dans son rapport au Ministre des affaires-étrangères, M. Engelhart résume ainsi les travaux du Congrès :

« *Le droit de visite*, qui se rattache à la suppression de la traite par mer, a été le sujet d'intéressantes observations présentées par le Plénipotentiaire d'Espagne,

« Au commencement de ce siècle, a dit à peu près le Comte de Bénomar, lorsque l'Europe a flétri la traite, la côte occidentale d'Afrique, plus particulièrement infestée par les négriers, appartenait à des peuplades sauvages sur presque toute son étendue. Les mesures qui ont été prises à cette époque pour empêcher le transport d'esclaves dans ces parages, ont été empreintes d'une sévérité qu'expliquaient des facilités de circonstance et des habitudes locales jusqu'alors à peu près impunies. L'Espagne et l'Angleterre en particulier, en vertu d'un traité daté du 28 juin 1835, ont mutuellement autorisé leurs croiseurs à arrêter et à faire juger les bâtiments marchands soupçonnés de se livrer à la traite, sur la simple constatation qu'ils avaient à bord plus d'eau, ou plus de riz, ou plus de farine, qu'il n'était nécessaire pour les besoins de l'équipage.

« Ce traité et d'autres analogues sont tombés en désuétude, et aujourd'hui que le littoral africain est occupé presque partout par des Puissances chrétiennes, ils ont d'autant moins raison d'être qu'ils sont une menace constante contre la liberté du commerce et de la navigation proclamée et mise en pratique dans le bassin et aux embouchures du Congo et du Niger.

« Ne pourrait-on pas, ajouta le Plénipotentiaire de S. M. Catholique, annuler, en ce qui touche la côte occidentale d'Afrique, les traités relatifs au droit de visite, et stipuler une surveillance qui s'exercerait à tour de rôle dans les seuls points encore libres de toute domination étrangère ? Un tribunal composé des consuls établis au Congo serait chargé de juger les navires saisis, et il prononcerait ses sentences en vertu de règlements arrêtés d'un commun accord.

« Ces considérations n'ayant été soumises à la Conférence que sous la forme d'un vœu, aucune décision ne les a sanctionnées; mais une sérieuse attention a été prêtée aux conclusions qu'elles motivent, et l'on peut croire qu'elles seront un jour l'objet d'une entente entre les Puissances maritimes. » — (Rapport au ministre des affaires étrangères).

Le Congrès, après avoir reconnu que la poursuite des trafiquants sur mer ne suffisaient pas pour supprimer la traite dans les nouveaux États du Congo, a étendu sur la proposition du Plénipotentiaire anglais, Sir son objet en alliant les intérêts des belligérants avec le respect pour l'indépendance des nations neutres, lorsque dans la pratique elle est circonscrite aux limites d'une juste modération.

Mais les abus auxquels la pratique de la visite a donné lieu pendant longtemps ont contribué à en faire non seulement un moyen odieux et vexatoire, mais une cause de fréquentes résistances et même de graves conflits ; telle devait être la conséquence d'un état de choses où l'on n'acceptait pas généralement la doctrine que le pavillon couvre la marchandise et où les neutres étaient exposés aux violences résultant des blocus fictifs et au manque de scrupules des corsaires.

Parmi les causes qui donnaient fréquemment lieu aux conflits, il faut aussi mentionner la classification peu précise des articles de contrebande. Quelques nations, notamment celles de la Baltique, voyaient à l'état de paix, leur commerce affaibli et entravé par le fait que les belligérants désignaient comme contrebande de guerre les agrès, tels que antennes, câbles, goudron et autres articles dont l'industrie est très développée dans ces pays. Pour protéger leur commerce contre les vexations et les conséquences de la visite, la Russie, la Prusse, la Suède et le Danemark signèrent, en 1800, une convention sous le titre de

Edward Malet, les mesures prises jusqu'ici sur mer, aux territoires formant le bassin conventionnel du Congo.

« Les Puissances qui exercent ou exerceront des droits de souveraineté dans cette région se sont imposé l'obligation stricte d'employer tous les moyens en leur pouvoir pour mettre fin à ce commerce et pour punir ceux qui s'en occupent. »

Le Plénipotentiaire américain, renchérissant sur ce programme, demandait que l'assimilation fût complète et que les marchands d'esclaves considérés *comme pirates sur mer*, le fussent aussi sur les territoires du Congo ; il réclamait en conséquence leur bannissement. L'idée était logique, mais les puissances participant du régime nouveau au Congo n'ayant pas toutes inscrit le bannissement dans leur législation ne pouvaient établir sur ce point un accord parfait, et l'on a passé outre à la demande américaine.

(Note du traducteur).

Deuxième neutralité armée, contenant les principes déjà établis dans la première, datée de 1780. Cette convention établissait, en outre, que les navires marchands convoyés par un navire de guerre jouiraient des immunités de celui-ci et seraient, par conséquent, exemptés de la visite : et cela, sur la déclaration verbale de l'officier commandant, que les navires appartenaient à telle nationalité, et, quand ils se dirigeaient vers un port belligérant, qu'ils ne transportaient pas de contrebande de guerre.

Il est certain que les gouvernements des États neutres ne peuvent pas toujours empêcher leurs sujets de pratiquer un commerce frauduleux ; leurs navires marchands, par le seul fait qu'ils sont neutres, n'offrent pas toujours une garantie de la légalité de leur conduite. Nous avons vu que c'était ce qui rendait la visite nécessaire, mais, d'un autre côté, il est non moins certain que cette visite devient superflue quand une garantie est donnée par *l'attestation authentique* faite au nom du gouvernement dont dépendent les navires.

C'est là, la valeur de la parole du commandant du navire convoyeur.

La visite est donc superflue dans ces cas et on évite ainsi les contre-temps et les vexations qui en résulteraient.

Les événements politiques rendirent peu durable le pacte de la seconde neutralité armée, mais le droit conventionnel en a confirmé en grande partie les principes ; tous les traités depuis 1845, dans les parties qui se rapportent aux convois de navires marchands, escortés par des navires de guerre, ont adopté la règle que l'attestation verbale du commandant garantit la légitimité du trafic, maintenant ainsi d'une manière équitable l'autorité officielle et l'indépendance du pavillon.

Aux temps modernes, l'adhésion de la plupart des nations maritimes aux déclarations du congrès de Paris de 1856, a fait perdre en grande partie au droit de visite ce caractère vexatoire qui l'avait rendu si odieux. Par les règles internationales que la course est abolie, que le pavillon couvre la marchandise et ne la confisque pas, que les blocus effectifs sont seuls valables, bien des causes de conflits ont été supprimées ; la visite est devenue plus limitée quant à son objet, plus restreinte et mieux définie dans la pratique ; les neutres sont garantis contre les vexations et les abus qui en peuvent résulter et les belligérants n'en sont pas moins maintenus dans leur droit de l'exercer.

A l'occasion de certaines luttes entre des puissances maritimes, la prévision que les hostilités seraient de peu de durée a porté les belligérants à se mettre d'accord avant la déclaration de guerre, sur la suppression du droit de prise appliqué aux navires marchands. C'est ce qui est arrivé en 1866, lors de la guerre entre l'Autriche et l'Italie [1]. Ces précédents sont un indice de plus, qu'étant données les conditions des guerres modernes, de la navigation et du commerce, il est possible que d'autres principes de droit maritime vers lesquels une certaine tendance s'est déjà manifestée quand il s'est agit de l'abolition de la course, viennent à être mis en application. Ce serait, par exemple, l'abolition du droit de prise et le libre commerce des belligérants.

Si cette règle était établie, le droit de visite serait restreint à la répression de la contrebande de guerre et à l'action nécessaire pour le maintien des blocus.

Quoi qu'il en soit, le droit de visite existe jusqu'à présent dans les formes et dans les limites que nous venons d'indiquer.

[1] V. Appendice XIII.

CHAPITRE X

PRISES

Chaque fois que nous nous trouvons en présence de l'omission de devoirs corrélatifs à nos droits, nous pouvons dire qu'il y a violation de ces derniers.

Pour réprimer la violation, il faut une sanction et nous la trouvons, lorsque les devoirs que l'État de guerre impose aux neutres ne sont pas accomplis, dans la qualité d'ennemis qui leur est attribuée par les belligérants.

Or, la violation des devoirs de la neutralité peut provenir, soit de l'État, soit des particuliers.

Dans le premier cas, la conséquence présumable est la guerre et, quand on y recourt, les hostilités sont relation d'État à État et non d'individu à individu.

Dans le second cas, la violation de la neutralité n'entraîne pas la culpabilité du gouvernement et le belligérant offensé peut seulement punir individuellement le sujet de l'État neutre. La pénalité, dans ce cas, provient et dépend non de la loi interne, mais de la loi internationale.

Quand le belligérant constate par la visite que le navire est contrebandier ou a violé le blocus, ou ne peut pas justifier sa nationalité neutre, il a le droit de le retenir pour confisquer la marchandise ou saisir le navire. Le navire ainsi retenu, soit parce qu'il est ennemi, soit parce qu'é- tant neutre il a enfreint ses devoirs, est dit *prise*. Dans ce cas, celui qui a opéré la capture substitue à l'équipage de la prise le sien propre et fait hisser son pavillon au-dessus de celui du navire saisi. Mais le navire et la cargaison ainsi détenus n'appartiennent pas à celui qui les a pris, tant qu'une sentence du tribunal compétent n'a pas confirmé la prise.

L'acte qui décide du sort de la prise s'appelle *jugement de la prise*.

C'est de la décision du tribunal que dépend la *déclaration de bonne prise* quand la sentence confirme la capture, ou la *main-levée de la prise* quand elle est annulée, faute de rai- sons qui la justifient.

La prise, pour être jugée, doit régulièrement être con- duite à un port de celui qui l'a capturée.

La sentence doit être prononcée par les tribunaux com- pétents et devant lesquels sont admis les moyens de dé- fense que veut présenter le saisi. La prise peut également être conduite à un port neutre quand l'asile y est concédé, mais c'est à titre temporaire, et elle ne relève pas de la ju- ridiction de cet État étranger, quant aux motifs de la prise.

Si la prise est conduite dans un port de la nation neutre dont elle porte le pavillon, les tribunaux du pays sont alors compétents pour la juger, parce que se désister de ce droit serait refuser justice à ceux qui ont fait la capture, en même temps qu'abdiquer sa juridiction sur ses propres sujets.

Dans le cas fortuit où une prise, pour une raison de force majeure, est conduite dans le port de la nation enne- mie à qui elle appartient, main-levée en est donnée *ipso facto* et elle est restituée à son propriétaire. C'est celui qui a fait la capture qui, dans ce cas, passe à l'état de prison- nier, vu sa qualité d'ennemi.

La formation des tribunaux de prise dépend de la législation spéciale du pays où ils sont constitués. Dans quelques États, ce sont les tribunaux de l'amirauté, et ils sont permanents ; dans d'autres, ils sont formés *ad hoc* en temps de guerre et composés d'un personnel officiel et technique. C'est le droit interne qui règle la constitution de ces tribunaux[1], tandis que c'est le droit externe qui donne aux belligérants le droit de les établir.

En tout cas, la condition indispensable du jugement et la faculté laissée aux intéressés de présenter leur défense, sont une garantie de plus contre la prédominance de la force sur la justice.

Pendant les hostilités, il peut se faire qu'un navire, après avoir été capturé par un belligérant, soit ensuite capturé de nouveau par l'ennemi à la nationalité duquel il appar-

---

[1] La composition du conseil des Prises en France, est la suivante (d'après le décret du 9 mai 1859) :

Un conseiller d'État, président ;

Six membres, dont deux maîtres des requêtes au Conseil d'État ;

Un commissaire du gouvernement qui donne ses conclusions sur chaque affaire ;

Un secrétaire-greffier.

C'est donc une Cour purement administrative dont le cadre organisé à l'état permanent ne devient vraiment actif qu'en cas de guerre.

Cependant un avis du Conseil d'État, du 16 décembre 1873, décide que le Conseil des prises *reste compétent en temps de paix* comme en temps de guerre, pour statuer sur toutes les affaires de prises maritimes et notamment sur celles concernant les navires accusés de piraterie.

L'Espagne et l'Italie suivent à peu près notre système.

Quant à la jurisprudence que suivent et doivent suivre les tribunaux des prises, c'est celle du pays auquel ils appartiennent ; il est difficile qu'ils se soumettent aux principes du droit des gens, quand ce droit est en désaccord avec le système législatif interne. Pour adopter une opinion différente, il faudrait se trouver en présence de tribunaux internationaux ayant pour mission d'appliquer à tous, une législation commune et dérivée des principes du droit des gens. Or, ces tribunaux n'existent pas. Chaque État, donc, doit appliquer sa législation. Mais quand cette législation ne contient aucune disposition relative aux droits et devoirs des neutres, quel système faut-il adopter ? Gesmer et Perels, répondent qu'il faut appliquer et interpréter la législation intérieure en conformité avec le droit international. *(Note du traducteur).*

tient. Cet acte, par lequel le navire est ressaisi avant d'avoir été conduit à un port et d'y avoir été jugé, est ce qui constitue *la reprise*.

En ce qui concerne la garantie des différents droits de la propriété ainsi ressaisie et de ceux du possesseur de la reprise, les solutions présentées par les publicistes ou consignées dans les lois des différentes nations sont très variées. La question, toutefois, dans son ensemble, se réduit à décider si celui qui opère la reprise a droit à la propriété ressaisie ou s'il doit la rendre au premier propriétaire.

La jurisprudence en matière de reprises [1], consacrée, soit par les ordonnances, soit par le sens des stipulations internationales, soit enfin par les théories de la plupart des publicistes, s'est toujours basée sur les principes de la loi romaine qui établissait le *jus postliminii*, d'après lequel les personnes ou les choses prises par l'ennemi devaient retourner à leur premier état ou possesseur quand elles étaient reprises, pourvu que le rachat en ait été effectué avant que l'ennemi ait conduit la prise en lieu sûr *intra præsidia;* ou bien encore quand la reprise avait été opérée dans un délai limité généralement à 24 heures. Passé ce délai, il y avait prescription du droit du premier propriétaire et la prise passait en toute propriété à celui qui l'avait ressaisie. — D'autre part, quand une prise abandonnée par l'ennemi qui l'a capturée est ressaisie par un navire de sa nation, les lois internes de chaque pays et l'opinion des publicistes s'accordent avec le droit primitif pour déclarer que le navire abandonné par l'ennemi et repris même après 24 heures, doit être restitué au propriétaire primitif, toutes les fois qu'il est réclamé dans le délai d'un an et un jour.

---

[1] En matière de reprise, il n'y a encore aucune règle internationale à formuler. La question est l'une des plus complexes du droit international : et jusqu'ici les règlements de chaque État varient en une infinité de points. C'est encore l'intérêt des belligérants qui fixe dans la plupart des cas, leur manière d'agir.   *(Note du traducteur).*

En conciliant ainsi les différents intérêts et droits, on obéit au principe que les objets repris ou reconquis par le fait de l'abandon retournent à leurs propriétaires respectifs ; mais en tous cas, la raison et la justice exigent que ceux qui ont opéré la capture reçoivent une gratification proportionnée à la valeur de la propriété reconquise et à la peine prise pour la ressaisir. C'est aux lois spéciales de chaque pays qu'il faut demander le règlement de cette question, d'accord avec les préceptes de la convenance et de l'équité.

En droit positif, les navires et objets repris aux pirates sont sujets à restitution chaque fois qu'ils sont réclamés par leur propriétaire primitif dans le délai d'un an et un jour, à partir de la date de la reprise.

Il n'est, ni loi, ni nation qui ne considère les pirates comme des ennemis du genre humain et qui n'autorise toutes les puissances, sans différence de juridiction à procéder à la capture et au châtiment de ces brigands. Une juste conséquence de ce principe est que le pirate n'ayant pas le droit d'acquérir la propriété n'a pas non plus de droit sur les objets dérobés par lui et ne peut, par conséquent, transmettre valablement la propriété.

C'est un principe consigné et admis par les lois internes de tous les pays civilisés. Ces vérités ne peuvent être mises en doute et il ne peut y avoir de divergence sur l'acceptation de règles dérivées de la saine raison et de l'essence propre des sociétés politiques.

Une divergence existerait-elle sur ce point qu'elle ne détruirait pas les principes ; elle servirait seulement à établir une différence entre les peuples civilisés et ceux qui, par leurs procédés, ne méritent pas ce titre.

CHAPITRE XI

CONCLUSION

SOMMAIRE. — Considérations générales sur l'état actuel du droit international et sur son application aux relations maritimes.

L'application des préceptes et règles internationales de droit maritime a toujours été entourée de difficultés, lorsqu'il s'est agi d'imposer aux nations neutres les principes et les systèmes variés du droit externe adopté par les nations belligérantes.

Et les graves conflits qui ont longtemps atteint les neutres dans leurs droits provenaient de ce qu'il n'y avait pas d'accord capable d'harmoniser les principes avec les procédés suivis par les différentes nations durant les hostilités. Il devait en être nécessairement ainsi tant que le droit de prise des navires et des cargaisons était régi par des lois et ordonnances aussi opposées que l'étaient celles des différents États : d'un côté, la règle ancienne du consulat de la mer qui n'admettait pas que le pavillon couvrît la marchandise, mais prescrivait la confiscation de tout ce qui appartenait à l'ennemi ; de l'autre, la règle opposée, qui rattachait toujours le sort de la marchandise à celui du navire, c'est-à-dire à la neutralité ou à la non neutralité du pavillon.

Il fallut bien qu'un semblable désaccord cessât le jour où les nations ainsi opposées par leurs principes, sentirent la nécessité de s'unir pour défendre une même cause.

C'est ce que l'on vit en 1854, à l'occasion de la guerre d'O-
rient, dans laquelle l'Angleterre et la France se trouvèrent alliées de la Turquie contre un ennemi commun, la
Russie.

Quand cette guerre éclata, les deux premières puissances déclarèrent leur intention de suivre, durant les hostilités qui allaient s'ouvrir, le principe que le pavillon couvre la marchandise et de renoncer à la concession des
lettres de marque en faveur des corsaires.

Ces déclarations, datées du 28 et 29 mars 1854, faisaient
déjà prévoir que, à la conclusion de la paix, les puissances
confirmeraient ces principes comme une règle permanente
et acceptée de commun accord ; le principe que le pavillon
couvre la marchandise était déjà généralement accepté,
sauf par l'Angleterre, depuis la proclamation des « Deux
neutralités armées » au siècle précédent, et venait d'être
l'objet d'un nouveau traité favorable (juillet 1854) entre
les États-Unis d'Amérique et la Russie.

En effet, quand à la fin de la guerre, en 1856, un congrès des représentants des grandes puissances se réunit à
Paris pour établir les bases d'un traité destiné à régler la
conduite future des nations, les questions de droit maritime ne purent laisser d'être prises en considération et de
faire l'objet d'un accord international. Mais il fallait que
les puissances intéressées se fissent de mutuelles concessions, qu'elles cédassent réciproquement sur ce qu'il y
avait d'opposé dans leurs pratiques coutumières :

La Grande-Bretagne, renonçant à son ancienne règle,
accepta celle qui établissait l'immunité de la marchandise
sous pavillon neutre, et obtint, en compensation, que les
autres puissances abolissent la course maritime.

La déclaration du 16 avril 1856, par laquelle le Congrès
établit que la course était abolie ; que le pavillon couvre,
mais ne confisque pas la marchandise ennemie, excepté la
contrebande de guerre et que les blocus doivent être effectifs, acceptée par la plupart des nations maritimes vint

imprimer à ces principes un caractère international, en soumettant au droit universel ce qui, auparavant, ne dépendait que de l'arbitre de chacun.

La question des droits et des devoirs réciproques des belligérants et des neutres, eût été complètement résolue, s'il ne s'était pas élevé quelque opposition à l'acceptation de ces principes ; l'Union Américaine, l'Espagne et le Mexique se retirèrent, on le sait, du concert général.

Mais il convient de noter que cette dissidence ne provenait pas d'un désaccord sur les principes touchant l'immunité du pavillon, en faveur desquels les États-Unis et l'Espagne s'étaient toujours déclarés. Le point de dissidence était l'abolition de la course : le gouvernement des États-Unis déclarait qu'il adhérerait aux principes du Congrès de Paris dans le cas seulement où il serait admis que la propriété privée des sujets d'un belligérant ne pourrait être capturée par les navires de guerre de l'ennemi, à l'exception de la contrebande de guerre ; c'est-à-dire qu'il acceptait l'abolition de la course à condition que l'on adopterait une mesure plus radicale, l'abolition du droit de prise : la suppression de ce dernier droit aurait eu pour conséquence nécessaire l'abolition de la course.

Ce système modifiait notablement le principe établi par les déclarations du Congrès : il ne fut pas adopté, les déclarations de principes étant indivisibles et l'acceptation ne pouvant en être que collective. La curieuse correspondance diplomatique qui s'établit à ce sujet entre le gouvernement américain et le cabinet de Paris n'amena pas le résultat que recherchaient les États-Unis : l'acceptation pure et simple de l'abolition de la course.

Peu de temps s'écoula avant qu'un nouveau mouvement politique fît reparaître la question. La guerre civile éclatait, en 1860, aux États-Unis entre les fédéraux et les confédérés ; ces derniers, mettant à profit la faculté d'employer des corsaires que l'Union-Américaine s'était réservée, armèrent des navires tels que l'« Alabama », le « Sumter » et d'autres qui se rendirent célèbres par leur hardiesse à la poursuite du commerce des États du nord.

Le gouvernement fédéral, comprenant alors qu'il subissait les conséquences de son refus d'adhérer aux déclarations du Congrès de 1856, s'adressa aux puissances signataires et demanda à être admis dans le concert. Le but qu'il se proposait était de faire frapper d'illégalité, par l'accord des puissances, les corsaires de ses adversaires et de les priver de l'asile dans les ports neutres : ses notes diplomatiques ne laissaient aucun doute à ce sujet : elles qualifiaient les confédérés de pirates du sud.

Les puissances, cependant, ne pouvaient pas, ne voulaient pas approuver ce tardif retour dans de semblables conditions. En pleine lutte, l'acquiescement à une semblable proposition équivalait à un appui donné à l'un des belligérants au détriment de l'autre ; c'était une rupture de la neutralité proclamée au commencement des hostilités.

Cet incident diplomatique prouve bien que si l'abolition de la course n'était pas un fait formellement reconnu par le gouvernement des États-Unis, elle pouvait être considérée comme moralement acceptée par lui dès qu'il faisait une semblable tentative.

Mais, pour le droit universel, la question reste entière ; c'est une difficulté qui n'est pas encore tranchée et qui est susceptible de créer des embarras le jour où éclatera une guerre entre des puissances admettant des principes différents. Il est, cependant, à présumer que toute nation qui aura adhéré à l'abolition de la course, usera de ce moyen si son adversaire se juge en droit de l'employer ; ce serait une violence que de ne pas admettre la réciprocité.

Il y a encore un autre point sur lequel le droit international n'est pas encore fixé. Quand le Congrès de Paris en 1856 inscrivit dans ses déclarations la prohibition de la contrebande de guerre, il se borna à formuler le principe, mais il ne précisa pas ce que l'on devait entendre par contrebande de guerre ; était-ce la difficulté de procéder à l'énumération définitive de tous les objets qui devaient être considérés comme tels ; était-ce aussi la difficulté d'apprécier l'influence qu'auraient sur cette qualification la quantité, la nature, la provenance et la destination de ces objets, qui justifiaient ce laconisme ? Il est certain que le développement croissant de l'industrie et les progrès matériels de l'art de la guerre rendent, chaque jour, plus compliqués le problème et la détermination des objets qui ne sont pas d'une application également appropriée à la paix et à la guerre.

Toujours est-il qu'un état de choses aussi indécis constitue une lacune dans la jurisprudence du droit international et sera une cause permanente de dissidences d'opinions, de conflits d'intérêts, d'outrages à des droits au cours des guerres maritimes.

Pour mettre fin à ces difficultés, quelques écrivains ont, il est vrai, proposé le système radical de l'abolition de toute restriction à la contrebande de guerre, sauf en cas de blocus.

Mais, comme nous l'avons déjà fait observer, une théorie qui établirait à titre de principe l'interdiction pour le belligérant d'empêcher les neutres de fournir à son ennemi des moyens destinés à sa propre destruction, serait la négation d'un droit naturel.

Décider d'une façon précise et par accord général des nations maritimes jusqu'à quel point on doit considérer la course abolie, ou dans quels cas et à qui elle peut être éventuellement permise, est un problème important à résoudre. Mais, définir la contrebande de guerre de manière à ne pas laisser au libre arbitre des belligérants le soin de la spécifier incidemment ou par nécessité, n'est pas moins important. L'une et l'autre question sont dignes d'attention et méritent une solution satisfaisante de la part d'un congrès international.

A en juger par les tendances générales de la politique et par les spéculations qui en naissent et s'y concentrent, il est facile de concevoir que la conduite des gouvernements des nations puissantes ne place pas toujours le culte du droit avant celui de leur convenance propre ; il en résulte que l'égoïsme et l'ambition ont plus souvent voix au conseil que l'esprit d'équité et le respect pour la justice.

Il faudrait toujours considérer que si les nations puissantes ne doivent pas abuser de leur force pour opprimer les nations les plus faibles, celles-ci, de leur côté, ne doivent pas abuser de leur faiblesse pour provoquer les autres.

Si le faible doit avoir souci de son honneur quand il se juge offensé par le plus fort, il doit aussi agir avec réserve et prudence, procéder toujours avec dignité, mais sans orgueil. L'orgueil qui, chez les puissants, sera souvent vanité, chez les petits sera jactance.

La réserve dans l'hommage à rendre à son bon droit et à la dignité d'autrui est un procédé aussi noble pour les grands pays qu'honorable pour les petits. Le culte de ces vérités serait un moyen de dissiper bien des conflits.

Le principe qui devrait être inscrit au frontispice du Code de droit international devrait être celui qui consigne et impose d'une manière imprescriptible le devoir d'accomplir les obligations imposées par le droit plutôt que de recourir aux moyens fournis par la force seule.

Malheureusement, les appréhensions corroborent et les exemples justifient la crainte qu'une telle doctrine devienne difficilement une règle invariable pour tous les États ; nous n'en voulons d'autre preuve que cet article 8 du traité de mars 1856 rédigé par le Congrès international de Paris, établissant que *tout État, avant d'employer la force, recourra aux bons offices d'une puissance tierce ;* cette déclaration à laquelle se rapporte le protocole n° 23, du 14 avril de la même année, avait obtenu l'adhésion du gouvernement portugais, le 25 juillet de la même année. Deux ans à peine étaient écoulés depuis que cette théorie avait été acceptée par les puissances et déjà l'affaire du « Charles et

Georges » semblait prouver que l'article 8 était tombé dans l'oubli[1].

D'autre part, le peu de scrupule avec lequel les guerres s'engagent, tandis que les nouvelles doctrines du progrès social sont publiées, prouvent toute la futilité des théories que l'on met en avant.

On a inventé le principe de *non-intervention* pour le cas où il convient mieux d'abandonner le faible à la prédominance du fort. On a vu sanctionner des violences et des pratiques abusives en faisant appel à la théorie du fait accompli, comme si l'accomplissement d'un acte inique pouvait être suffisant pour l'autoriser.

On a vu, à notre époque, les hérauts des idées les plus avancées réunis dans des congrès dits de paix, mais où l'on a proclamé la guerre à toutes les institutions, à tous les principes, à toutes les formules, à tous les éléments matériels et moraux qui forment la base des sociétés humaines.

La civilisation, si fière de ses progrès, n'a pu encore éviter les guerres internationales que ses aspirations devraient pourtant lui faire considérer comme une anomalie. Cette sentence du vieil Hérodote que la paix est le temps où les fils donnent la sépulture à leurs pères et la guerre celui où les pères ensevelissent leurs fils est reléguée dans l'oubli.

Mais, puisque la civilisation n'a pas encore pu éviter toute guerre, elle devrait au moins s'employer à adopter des procédés restreignant les ruines qu'elle occasionne, en délimitant équitablement les moyens d'action.

Au temps de l'antique Rome, nous trouvons un grand exemple d'un combat singulier entre les Horaces et les Curiaces pour remplacer une guerre. Aujourd'hui, au contraire, pour trancher les différents internationaux, non seulement on adopte tous les moyens d'extermination, mais encore on développe l'élément individuel des armées en

---

[1] V. Appendice, XIV.

recourant à la mobilisation et à l'armement de toute la population valide. C'est reculer au temps des Xerxès et des Attila, et voilà comment le progrès si vanté se dément lui-même par l'adoption d'un système rétrograde qui va jusqu'aux pratiques des temps barbares ; la guerre n'est plus que la lutte immense, l'invasion, la conquête, le meurtre de peuples en masse par d'autres peuples ; et toujours, et sur une plus large échelle, la force brutale est le recours suprême auquel font appel les nations pour soutenir leurs droits.

Chose remarquable ; tandis que sur mer l'abolition de la course a restreint les moyens de guerre en supprimant le *service volontaire*, la conscription générale développe ces moyens pour la guerre continentale et on arrive à imposer le *service obligatoire*.

Dans cet état de choses et en présence des tendances vers de nouvelles évolutions dans la politique et la constitution des différents États du monde, la meilleure conduite à suivre, parce qu'elle est la plus droite et la plus loyale et la plus digne de toute nation civilisée, sera celle qui sera tracée par le respect du droit et l'accomplissement du devoir.

Si en dépit de cette manière d'agir, une nation voit son honneur offensé, son indépendance menacée ou ses droits légitimes méconnus, elle fera appel alors au dernier argument, la force ; confiante dans la justice de sa cause, elle pourra dire comme le savant Grotius :

« Quod si in bellum trudimur hostium iniquitate, debet nobis causæ æquitas spem ac fiduciam boni eventus addere. » En agissant ainsi, quand même sonnerait l'heure où la prédominance du plus fort doit abattre le droit du faible, celui-ci pourra dire au moins avec cette fierté que seule la conscience du devoir et de la justice peut donner : « Tout est perdu, fors l'honneur. »

APPENDICES

APPENDICE I

Projet de neutralisation du canal de Suez (*Conférence de Paris, 1885*)[1].

Art. 1er. — Le canal de Suez est déclaré pour toujours libre, aussi bien en temps de paix qu'en temps de guerre, pour tout navire de commerce ou de guerre sans distinction de pavillon, se rendant d'une mer dans l'autre.

Les parties contractantes s'engagent donc à n'interdire ni en temps de paix ni en temps de guerre le passage du canal, et ils auront soin de veiller, autant que cela dépendra d'eux, à ce que cette résolution soit respectée.

Le canal ne sera jamais soumis aux règles du blocus de la part des belligérants.

Art. 2. — Les parties contractantes, reconnaissant que le canal d'eau douce est indispensable au canal de Suez, prennent acte des engagements existant entre le Khédive et la Compagnie du canal de Suez en ce qui concerne le canal d'eau douce.

Ils s'engagent à n'entraver en rien la sécurité du canal d'eau douce, qui ne pourra jamais être soumis à un blocus ou à un barrage.

Art. 3. — Les parties contractantes s'engagent à res-

---

[1] Nous reproduisons ce document tel qu'il a été publié par la presse et sans en garantir les termes. — Nous avons cru néanmoins devoir le mettre sous les yeux du lecteur à titre d'exemple des efforts faits dans le sens de la neutralisation du canal (*Note du traducteur*).

pecter la sécurité du matériel, des installations, des travaux et des constructions du canal de Suez, ainsi que du canal d'eau douce.

Art. 4. — Aucune fortification ne pourra être établie sur un point quelconque dominant ou menaçant le canal, ou qui pourrait servir de base à des opérations d'attaque.

Aucun point dominant ou menaçant l'entrée ou le cours du canal ne pourra être occupé militairement.

Les ouvrages maritimes extérieurs du canal, les ports seront garantis contre tout acte de guerre.

Art. 5. — Attendu que, d'après l'article 1er, l'accès du canal doit être libre même en temps de guerre pour les navires de guerre des belligérants, les parties contractantes arrêtent qu'aucun acte d'hostilité et aucun acte préparant les opérations de guerre ne pourra être exercé dans le canal et dans les eaux de l'Egypte, même si la Turquie était l'un des belligérants.

Les navires n'y pourront débarquer, ni embarquer des troupes, des munitions ou du matériel de guerre.

Les navires de guerre des belligérants n'auront le droit que de s'y approvisionner pour le passage du canal, passage qui s'effectuera dans le plus bref délai possible, d'après les règlements en vigueur, et sans pouvoir s'arrêter autrement que pour les exigences du service.

Leur séjour à Port-Saïd et dans le port de Suez ne durera pas plus de 24 heures, sauf un cas de force majeure.

Dans ce cas, ils hâteront autant que possible leur départ.

Un intervalle de vingt-quatre heures sera exigé entre le moment où un navire appartenant à l'un des belligérants quittera le port d'entrée du canal et le départ d'un navire appartenant à l'ennemi.

Art. 6. — Les prises seront soumises au même règlement que les navires de guerre des belligérants.

Art. 7. — Chaque puissance sera tenue responsable de tout dommage causé au canal par un de ses navires de guerre et sera tenue de rembourser à la Compagnie, dans le plus bref délai possible, les frais de réparation des dommages causés, quitte à adresser un recours au tribunal compétent en cas de contestation.

Art. 8. Les puissances contractantes ne feront stationner aucun navire de guerre dans les eaux du canal.

Dans les ports de Port-Saïd et de Suez, chaque puissance ne pourra faire stationner que deux navires de guerre.

Les belligérants ne pourront pas profiter de cette faculté.

Art. 9. — Les dispositions contenues dans les articles 4, 5 et 8 de ce traité, à l'exception des dispositions de l'article 4, concernant la construction des fortifications, n'entraveront en rien les mesures que le Sultan ou le Khédive, au nom de Sa Majesté, auront à prendre pour assurer, avec leurs propres forces, la défense de l'Egypte et le maintien de l'ordre public.

D'autre part, ces mesures ne doivent en rien entraver le libre trafic du canal.

Dans le cas où le sultan ou le khédive se verraient forcés de déroger aux exceptions consignées dans cet article, les puissances signataires du traité de Londres en seront averties.

Art. 10. — Une commission, composée de représentants des puissances signataires de la déclaration de Londres du 17 mars 1885, auxquels se joindra un délégué du gouvernement égyptien avec voix délibérative, se réunira sous la présidence d'un délégué spécial de la Turquie.

En ce qui concerne le service pour la sécurité du canal, elle se mettra d'accord avec la Compagnie de Suez pour assurer l'exécution des règlements de navigation et de police existants.

Elle surveillera l'exécution du traité et informera les puissances des mesures qu'elle croit nécessaires pour accomplir sa tâche.

Il est bien entendu que cette commission ne pourra en rien diminuer les droits de S. M. le Sultan.

Art. 11. — Le gouvernement égyptien prendra les mesures nécessaires pour assurer l'exécution du présent traité.

Les articles 4, 5 et 8, à l'exception du paragraphe de l'article 4 concernant les fortifications, ne seront pas un obstacle à l'adoption de ces mesures.

Dans le cas où les ressources du gouvernement égyptien ne suffiraient pas pour cette besogne, il s'adressera à la Porte, qui de son côté, s'entendra avec les puissances signataires de la déclaration de Londres du 17 mars 1885, pour assurer l'exécution de ces mesures.

Art. 12. — Les parties contractantes, reconnaissant le principe d'égalité qui doit régir le canal, et qui constitue la base de ce traité, s'engagent à ne rechercher isolément aucun avantage commercial ni territorial, en ce qui concerne le canal.

Art. 13. — En dehors des clauses et charges de ce traité, les droits souverains de S. M. le Sultan et les droits souverains de S. A. le Khédive, résultant des firmans du Khédive, ne seront en aucune façon atteints.

Art. 14. — Les parties contractantes s'engagent à faire connaître cette convention aux puissances qui ne l'ont pas signée, et de les inviter à y adhérer.

Amendements.

Amendement proposé par les délégués anglais aux deuxième et troisième alinéas de l'article 8 :

« Aucune puissance ne pourra faire stationner *en même temps* plus de deux navires de guerre à Port-Saïd et à Suez.

« Les belligérants ne pourront pas profiter de cette faculté. »

Amendement proposé par les délégués anglais à l'article 10 :

« Le gouvernement égyptien prendra les mesures nécessaires pour l'exécution du présent traité ; si le gouvernement égyptien ne dispose pas des moyens suffisants, il demandera le concours de la Porte et des puissances signataires de la déclaration de Londres du 17 mai 1885.

« Les parties contractantes s'entendront alors immédiatement pour prendre en commun les mesures pour lesquelles leur concours sera demandé.

« Les représentants, en Egypte, des parties contractantes surveilleront l'exécution de ce traité et informeront leurs gouvernements respectifs dès qu'il y aura une menace de violation ou de non-exécution de ce traité. »

Amendement des délégués italiens à l'article 10 :

« Les représentants en Egypte des puissances signataires du présent traité en surveilleront l'exécution et informeront sans délai leur gouvernement respectif de la non-exécution ou de toute autre menace de violation.

« Si une guerre éclatait ou si la sécurité du canal était menacée par des troubles intérieurs, lesdits représentants se réuniront immédiatement sous la présidence d'un délégué spécial de la Turquie et en présence d'un délégué égyptien qui aura voix délibérative pour prendre les mesures nécessaires à la sécurité du canal ; ils s'entendront avec la Compagnie de Suez relativement à l'exécution des règlements de navigation et de police. »

APPENDICE II.

Convention conclue à Londres, le 29 mai 1845, entre la France et la Grande-Bretagne, pour la suppression de la traite des noirs.

S. M. le Roi des Français et S. M. la Reine du Royaume-Uni de la Grande-Bretagne et d'Irlande, considérant que les Conventions du 30 novembre 1831 et du 22 mars 1833 ont atteint leur but, en prévenant la Traite des Noirs sous les pavillons Français et Anglais, mais que ce trafic odieux subsiste encore, et que lesdites Conventions sont insuffisantes pour en assurer la suppression complète ; S. M. le Roi des Français ayant témoigné le désir d'adopter, pour la suppression de la Traite, des mesures plus efficaces que celles qui sont prévues par ces Conventions, et S. M. la Reine du Royaume-Uni de la Grande-Bretagne et d'Irlande, ayant à cœur de concourir à ce dessein, elles ont résolu de conclure une nouvelle Convention qui sera substituée, entre les deux Hautes Parties contractantes, au lieu et place des dites Conventions de 1831 et 1833, et, à cet effet, elles ont nommé pour leurs plénipotentiaires, savoir :

S. M. le Roi des Français, le sieur Louis de Beaupoil, comte de Sainte-Aulaire, pair de France, grand-croix de l'ordre Royal de la Légion d'honneur, grand-croix de l'ordre de Léopold de Belgique, son ambassadeur près S. M. B. ; et le sieur Charles-Léonce-Achille-Victor, duc de Broglie, pair de France, grand-croix de l'ordre Royal de la Légion d'honneur, vice-président de la Chambre des Pairs.

Et S. M. la Reine du Royaume-Uni de la Grande-Bretagne et d'Irlande, le très-honorable George, comte d'Aberdeen, vicomte Gordon, vicomte Formartine, lord Haddo, Methlick, Tarois et Hellie, pair du Royaume-Uni, conseiller de S. M. en son Conseil privé, chevalier du très-ancien et très-noble ordre du Chardon, et principal secrétaire d'État de S. M. ayant le département des Affaires-Etrangères ; et le très-honorable Stephen Lushington, conseiller de S. M. en son conseil privé, et juge de sa haute Cour d'amirauté.

Lesquels, après s'être communiqué leurs pleins pouvoirs respectifs, trouvés en bonne et due forme, ont arrêté et conclu les articles suivants :

Art. 1er. — Afin que le pavillon de S. M. le Roi des Français et celui de S. M. la Reine du Royaume-Uni de la Grande-Bretagne et d'Irlande ne puissent être usurpés, contrairement au droit des gens et aux lois en vigueur dans les deux pays, pour couvrir la traite des Noirs, et afin de pourvoir plus efficacement à la suppression de ce trafic, S. M. le Roi des Français s'engage à établir, dans le plus court délai possible, sur la côte occidentale de l'Afrique, depuis le Cap-Vert jusqu'au seizième degré trente minutes de latitude méridionale, une force navale composée, au moins de vingt-six croiseurs, tant à voile qu'à vapeur ; et S. M. la Reine du Royaume-Uni de la Grand-Bretagne et d'Irlande, s'engage à établir, dans le plus court délai possible, sur la même partie de la côte occidentale de l'Afrique une force navale composée, au moins de vingt-six croiseurs, tant à voile qu'à vapeur, et sur la côte orientale de l'Afrique le nombre des croiseurs que sa dite Majesté jugera suffisant pour la suppression de la Traite sur cette côte ; lesquels croiseurs seront employés dans le but ci-dessus indiqué ; conformément aux dispositions suivantes :

Art. 2. — Les dites forces navales françaises et anglaises

agiront de concert pour la suppression de la traite des
Noirs. Elles établiront une surveillance exacte sur tous les
points de la partie de la côte occidentale de l'Afrique où se
fait la traite des Noirs, dans les limites désignées par l'article 1er. Elles exerceront, à cet effet, pleinement et complètement, tous les pouvoirs dont la Couronne de France
et celle de la Grande-Bretagne sont en possession pour la
suppression de la traite des Noirs, sauf les modifications
qui vont être ci-après indiquées, en ce qui concerne les
navires français et anglais.

Art. 3. — Les officiers au service de S. M. le Roi des
Français et les officiers de S. M. la Reine du Royame-Uni
de la Grande-Bretagne et d'Irlande, qui seront respectivement chargés du commandement des escadres française
et anglaise, destinées à assurer l'exécution de la présente
Convention, se concerteront sur les meilleurs moyens de
surveiller exactement les points de la côte d'Afrique ci-
dessus indiquée, en choisissant et en désignant les lieux
de station, et en confiant les postes aux croiseurs des deux
nations, agissant ensemble ou séparément, selon qu'il sera
jugé convenable ; de telle sorte néanmoins que, dans le
cas où l'un de ces postes serait spécialement confié aux
croiseurs de l'une des deux nations, les croiseurs de l'autre
nation puissent, en tout temps, y venir exercer les droits
qui leur appartiennent, pour la suppression de la Traite des
Noirs.

Art. 4. — Des traités pour la suppression de la Traite
des Noirs seront négociés avec les princes ou chefs indigènes de la partie de la côte occidentale d'Afrique ci-dessus désignée, selon qu'il paraîtra nécessaire aux commandants des escadres française et anglaise. Les traités
seront négociés ou par les commandants eux-mêmes, ou
par des officiers auxquels ils donneront à cet effet des instructions.

Art. 5. — Les traités ci-dessus mentionnés n'auront
d'autre objet que la suppression de la Traite des Noirs.

Si l'un de ces traités vient à être conclu par un officier de la marine britannique, la faculté d'y accéder sera expressément réservée à S. M. le Roi des Français ; la même faculté sera réservée à S. M. la Reine du Royaume-Uni de la Grande-Bretagne et d'Irlande, dans tous les traités qui pourraient être conclus par un officier de la marine française. Dans le cas où S. M. le Roi des Français et S. M. la Reine du Royaume-Uni de la Grande-Bretagne et d'Irlande deviendraient tous deux parties contractantes à de tels traités, les frais qui auraient pu être faits pour leur conclusion, soit en cadeaux ou autres dépenses semblables, seront supportés également par les deux nations.

Art. 6. — Dans le cas où il deviendrait nécessaire, conformément aux règles du droit des gens, de faire usage de la force pour assurer l'observation des traités conclus en conséquence de la présente Convention, on ne pourra y avoir recours, soit par terre, soit par mer, que du commun consentement des officiers commandant les escadres française et anglaise. Et, s'il était jugé nécessaire, pour atteindre le but de la présente convention, d'occuper quelques points de la côte d'Afrique ci-dessus indiquée, cette occupation ne pourrait avoir lieu que du commun consentement des deux Hautes-Parties contractantes.

Art. 7. Dès l'instant où l'escadre que S. M. le Roi des Français doit envoyer à la côte d'Afrique sera prête à commencer ses opérations sur ladite côte, S. M. le Roi des Français le notifiera à S. M. la Reine du Royaume-Uni de la Grande-Bretagne et d'Irlande ; et les deux Hautes Parties contractantes feront connaître, par une déclaration commune, que les mesures stipulées dans la présente Convention sont sur le point d'entrer en cours d'exécution : ladite déclaration sera publiée partout où besoin sera. Dans les trois mois qui suivront la publication de ladite déclaration, les mandats délivrés aux croiseurs des deux nations, en vertu des conventions de 1831 et 1833, pour l'exercice du droit de visite réciproque, seront respectivement restitués.

Art. 8. — Attendu que l'expérience a fait voir que la Traite des Noirs, dans les parages où elle est habituellement exercée, est souvent accompagnée de faits de piraterie dangereux pour la tranquillité des mers et la sécurité de tous les pavillons ; considérant en même temps que, si le pavillon porté par un navire est *prima facie* le signe de la nationalité de ce navire, cette présomption ne saurait être considérée comme suffisante pour interdire, dans tous les cas, de procéder à sa vérification puisque, s'il en était autrement, tous les pavillons pourraient être exposés à des abus, en servant à couvrir la piraterie, la Traite des Noirs ou tout autre commerce illicite ; afin de prévenir toute difficulté dans l'exécution de la présente Convention, il est convenu que des instructions, fondées sur les principes du droit des gens et sur la pratique constante des nations maritimes, seront adressées aux commandants des escadres et stations françaises et anglaises sur la côte d'Afrique.

En conséquence, les deux gouvernements se sont communiqué leurs instructions respectives dont le texte se trouve annexé à la présente Convention.

Art. 9. — S. M. le Roi des Français et S. M. la Reine du Royaume-Uni de la Grande-Bretagne et d'Irlande s'engagent réciproquement à continuer d'interdire tant à présent qu'à l'avenir toute traite des noirs dans les colonies qu'elles possèdent ou pourront posséder par la suite, et à empêcher, autant que les lois de chaque pays le permettront, leurs sujets respectifs de prendre, dans ce commerce, une part directe ou indirecte.

Art. 10. — Trois mois après la déclaration mentionnée en l'article 7, la présente Convention entrera en cours d'exécution. La durée en est fixée à dix ans. Les Conventions antérieures seront suspendues. Dans le cours de la cinquième année, les deux Hautes Parties contractantes se concerteront de nouveau et décideront, selon les circonstances, s'il convient soit de remettre en vigueur tout ou partie desdites conventions, soit de modifier ou d'abroger tout ou partie de la convention actuelle. A la fin de la dixième année, si les conventions antérieures n'ont pas été remises en vigueur, elles seront considérées comme définitivement abrogées. Les Hautes-Parties contractantes s'engagent en outre, à continuer de s'entendre pour assurer la suppression de la Traite des Noirs par tous les moyens qui leur paraîtront les plus utiles et les plus efficaces jusqu'au moment où ce trafic aura été complètement aboli.

Art. 11. — La présente convention sera ratifiée et les ratifications en seront échangées à Londres, à l'expiration de dix jours, à compter de ce jour ou plus tôt, si faire se peut.

En foi de quoi les Plénipotentiaires respectifs l'ont signée et y ont apposé le sceau de leurs armes.

Fait à Londres, le 29 mai 1845.

SAINTE-AULAIRE. BROGLIE
ABERDEEN. STEPHEN LUSHINGTON.

APPENDICE III.

Salves et visites.

Extrait du règlement du service à bord de la marine française du 20 mai 1885).

Art. 828. — Aucun salut ne peut être de plus de vingt et un coups de canon.

Art. 829. — 1. En cas de rencontre à la mer ou sur une rade française ou étrangère, les marques distinctives des officiers généraux et des capitaines de vaisseau chefs de division doivent être saluées par leurs inférieurs de grade ou d'ancienneté ; le nombre de coups de canon est déterminé par le tableau suivant :

Saluts aux marques distinctives des Officiers de Marine Français.

GRADES ET FONCTIONS	NOMBRE de coups de canon	
	En France	Hors de France
Amiral pourvu d'un commandement en chef.	17	19
Vice-Amiral pourvu d'une commission de commandement d'amiral...............	15	17
Vice-Amiral commandant en chef..........	11	15
Vice-Amiral commandant en sous-ordre...	9	13
Contre-Amiral commandant en chef.......	9	13
Contre-Amiral commandant en sous-ordre.	7	11
Capitaine de vaisseau chef de division.....	7	11
Capitaine de vaisseau chef de division commandant en sous-ordre.................	5	9

2. Les chiffres de la deuxième colonne seront appliqués aux saluts à faire aux marques distinctives des officiers étrangers dans les ports et rades de France.

3. Les Commandants des bâtiments ne portant pas de marque distinctive ne se saluent pas entre eux.

Art. 830. — 1. Entre bâtiments français les saluts faits à une marque distinctive sont immédiatement rendus.

2. Le nombre des coups de canon du salut à rendre est déterminé par la marque distinctive et la nature du commandement de l'officier qui a salué le premier, et d'après les fixations du tableau ci-dessus.

3. Le salut à rendre au Commandant d'un bâtiment ne portant pas de marque distinctive est de trois coups de canon.

4. Les saluts lors des visites ne sont pas rendus.

Art. 831. — Toute visite d'un officier général de la Marine ou d'un capitaine de vaisseau chef de division n'est considérée comme officielle, et le salut à coups de canon qui peut en être la conséquence n'a lieu que lorsque le canot où il se trouve porte sur l'avant la marque distinctive du grade ou de la fonction de cet officier.

Art. 832. — 1. Sur les rades françaises et étrangères, tout officier commandant un ou plusieurs bâtiments doit saluer les marques distinctives de commandement supérieures à la sienne, à quelque nation qu'elles appartiennent. A grade égal, l'arrivant salue le premier.

Si plusieurs marques distinctives de commandement appartenant à la même nation sont réunies, la plus élevée est seule saluée.

On se conforme, pour le nombre des coups de canon, aux dispositions réglementaires en vigueur dans les Marines auxquelles appartiennent les officiers qu'on doit saluer. S'il est jugé nécessaire, on traite préalablement du salut.

A la mer, les mêmes saluts peuvent être faits.

2. Les mêmes saluts sont faits lors d'une première visite officielle.

3. En pays étranger tout officier commandant doit également saluer les hauts fonctionnaires du pays ou les représentants des puissances étrangères qui viennent à son bord ; il règle ces saluts selon le rang de ces personnages, et en se conformant aux usages de leur pays.

4. Pendant ces saluts, le pavillon de la nation étrangère est hissé au mât de misaine, sauf le cas prévu à l'article 840.

Art. 833. — 1. Tout Commandant en chef d'une force navale et tout Commandant d'un bâtiment isolé, en arrivant au mouillage en pays étranger, doit saluer la terre après s'être assuré que le salut, de vingt-et-un coups de canon, sera rendu immédiatement et coup pour coup.

Pendant ce salut, le pavillon de la nation étrangère est hissé au grand mât, sauf le cas prévu à l'article 840.

2. Pendant la durée de leur campagne les bâtiments faisant partie d'une Division navale ne saluent qu'une fois la terre dans un même port situé dans les limites de la station à laquelle cette Division navale est affectée.

3. Toutefois, le salut à terre pourra être renouvelé, dans un même port, à un intervalle d'une année, lorsque les circonstances ou les usages établis dans les localités le nécessitent.

Art. 834. — 1. Lors des fêtes et solennités nationales des puissances alliées ou amies de la France, et lorsqu'il leur en a été préalablement donné avis officiel, les bâtiments français participent à ces fêtes et solennités par des saluts et des pavois.

2. Lorsque, en pays étranger, il y a lieu de célébrer des fêtes et solennités nationales, le Commandant supérieur français s'entend avec le fonctionnaire diplomatique ou consulaire de France pour informer l'autorité locale de son intention de célébrer ces fêtes ou solennités. Il en fait avertir directement, la veille, le Commandant supérieur de la rade où il se trouve, et, s'il le juge convenable, les Comman-

dants supérieurs des forces navales étrangères qui sont au même mouillage.

3. Lorsque les Commandants étrangers s'associent par des saluts et pavois à ces fêtes ou solennités, le Commandant supérieur français envoie un officier leur transmettre ses remerciements.

4. Dans tous les cas, le Commandant supérieur se conforme autant que possible, pour ces cérémonies, aux usages reçus dans le pays où il se trouve ou dans le pays dont une solennité est célébrée.

5. Dans tout pavois et dans tout salut la flamme nationale ou la marque distinctive du commandement reste arborée.

Art. 835. — 1. Toutes les fois qu'un bâtiment français est salué par un bâtiment de guerre étranger, le salut est rendu coup pour coup, quels que soient les grades respectifs des officiers commandants, et soit qu'ils aient traité ou non du salut, pourvu toutefois que ce salut n'excède pas vingt et un coups de canon.

Le pavillon de la nation étrangère est arboré au mât auquel le pavillon français a été hissé à bord du bâtiment qui a salué le premier, sauf le cas prévu à l'article 840.

2. Si un bâtiment est salué par un navire du commerce étranger, il rend le salut par un nombre de coups de canon qui est toujours inférieur de deux coups au moins au salut qui lui a été fait.

Art. 836. — 1. On ne rend pas les saluts faits :

1° A l'occasion des fêtes ou solennités nationales.

2° Au Président de la République quand il entre dans une rade ou la quitte ou lorsqu'il est salué par un bâtiment étranger qu'il visite.

3° Aux officiers généraux des armées de mer et de terre, aux fonctionnaires diplomatiques et consulaires, aux gouverneurs et commandants de colonies lorsqu'ils font une visite à bord d'un bâtiment étranger.

2. Par réciprocité, les bâtiments étrangers ne sont pas

tenus de rendre les saluts faits par un bâtiment français aux Souverains et Chefs d'État, ou dans les circonstances mentionnées aux alinéas 1° et 3° du § 1er.

Art. 837. — Les saluts aux marques distinctives françaises ou étrangères ainsi que les saluts personnels ne sont faits que lors d'une première rencontre, en rade ou à la mer, ou lors d'une première visite. Ils ne peuvent être renouvelés qu'après un intervalle d'un an ou lors d'une séparation définitive.

Art. 838. — En armée, en escadre ou en division, et dans toute rencontre, le Commandant supérieur seul fait et rend les saluts, à moins qu'il n'en ordonne autrement.

Art. 839. — Nul bâtiment ne peut faire ou rendre un salut, en présence d'un Commandant supérieur, sans son autorisation.

Art. 840. — Quand une marque distinctive de commandement est arborée au grand mât ou au mât de misaine, les pavillons étrangers qu'il y a lieu d'arborer pour faire un salut sont hissés au mât où ne flotte pas cette marque distinctive.

Art. 841. — 1. Les bâtiments armés de moins de six canons sont dispensés de faire des saluts. Dans ce nombre ne sont pas compris les canons de 24 °/^{m} et au-dessus.

2. Le Commandant ne doit s'écarter de cette règle qu'autant qu'il jugerait qu'il peut en résulter des inconvénients pour les relations établies ou à établir avec une puissance étrangère ou ses représentants, et dans ce cas, il en rend compte à son chef direct.

Art. 842. — Lorsqu'un navire du commerce français fait à un bâtiment de l'État un salut à coups de canon, il lui est rendu un salut de deux coups de canon.

Art. 843. — Les saluts à coups de canon mentionnés au présent chapitre n'ont lieu qu'autant qu'il n'en peut résulter d'inconvénient, eu égard à la position de la force navale ou à celle des bâtiments.

Art. 844. — Le salut fait à un bâtiment de l'État par un

navire du commerce français ou étranger, au moyen de son pavillon national, est rendu en faisant *marquer* une fois le pavillon national.

Des visites.

Art. 850. — 1. Les Amiraux de France commandant une armée navale doivent la première visite aux Ambassadeurs de France. Ils attendent la visite de tous les autres fonctionnaires diplomatiques et consulaires.

2. Les Vice-Amiraux commandants en chef doivent la première visite aux Ambassadeurs, aux Envoyés extraordinaires et ministres plénipotentiaires, et aux Ministres résidents. Ils attendent la visite des Chargés d'affaires et des fonctionnaires consulaires de tous rangs.

3. Les Contre-Amiraux commandants en chefs doivent la première visite aux ambassadeurs, aux envoyés extraordinaires et ministres plénipotentiaires, aux ministres résidents et aux chargés d'affaires *en titre*, c'est-à-dire munis de lettres de créance officielles.

Ils attendent la première visite des chargés d'affaires intérimaires dans les ports qui se trouvent dans la limite de leur commandement ou pour lesquels ils ont une mission. Lorsqu'ils arrivent éventuellement en relâche dans le port de la résidence d'un chargé d'affaires intérimaire, ils doivent la première visite à cet agent.

Dans tous les cas, les Contre-Amiraux commandants en chef attendent la première visite des fonctionnaires consulaires de tous rangs (consuls généraux, consuls, etc.).

4. Les capitaines de vaisseau Chefs de division doivent la première visite à tous les fonctionnaires diplomatiques énumérés ci-dessus, ainsi qu'aux consuls généraux et aux consuls gérant un consulat général. Ils attendent la visite des consuls et autres fonctionnaires consulaires de tous rangs.

Lorsqu'ils font ou rendent une visite officielle aux con-

suls généraux ou aux consuls, ils sont reçus, au débarcadère, par les officiers du consulat.

5. Les capitaines de vaisseau commandants doivent la
première visite aux fonctionnaires diplomatiques énumérés
ci-dessus. Ils la doivent également aux consuls généraux,
aux consuls et aux gérants des consulats généraux et des
consulats si ces gérants sont consuls suppléants, vice-consuls ou chanceliers. Ils attendent la visite des vice-consuls,
des agents consulaires et des gérants de consulats qui ne
sont ni consuls suppléants, ni vice-consuls, ni chanceliers.

Lorsqu'ils font une visite officielle aux consuls généraux
ou aux consuls, ils sont reçus, au débarcadère, par les officiers du consulat.

6. Les capitaines de frégate et lieutenants de vaisseau
commandants ont les mêmes obligations que les capitaines
de vaisseau commandants. Ils doivent, en outre, la première visite aux vice-consuls, mais ils l'attendent des agents
consulaires, à moins que ceux-ci ne soient gérants d'un
consulat.

7. La visite officielle n'a lieu de part et d'autre qu'à la
première arrivée du bâtiment dans la rade ou dans le port
de la résidence des fonctionnaires diplomatiques et consulaires.

8. Cette visite est rendue dans les vingt-quatre heures,
lorsque le temps permet les communications.

Art. 851. — 1. Toutes les fois qu'un ou plusieurs bâtiments étrangers arrivent sur une rade française ou étrangère où se trouvent un ou plusieurs bâtiments français, le
commandant supérieur des bâtiments français, quel que
soit son grade, envoie un officier offrir les compliments d'u-
sage à bord du bâtiment arrivant, ou, s'il en arrive plusieurs, à bord de celui qui porte une marque distinctive de
commandement.

2. Le commandant supérieur français attend ensuite la
visite du commandant arrivant, si ce dernier est du même
grade ou d'un grade inférieur au sien ; s'il est d'un grade

supérieur, le commandant supérieur français va lui faire la première visite dès que le commandant qui arrive a envoyé un officier lui porter ses remerciements.

3. Lorsque le bâtiment étranger arrivant porte une marque distinctive de commandement, le commandant supérieur français, si son bâtiment n'en porte pas, va faire la première visite, sans attendre qu'un officier du bâtiment étranger soit venu à son bord.

4. Lorsque le commandant d'un bâtiment français arrive à un mouillage en pays étranger, il ne fait de visite au commandant supérieur des bâtiments de guerre de ce pays, qui se trouveraient au même mouillage, qu'autant qu'à son arrivée un officier lui aura été envoyé pour le complimenter.

5. Il se conforme au même principe relativement aux commandants supérieurs des bâtiments d'autres puissances qui se trouveraient au même mouillage.

6. Lors de la rencontre sur une rade de deux forces navales française et étrangère, tous les commandants des bâtiments qui arrivent doivent, lorsque les visites officielles entre les commandants supérieurs ont été échangées, aller rendre visite au commandant supérieur et aux commandants des bâtiments précédemment sur rade.

7. Les officiers généraux rendent en personne les visites qui leur ont été faites par des officiers généraux ou des capitaines de vaisseau. Ils peuvent se faire représenter par un officier supérieur de leur état-major général pour rendre la visite aux officiers commandants d'un grade inférieur à celui de capitaine de vaisseau.

Les capitaines de vaisseau et autres officiers commandants des grades inférieurs rendent en personne les visites qui leur ont été faites par tous les officiers commandants quels que soient leurs grades.

8. La première visite est toujours faite au commandant supérieur de la place. Un officier général peut se faire représenter pour cette visite par son chef d'état-major ou par

un officier de l'état-major général, selon le grade de ce commandant supérieur.

9. Dans tous les cas, le commandant d'un bâtiment français arrivant ne fait aucune première visite officielle à terre à des autorités étrangères, maritimes ou autres, avant d'avoir consulté à ce sujet le commandant supérieur des bâtiments français qui sont au mouillage au moment de son arrivée, et, à défaut, sans s'être concerté avec le fonctionnaire diplomatique ou consulaire de France.

10. Toutes les visites sont rendues dans les vingt-quatre heures.

Art. 852. — Lorsqu'un fonctionnaire diplomatique ou consulaire, ou un chef de service à terre, a besoin d'une embarcation convenable pour faire ou rendre une visite officielle à bord d'un bâtiment, le commandant de ce bâtiment en met une à sa disposition tant pour l'amener à bord que pour le reconduire à terre.

APPENDICE IV.

Lors de l'invasion française dans la péninsule ibérique, Junot arrivant à Lisbonne le 30 novembre 1807 déclarait aux Portugais : « Le grand Napoléon, m'a envoyé pour vous protéger ; je vous protégerai. »

Le 23 décembre, le décret de Milan ordonnait qu'en outre du sequestre dont les biens de la couronne étaient frappés, le Royaume de Portugal fût obligé de fournir une contribution de guerre de 100 millions de francs, destinée *au rachat de toutes les propriétés de quelque dénomination qu'elles fûssent, appartenant à des particuliers.*

Le rachat des propriétés particulières avec l'argent même des propriétaires légitimes est un des exemples les plus singuliers de la violation des principes émis dans le chapitre I de la 3° partie, et de l'état auquel était réduite la notion du droit des gens, en cette époque troublée de l'histoire.

APPENDICE V.

Déclaration impériale du 10 juin 1861 sur la neutralité de la France durant la lutte engagée aux États-Unis d'Amérique.

S. M. l'Empereur des Français, prenant en considération l'état de paix qui existe entre la France et les États-Unis d'Amérique, a résolu de maintenir une stricte neutralité dans la lutte engagée entre le gouvernement de l'Union et les États qui prétendent former une confédération particulière.

En conséquence, S. M. vu l'article 14 de l'ordonnance de la marine du mois d'août 1681, l'article 3 de la loi du 10 avril 1825, les articles 84 et 85 du Code pénal, 65 et suivants du décret du 24 mars 1852, 313 et suivants du Code pénal et l'article 21 du code Napoléon, déclare :

1° Il ne sera permis à aucun navire de guerre ou corsaire de l'un ou de l'autre des belligérants d'entrer et de séjourner avec des prises dans nos ports ou rades pendant plus de vingt-quatre heures, hors le cas de relâche forcée ;

2° Aucune vente d'objets provenant de prises ne pourra avoir lieu dans nos dits ports ou rades ;

3° Il est interdit à tout Français de prendre commission de l'une des deux parties pour armer des vaisseaux en guerre ou d'accepter des lettres de marque pour faire la course maritime ou de concourir d'une manière quelconque à l'équipement ou à l'armement d'un navire de guerre ou corsaire de l'une des deux parties ;

4° Il est également interdit à tout Français résidant en France ou à l'étranger de s'enrôler ou de prendre du service, soit dans l'armée de terre, soit à bord des bâtiments de guerre ou des corsaires de l'un ou de l'autre des belligérants ;

5° Les Français résidant en France ou à l'étranger devront également s'abstenir de tout fait qui, commis en violation des lois de l'Empire ou du droit des gens, pourrait être considéré comme un acte hostile à l'une des deux parties et contraire à la neutralité que nous avons résolu d'observer.

Les contrevenants aux défenses et recommandations contenues dans la présente Déclaration seront poursuivis, s'il y a lieu, conformément aux dispositions de la loi du 10 avril 1825 et aux articles 84 et 85 du Code pénal sans préjudice de l'application qu'il pourrait y avoir lieu de faire aux dits contrevenants des dispositions de l'article 21 du Code Napoléon et des articles 65 et suivants du décret du 24 mars 1852 sur la marine marchande, 313 et suivants du Code pénal pour l'armée de mer.

S. M. déclare, en outre, que tout Français qui ne se sera pas conformé aux présentes prescriptions ne pourra prétendre à aucune protection de son gouvernement contre les actes ou mesures quels qu'ils soient que les belligérants pourraient exercer ou décréter.

NAPOLÉON.

Par l'Empereur : le Ministre des Affaires étrangères :
THOUVENEL.

APPENDICE VI.

Déclaration de neutralité publiée en Portugal, à l'occasion de la guerre de 1870 (*Ordonnance royale du 30 juillet 1870.*)

L'empire français se trouvant depuis le 19 courant en guerre avec le royaume de Prusse et les alliés qui lui prêtent le concours de leurs armes, ainsi qu'il résulte de la communication faite par le ministre de France à cette cour en date du 25 de ce mois ; il est convenable que les relations de bonne amitié et de parfaite entente qui existent entre le Portugal et les autres gouvernements, soient maintenues par l'observation, de notre part, d'une neutralité stricte et complète envers les puissances belligérantes ; vu l'article 75, paragraphe 15 de la constitution de la monarchie, les décrets du 30 août 1780, du 3 juin 1803, du 5 mai 1854 et du 29 juillet 1861, les articles 148, 150, 154, 155, 156 et 162 du code pénal du 10 décembre 1852, ainsi que les principes formulés dans la Déclaration de Paris du 16 avril 1856 par les plénipotentiaires des puissances signataires du traité de paix du 30 mars de la même année auquel le Portugal adhéra le 28 juin suivant ; vu les principes généraux admis en ce qui concerne les droit et les devoirs des neutres ; après avoir entendu le conseil d'État, il nous a plu d'ordonner ce qui suit :

Article Ier. — Il est défendu aux sujets portugais et aux étrangers d'armer dans les ports et eaux du royaume, soit sur le continent, soit dans les îles adjacentes ou dans les provinces d'outre-mer des bâtiments destinés à la course.

Article II. — Il est également interdit aux corsaires d'entrer dans les ports et eaux dont il s'agit à l'article précédent avec les prises faites par eux-mêmes ou par les navires de guerre des puissances belligérantes.

Paragraphe unique. — Sont exceptés de la disposition du présent article, les cas de force majeure dans lesquels, d'après le droit des gens, l'hospitalité doit être accordée ; mais il n'est pas permis aux navires qui conduisent des prises avec eux de vendre des objets provenant de ces prises ou de séjourner plus longtemps que cela serait rigoureusement nécessaire pour recevoir les secours réclamés.

Article III. — L'entrée et le séjour dans les ports et eaux dont il s'agit à l'article 1er, sont permis aux navires de guerre des puissances belligérantes qui n'ont point de prises avec eux et qui se conformeront aux prescriptions des paragraphes suivants :

§ 1er. — Les bâtiments de guerre des puissances belligérantes ne pourront dans les ports et eaux du Portugal se livrer à aucun acte d'hostilité contre les bâtiments ou les sujets de n'importe quelle autre puissance, pas même contre ceux de la puissance avec laquelle ils sont en guerre.

§ 2. — Dans les eaux et ports les susdits bâtiments ne pourront ni augmenter leur équipage, ni même engager des individus qui appartiendraient à leur propre nation.

§ 3. — Il leur est de même interdit dans lesdits ports et eaux d'augmenter le nombre et le calibre de leurs canons et de recevoir à bord des armes portatives ou des munitions de guerre.

§ 4. — Ces mêmes bâtiments ne peuvent quitter le port avant que 24 heures se soient écoulées depuis le départ d'un navire appartenant à une nation avec laquelle ils se trouvent en guerre à moins qu'ils aient été dispensés de l'observation de ce délai par les autorités compétentes en fournissant des garanties suffisantes pour assurer qu'ils n'entreprendront aucun acte d'hostilité contre le navire ennemi.

Article IV. — Est permis sous pavillon portugais, le transport de tous objets dont le commerce est licite pour le compte des sujets de l'un ou l'autre des belligérants, ainsi que le transport d'objets dont le commerce est licite pour compte de sujets portugais et sous le pavillon de l'un des belligérants.

§ 1er. — Les objets qui peuvent être considérés comme contrebande de guerre sont expressément exclus des dispositions de cet article.

§ 2. — Les dispositions de cet article ne sont pas applicables aux ports des puissances belligérantes qui se trouvent en état de blocus effectif.

Article V. — Les sujets portugais et les étrangers qui résident en Portugal et dans les possessions portugaises doivent s'abstenir de tous les actes qui portent atteinte à la sûreté extérieure et aux intérêts de l'État, ceci par rapport aux puissances étrangères.

Article VI. — Le gouvernement n'accordera aux sujets portugais et à tous ceux des autres nations qui ne régleront pas leur conduite sur les prescriptions du présent décret aucune protection contre les mesures violentes et autres que prendraient, à leur égard les puissances belligérantes.

La disposition de cet article n'exclut pas les poursuites criminelles qui pourront être intentées en vertu des lois en vigueur.

Le président du conseil et tous les ministres prendront connaissance de la présente ordonnance et la mettront à exécution.

Palais d'Ajuda, 30 juillet 1870.

APPENDICE VII.

Décision arbitrale de Louis Napoléon, président de
la République française, dans la question soulevée
entre le Portugal et les États-Unis, par la destruction, sur les côtes de l'île de Fayal, du corsaire américain « Général Armstrong » (1814).

Nous, Louis Napoléon, Président de la République française, sur la demande qui nous a été faite par le Gouvernement de S. M. la Reine de Portugal et des Algarves, et
par celui des États-Unis, en vertu d'une convention signée
à Washington, le 26 février 1851, de nous prononcer
comme arbitre sur une réclamation relative au corsaire
américain « Général Armstrong » détruit dans le port de
Fayal, le 26 décembre 1814 :

Après nous être fait présenter un rapport exact et cir-
constancié des faits qui ont motivé le litige ; après avoir
examiné avec attention les documents dûment rubriqués
au nom des deux parties qui nous ont été soumis par les
représentants de l'une et de l'autre Puissance ;

Considérant qu'il est certain, en fait, que les États-Unis,
étant en guerre avec S. M. Britannique, et S. M. T. F. conservant la neutralité, le 26 septembre 1814, le brick américain « Général Armstrong » commandé par le capitaine
Reid, légalement pourvu de lettres de marque et armé en
course étant sorti de New-York a jeté l'ancre dans le port de

Fayal, l'une des îles Açores, qui fait partie des États de S. M. T. F. ;

Qu'il est également certain que, dans l'après-midi du même jour, une escadre anglaise commandée par le commodore Lloyd, est entrée dans ce port ;

Qu'il n'y a aucun doute que durant la nuit suivante, sans égard pour les droits de la souveraineté et de la neutralité de S. M. T. F., un chaud engagement a eu lieu entre les américains et les anglais ; et que le jour suivant, 27 septembre, un des navires de l'escadre, est allé se placer près du corsaire américain pour le canonner ; que cette démonstration ayant produit son effet, a déterminé le capitaine Reid suivi de son équipage, à abandonner son navire et à le détruire ;

Considérant que s'il paraît certain que, dans la nuit du 26 septembre, des chaloupes anglaises commandées par le lieutenant Robert Fawcet de la marine britannique, s'approchèrent du brick américain « Général Armstrong », il n'est pas aussi certain que les hommes qui les montaient fussent pourvus d'armes et de munitions.

Qu'il résulte, en fait, des documents présentés que ces chaloupes s'étant approchées du brick américain, l'équipage de celui-ci après les avoir araisonnées et leur avoir enjoint de s'éloigner a fait feu incontinent et qu'il y a eu mort d'hommes dans les chaloupes anglaises et blessures mortelles, sans que les matelots qui montaient les chaloupes, tentassent de repousser sur-le-champ, la force par la force ;

Considérant que dans la communication faite par le gouverneur de Fayal, il est établi que le capitaine américain n'a recouru à la protection du gouvernement portugais qu'après l'effusion du sang et au moment où après avoir cessé le feu, le brick « Général Armstrong » était venu jeter l'ancre à très petite distance de la forteresse, et que le gouverneur affirme qu'il a été seulement alors informé de ce qui se passait dans le port ;

Que ce gouverneur est intervenu à plusieurs reprises auprès du commodore Loyd, pour obtenir la cessation des actes d'hostilité et se plaindre de la violation du territoire neutre ;

Qu'il s'est opposé efficacement à ce que les matelots américains qui se trouvaient à terre, s'embarquassent pour prolonger une lutte contraire aux lois des nations.

Que la force restreinte de la garnison, l'état de ruine de l'artillerie qui garnissait les forts rendait impossible de sa part aucune intervention armée ;

Considérant, en présence de ces circonstances, que le capitaine Reid, n'ayant pas recouru dès le principe à l'intervention du souverain neutre et ayant employé les armes pour repousser une agression injuste dont il prétendait être l'objet, a méconnu ainsi la neutralité du territoire du souverain étranger et dispensé ce souverain de l'obligation dans laquelle il se trouvait de lui assurer protection par toute autre voie, que la voie pacifique.

D'où il suit, que le gouvernement de S. M. T. F. ne peut être responsable pour les résultats d'une collision qui a eu lieu au mépris de ses droits de souveraineté, en violation de la neutralité de son territoire, et sans que les officiers ou lieutenants locaux aient été requis en temps utile, et aient eu l'occasion de prêter aide et protection à qui de droit ;

En conséquence, avons décidé et déclarons que la réclamation faite par le Gouvernement des États-Unis contre S. M. T. F. n'est pas fondée et qu'aucune indemnité n'est due par le Portugal, à l'occasion de la perte du brick américain, armé en course, « Général Armstrong ».

Fait et signé en double, sous le sceau de l'Etat, au Palais des Tuileries, le 30 novembre 1852.

Louis Napoléon.
Pour le Prince-Président,
Drouin de Lhuys.

APPENDICE VIII.

Voici un exemple plus récent des difficultés qu'entraîne la violation des eaux neutres :

Au mois de mars 1865, le Stonewall Jackson, croiseur des États du Sud de l'Union américaine portant un pavillon nouveau, et non reconnu, avait relâché dans le Tage pour faire du charbon.

L'État confédéré n'étant pas reconnu, l'asile concédé au « Stonewall » ne devait durer que le temps nécessaire pour compléter les approvisionnements indispensables pour reprendre la mer.

Sur ces entrefaites deux navires de guerre fédéraux, les frégates « Niagara et Sacramento » franchissaient la barre du Tage. Leur pavillon étant celui de l'Union américaine et leur nationalité étant reconnue comme telle, la concession de l'asile demeurait entière pour eux, non seulement en ce qui touchait l'admission, mais encore en ce qui regardait le séjour dans le port neutre.

Comme le Stonewall avait jeté l'ancre en face de la ville l'ordre fut donné aux deux navires fédéraux de demeurer en face de la tour de Belem, qui commande l'entrée de Lisbonne, de ne pas remonter le fleuve avant que le Stonewall fût sorti, et aussi de ne sortir que 24 heures après lui.

Les navires fédéraux mouillèrent à l'endroit indiqué et le commandant de la batterie de Belem reçut pour instructions de veiller au maintien des dispositions prises, autant que ses moyens d'action le lui permettaient.

Les choses en étaient là, quand la frégate Niagara

ayant l'avant au jusant, hissa son foc et fit un mouvement en avant pour améliorer son mouillage. Mais comme elle n'avait donné aucun avertissement à cet égard, le commandant de la batterie voyant le mouvement et l'interprétant faussement, se couvrant du reste rigoureusement des instructions qu'il avait reçues, ouvrit le feu et lança quatre boulets dont l'un atteignit la frégate à la poupe, au moment où elle jetait l'ancre.

Dans cet incident, il y avait l'accomplissement trop strict des ordres donnés, et manque de prévoyance puisqu'aucune communication n'avait été faite relativement à la marche du navire.

C'était le cas, au moyen d'une explication diplomatique opportune et prompte sur une erreur d'appréciation de la part d'une des parties, mais *motivée* par une omission de la part de l'autre d'élucider le fait et de remédier à une irrégularité non intentionnelle.

Mais soit qu'on eut trop attendu, soit qu'on eut renoncé à ce moyen, il arriva que le ministre américain M. Harvey, vint demander le jour suivant, 6 mars, des explications sur un silence si étonnant, et une satisfaction pour l'incident qui s'était produit.

Il était trop tard pour s'expliquer. La satisfaction dut être concédée : le pavillon américain hissé à la tour de Belem fut salué de 21 coups auxquels la frégate « Niagara » répondit par la même salve.

Le jour suivant le confédéré « Stonewall » prenait le large. Et 24 heures après les deux frégates fédérales sortaient à sa suite.

APPENDICE IX.

Les neutralités armées qui influèrent sur l'adoption et l'homologation de plusieurs principes de droit international, en faveur du commerce des neutres, sont des événements intéressants dus à des circonstances d'où il paraissait difficile de tirer de semblables conséquences.

La première eut lieu en 1790. La lutte qui s'était engagée pour l'indépendance en Amérique avait entraîné la France à déclarer la guerre à l'Angleterre. L'Espagne suivit la France comme alliée en vertu du pacte de famille. En présence de cette coalition le gouvernement anglais tourna ses vues sur la Russie dont il appréciait, dans ces circonstances, l'appui et l'amitié.

Sir James Harris, depuis lord Malmesbury se rendit donc en mission diplomatique à Saint-Pétersbourg dans le but d'obtenir de l'Impératrice Catherine un pacte d'alliance en échange d'autres concessions.

Le chancelier de l'empire russe, comte Panim était opposé à cette combinaison. Mais le prince Potemkim, favori de l'Impératrice, favorisait les vues de l'Angleterre.

Un incident survenu sur ces entrefaites vint influer sur le résultat des pourparlers. Deux navires russes chargés de céréales furent saisis dans la Méditerranée par les croiseurs espagnols, sous le prétexte qu'ils étaient destinés à ravitailler la place de Gibraltar. L'Impératrice de Russie poussée par Potemkim, demanda satisfaction à l'Espagne sans consulter le chancelier Panim, et ordonna l'armement d'une forte escadre pour appuyer ses exigences et pour prendre le parti de l'Angleterre, en cas de refus.

Panim mis au courant de ces décisions, et dissimulant ses intentions, feignit d'approuver le plan formé de demander satisfaction à l'Espagne pour l'offense faite à la navigation neutre, trafiquant légalement; il alla plus loin : il conseilla à l'Impératrice de saisir cette occasion pour manifester à l'Europe sa résolution de ne pas admettre que les guerres entre les autres Puissances entravassent le commerce de la Russie; et démontra que la proclamation de ces principes ne rencontrerait pas seulement l'adhésion et l'approbation des nations neutres, mais amènerait également l'Espagne à donner satisfaction.

L'Impératrice, séduite par ces arguments, ordonna à Panim de rédiger un manifeste contenant ces principes, et destiné à être communiqué aux Puissances belligérantes, comme étant la règle de conduite et la base d'une ligue des neutres pour la protection de leurs propres droits; et faisant une communication identique aux nations neutres, elle sollicita leur adhésion aux mêmes principes.

De là sortit la déclaration du 26 février 1780 transmise aux différents États belligérants et neutres. La convention de la neutralité armée fut signée par la Russie, le Danemark et la Suède, qui convinrent de maintenir une escadre combinée, destinée à opérer dans le but de leur défense commune contre quiconque attaquerait l'une des parties contractantes pour des motifs ayant rapport aux principes proclamés.

La France, les États d'Amérique et l'Espagne elle-même y adhérèrent comme puissances belligérantes, les principes étant ceux qu'ils soutenaient contre l'Angleterre ; le Danemark et la Suède signataires de la convention, d'autres nations neutres, telles que la Prusse, la Hollande, l'Allemagne, Naples et le Portugal se déclarèrent également prêtes à accepter ces principes.

Ainsi, ce fut par une habile intrigue diplomatique que

les armements de la Russie destinés dans le principe à seconder l'Angleterre, servirent plus encore à en contrarier qu'à en favoriser les vues.

La paix de Versailles mit un terme à la guerre, par la reconnaissance de l'indépendance de l'Amérique : les événements qui suivirent firent délaisser les principes de la première neutralité armée. Ce ne fut qu'en 1800 qu'elle fut de nouveau proclamée par les nations de la Baltique : sa durée fut plus limitée en fait, mais elle contribua à faire enraciner dans le droit international les principes tendant à favoriser la liberté du commerce des neutres.

APPENDICE X.

Déclaration dressée le 16 avril 1856 par le Congrès de Paris pour régler divers points de droit maritime (*Sanctionnée et promulguée en France par décret impérial du 28 avril 1856*).

Les Plénipotentiaires qui ont signé le traité de Paris du 30 mars 1856, réunis en conférence, considérant :

Que le droit maritime, en temps de guerre, a été pendant longtemps l'objet de contestations regrettables ;

Que l'incertitude du droit et des devoirs en pareille matière donne lieu entre les neutres et les belligérants à des divergences d'opinion qui peuvent faire naître des difficultés sérieuses et même des conflits ;

Qu'il y a avantage, par conséquent, à établir une doctrine uniforme sur un point aussi important;

Que les Plénipotentiaires, assemblés au Congrès de Paris, ne sauraient mieux répondre aux intentions dont leurs gouvernements sont animés qu'en cherchant à introduire dans les rapports internationaux des principes fixes à cet égard ;

Dûment autorisés, les susdits plénipotentiaires sont convenus de se concerter sur les moyens d'atteindre ce but, et étant tombés d'accord, ont arrêté la déclaration solennelle ci-après :

1° La course est et demeure abolie ;

2° Le pavillon neutre couvre la marchandise ennemie, à l'exception de la contrebande de guerre ;

3° La marchandise neutre, à l'exception de la contrebande de guerre, n'est pas saisissable sous pavillon ennemi ;

4° Les blocus, pour être obligatoires, doivent être effectifs, c'est-à-dire maintenus par une force suffisante pour interdire réellement l'accès du littoral de l'ennemi.

Les gouvernements des Plénipotentiaires soussignés s'engagent à porter cette déclaration à la connaissance des États qui n'ont pas été appelés à participer au Congrès de Paris, et à les inviter à y accéder.

Convaincus que les maximes qu'ils viennent de proclamer ne sauraient être accueillies qu'avec gratitude par le monde entier, les Plénipotentiaires soussignés ne doutent pas que les efforts de leurs gouvernements, pour en généraliser l'adoption, ne soient couronnés d'un plein succès.

La présente déclaration n'est et ne sera obligatoire qu'entre les Puissances qui y ont ou qui y auront accédé.

Fait à Paris, le 16 février 1856.

Suivent les signatures.

(La France et la Grande-Bretagne se sont chargées de concert de porter cette déclaration à la connaissance des États qui n'ont point participé au Congrès de Paris et de provoquer leur accession).

TRAITÉ DE PARIS DU 30 MARS 1856.

Art. 8. — S'il survenait entre la Sublime-Porte et l'une ou plusieurs autres Puissances signataires un dissentiment qui menaçât le maintien de leurs relations, la Sublime-Porte et chacune de ces Puissances, avant de recourir à l'emploi de la force, mettront les autres Parties contractantes en mesure de prévenir cette extrémité par leur action médiatrice.

APPENDICE XI.

En 1831, eut lieu le blocus de la ville de Lisbonne par une escadre française.

Deux sujets français, résidents en Portugal, s'étant rendus coupables de délits punis par les lois du pays, furent poursuivis par les tribunaux portugais. Le gouvernement français réclama en faveur de l'immunité de ses sujets. Le gouvernement de don Miguel répondit que les coupables étaient soumis aux lois du pays dans lequel ils résidaient et passibles des peines édictées en Portugal. La réclamation du gouvernement français fut doublée de la demande d'une satisfaction et d'une indemnité. Et comme le Portugal traînait les choses en longueur, une flotte de quatorze navires vint, sous les ordres de l'amiral Roussin, exercer des représailles, saisir les navires portugais et bloquer l'embouchure du Tage.

Les intimations de l'amiral français, porteur des réclamations, n'ayant pas reçu de réponse précise dans les délais péremptoirement fixés, l'escadre força l'entrée du Tage le 11 juillet, et dicta la loi au gouvernement alors constitué (celui de don Miguel), exigeant des déclarations qui donnassent satisfaction et une indemnité de 50 mille cruzades. Quelques heures seulement étaient laissées pour remplir les obligations imposées, et au cas où elles n'auraient pas été remplies, la flotte devait ouvrir les hostilités contre la ville de Lisbonne.

En présence de cette attitude, le gouvernement de don Miguel dut se soumettre aux exigences de l'amiral Roussin et paya l'indemnité réclamée.

APPENDICE XII.

La question de savoir si le droit de visite peut être exercé
en temps de paix a soulevé, il y a cinquante ans, entre le
Portugal et la Grande-Bretagne, des difficultés assez graves
pour altérer les bonnes relations des deux pays.

Le gouvernement anglais, dans son désir de supprimer
la traite, avait déjà obtenu qu'en 1815 au Congrès de
Vienne, sur les instances de son représentant lord Castlereagh, la traite fût déclarée en opposition avec les principes
de la morale universelle, mais chaque État demeurait libre
de fixer pour ses possessions la date à laquelle l'abolition du
trafic des esclaves pourrait être faite.

Après la paix générale, lord Castlereagh fit de nouvelles
tentatives : convoqua les représentants des grandes Puissances à Londres, leur exposa que la traite avait augmenté
depuis 1815, par le fait que le droit de visite étant un droit
de belligérant, avait cessé d'être exercé aussitôt que la
guerre avait été terminée ; et que par conséquent si les
puissances maritimes ne se faisaient pas des concessions
mutuelles en vue du rétablissement de ce droit, tout effort
pour l'extinction de la traite serait illusoire.

Les grandes puissances ne parvinrent pas à se mettre
d'accord sur cette opinion : elles suggérèrent toutefois
certains moyens que l'on ne parvint pas à mettre en pratique, tels que l'établissement d'une police maritime spéciale et neutre et un conseil suprême de surveillance inter-

nationale qui devait rendre compte aux prochains Congrès des résultats obtenus, etc.

Le Congrès d'Aix-la-Chapelle, où l'on vit réunis Metternich, Castelreagh, Wellington, Hardenberg, Bernstorff, Nesselrode-Capo d'Istria, et le duc de Richelieu, confirma les principes de la Sainte-Alliance, mais s'occupa peu de la traite, se limitant à la qualifier de trafic odieux, indigne du genre humain et devant être supprimé.

Au Congrès de Vérone tenu en 1822, on se réunissait pour l'intervention en Espagne, et l'on ne prit aucune décision touchant la traite, et il ne faut pas s'en étonner : l'Angleterre opposée au but de ce Congrès, ne pouvait obtenir la déclaration sur le droit de visite qu'elle recherchait. En réponse aux décisions du Congrès, elle reconnaissait l'indépendance des colonies espagnoles, dans le but, comme le dit depuis le célèbre Canning, « en donnant la vie à un nouveau monde, de rétablir l'équilibre des puissances dans l'ancien. »

En résumé, les différentes tentatives pour faire accepter les principes du droit de visite durant la paix, ayant échoué, il s'ensuivit un développement considérable de la traite.

Le décret de 1836 et les mesures prises à la suite, par le gouvernement portugais, prohibant le trafic des esclaves sur la côte d'Afrique n'avaient pas suffi pour le supprimer, il y avait des intérêts considérables en jeu et l'on se heurtait à des pratiques invétérées.

D'autre part, le soin que le gouvernement britannique, à la tête duquel se trouvait alors Palmerston, prenait pour empêcher la traite, lui dicta des procédés aussi blessants pour la dignité d'une nation indépendante qu'inexcusables par la violence dont ils couvraient un motif plausible.

Ainsi L. Palmerston voulut établir le droit de visite et de prise en temps de paix à l'égard des navires portugais employés à ce trafic : et cela, non pas par l'effet d'une convention internationale, mais uniquement en vertu d'une loi particulière à l'Angleterre. C'est dans ce but qu'il présentait en juillet 1839 au Parlement britannique, un projet de bill, à l'effet d'autoriser les croiseurs anglais à visiter et à saisir les navires portugais dans quelque parage des côtes d'Afrique qu'ils se trouvassent.

La mesure était trop insolite et violente : le bill fut repoussé par la Chambre des lords après un chaleureux plaidoyer du duc de Wellington en faveur du Portugal. Mais un autre bill, tendant au même but et variant toutefois dans la forme, fut enfin approuvé par le Parlement, malgré la protestation du duc de Wellington appuyée par treize Pairs.

Telle fut la fin des luttes d'une époque de transition où, pour abolir la traite, on mettait en oubli les préceptes de la justice et de la générosité en politique.

Les ressentiments et les embarras que suscita cette politique personnelle de Palmerston, entre les deux pays alliés depuis si longtemps, furent, peu de temps après, effacés par le traité de 1842, qui rétablissait les relations des deux puissances sur le pied de la plus complète réciprocité, tant pour la visite dans certaines limites que pour les autres mesures tendant à la suppression de la traite.

APPENDICE XIII.

Les instructions expédiées à l'occasion de la guerre entre l'Autriche et l'Italie en 1866, par le ministre de la marine de cette dernière puissance, aux commandants des forces navales, constituent dans leur ensemble un intéressant document : non seulement elles consacrent le mutuel accord des deux puissances belligérantes renonçant à la prise des navires marchands, mais elles consignent succinctement et clairement les règles et pratiques de droit international maritime et la conduite à tenir pour les diverses applications qu'il y a lieu d'en faire.

Voici ces instructions :

..... La guerre étant déclarée entre l'Italie et l'Autriche, les instructions suivantes ont pour fin de régler la conduite qui doit être tenue dans les opérations des escadres ou des navires détachés.

En premier lieu, on devra avoir présent à l'esprit que l'Italie et l'Autriche, ayant adhéré à la déclaration du 16 avril 1856 du Congrès de Paris, les principes y consignés doivent être obligatoirement observés et maintenus par les deux dites puissances.

Ces principes sont les suivants :

1° La course est et demeure abolie.

2° Le pavillon neutre couvre la marchandise ennemie à l'exception de la contrebande de guerre.

3° La marchandise neutre, à l'exception de la contrebande de guerre, n'est pas saisissable sur navire ennemi.

4° Le blocus pour être valable doit être effectif, c'est-à-dire maintenu par des forces suffisantes pour empêcher l'accès du littoral bloqué.

On devra donc s'inspirer de ces règles et de celles qui en sont le développement ; ainsi :

1° Dès maintenant, la force des armes sera employée dans le but de poursuivre et capturer les navires de guerre ennemie.

2° L'Autriche ayant notifié son adhésion au principe de réciprocité de conduite relativement aux navires marchands, lesdits navires appartenant à l'ennemi demeurent à l'abri de la prise aussi bien que leurs chargements, à l'exception de la contrebande de guerre, et du cas de tentative de violation de blocus.

3° Il faudra veiller à ce que l'exercice de la pêche sur le littoral ennemi ne mette pas obstacle ou ne porte pas préjudice aux opérations militaires qui vont être entreprises.

4° Aucun acte d'hostilités ne devra être commis dans les ports ou eaux territoriales des puissances neutres; la limite des eaux territoriales est celle atteinte par un boulet tiré de la terre.

5° Seront capturés, les navires marchands soit neutres soit ennemis, chaque fois :

a. Qu'ils tenteront de violer le blocus ;

b. Qu'ils transporteront de la contrebande de guerre pour le compte de l'ennemi ou à lui destinée ;

c. La violation du blocus consiste tant dans la tentative d'entrer dans le lieu bloqué, que dans celle de sortir de ce lieu, après la proclamation du blocus, excepté au cas où, dans la deuxième hypothèse, le navire serait sur lest, ou aurait un chargement reçu avant que le blocus ait été établi ;

7° Le blocus n'est considéré en droit comme reconnu par un navire qui se dirige vers un port bloqué, qu'après que la notification en a été faite par quelqu'une des Puissances bloquantes, et que cette notification a été consignée sur le livre de bord, formalité qui doit toujours être remplie en pareil cas ;

8° Les objets qui constituent la contrebande de guerre sont : pièces d'artillerie, mortiers, fusils, carabines, revolvers, pistolets, épées et toutes autres armes à feu ou portatives de quelque genre que ce soit ; projectiles, poudre, fulmicoton et munitions de guerre de toute espèce ; troupes de terre ou de mer, régulières ou volontaires ; uniformes ou articles d'habillement militaire ; dépêches et correspondances officielles, et généralement tout ce qui, indépendamment d'une fabrication ultérieure, peut servir de suite à un armement maritime ou terrestre.

Outre ces articles, sont considérés comme contrebande de guerre, le soufre et le salpêtre ;

9° Si, pour une relâche forcée, occasionnée par le mauvais temps, le manque de vivres, etc., un navire neutre cherche à entrer dans un port bloqué, on devra lui concéder cette autorisation, à condition qu'il justifie de la force majeure qui l'a obligé à cette manœuvre. Mais si le navire porte de la contrebande de guerre, il devra être obligé à la déposer à bord d'un des navires qui maintiennent le blocus :

10° Pour accomplir les devoirs résultant de ces instructions, on mettra en pratique le droit de visite ; il convient donc de ne pas oublier la manière d'exercer ce droit, dans le but d'empêcher tout conflit désagréable de s'élever. Quoique ce droit puisse être illimité en temps de guerre (excepté dans le cas visé par l'article suivant), on ne devra cependant l'exercer que dans les parages et dans les circonstances qui présenteront des caractères suffisants pour que la confiscation du navire puisse résulter de l'exercice de ce droit.

La procédure est la suivante :

a. Quand on veut reconnaître et visiter un navire marchand, il faut hisser le pavillon national en l'assurant d'un coup de canon à blanc : le navire devra répondre à ce signal en hissant son pavillon : dans le cas où il se refuserait à agir ainsi, il y sera forcé par les moyens que les règles internationales prescrivent ;

b. Si le navire marchand hisse de suite son pavillon et se met par le travers, le navire qui opère la visite doit se maintenir à la distance convenable que lui permettent le vent et l'état de la mer ou toute autre circonstance imprévue, mais il doit toujours avoir en vue la sécurité de l'embarcation qui a été envoyée pour la visite à bord, de manière à concilier la modération avec la possibilité de porter secours à l'embarcation.

c. Dès que le navire marchand s'est mis par le travers, une embarcation sera envoyée avec un officier. Celui-ci montera à bord accompagné seulement par deux ou trois matelots, et procédera à la reconnaissance de la nationalité du navire et verra s'il est ou non employé à un commerce de contrebande de guerre. L'officier exigera donc que le capitaine lui présente les papiers du bord et les documents certifiant la nature de la cargaison ; et si de l'examen de ces pièces il résulte que le navire ne porte pas de contrebande de guerre pour le compte de l'ennemi ou y destiné, la visite sera considérée comme terminée, et le navire libre pourra reprendre sa route : le journal du bord devra faire mention de cet incident.

Mais dans le cas où la contrebande de guerre serait prouvée, le navire sera retenu, les papiers de bord seront saisis ; on ne devra pas cependant ouvrir les écoutilles ni rechercher dans les cales d'autres documents ou les articles suspects.

d. Les indications ci-dessus n'altèrent en rien les prescriptions faites pour le cas de violation du blocus.

e. On devra toujours avoir en vue que dans le cas où, s'éloignant de la ligne de blocus, un navire entrerait dans les eaux territoriales d'un pays neutre, le droit de visite cesserait immédiatement.

11° La visite ne sera pas exercée sur les navires voyageant sous la conduite d'un navire de guerre neutre. On pourra seulement exiger du commandant du convoi l'indication des navires protégés par lui, avec la déclaration écrite qu'il n'existe pas à bord de contrebande de guerre destinée à l'ennemi. Si l'on soupçonne que la bonne foi du commandant du convoi a été surprise, on doit faire part de ces craintes à ce commandant et il procédera lui-même à la visite du navire suspect.

12° Au cas de saisie d'un navire de guerre, celui-ci sera conduit au port, de la manière la plus conforme à la sécurité de l'équipage qui en a la direction et avec le service de bord qu'il sera possible de mettre en pratique.

Florence, 20 juin 1866.

Le ministre de la marine,
DEPRETIS.

APPENDICE XIV.

L'affaire du *Charles-et-Georges* a constitué un conflit diplomatique qui est encore dans toutes les mémoires.

Le navire français *Charles-et-Georges* fut saisi en 1857 dans la baie de Conducia, province de Mozambique, et déclaré de bonne prise par les autorités judiciaires de Mozambique même, du chef de violation d'un port fermé au commerce étranger, et de trafic d'esclaves, malgré la déclaration qu'il se trouvait à bord un délégué du gouvernement français autorisé à faire l'enrôlement de colons pour l'île de la Réunion.

Le capitaine ayant appelé de la sentence du tribunal de Mozambique à la suprême cour d'appel de Lisbonne, le *Charles-et-Georges* prit la route de cette capitale et jeta l'ancre dans le Tage en août 1858.

Dans la correspondance diplomatique qui s'établit sur cette question, le gouvernement portugais soutenait que le cas, relevant du pouvoir judiciaire, c'était à ce pouvoir seul qu'il appartenait de se prononcer sans intervention du pouvoir exécutif; le gouvernement français, au contraire, déclarait que le fait de la présence à bord d'un agent autorisé, ne laissait pas la place à la qualité de négrier donnée au *Charles-et-Georges* par les autorités de Mozambique.

Les raisons alléguées de part et d'autre amenèrent pour résultat la remise d'une note par le ministre de France à Lisbonne, à la date du 14 septembre 1858, exigeant la remise immédiate du navire. Cette réclamation fut appuyée de la présence de deux navires français, *Austerlitz* et *Donawerth*, qui mouillèrent le 4 octobre, en rade de Lisbonne.

Les choses arrivées à ce point, le vicomte de Paiva, ministre de Portugal en France, remettait, le 8 octobre, une note au gouvernement français, tendant à invoquer la médiation d'une tierce puissance, en application de l'article 8 du traité de Paris du 30 mars 1856, (protocole n° 23, du 14 avril de la même année), et déclarant en même temps que le gouvernement portugais accepterait pour arbitre le souverain d'une nation amie que le gouvernement français choisirait.

C'était à la même date du 8 octobre et seulement au moment où les choses en étaient arrivées à ce point, que le gouvernement portugais faisait part de l'affaire du *Charles-et-Georges* au gouvernement britannique.

Le 9, c'est-à-dire le lendemain de l'expédition de cette note, M. de Paiva télégraphiait de Paris : « Médiation refusée, exigence énergique de remise de bâtiment. Ordres dans ce sens expédiés sans délai. »

En effet, par son office du 10, le diplomate portugais expliquait son télégramme : les instructions étaient expédiées pour que la réclamation de la France reçût satisfaction dans le délai de 48 heures ; au cas du moindre retard dans l'exécution de cette satisfaction, la légation et le consulat de France devaient se retirer à bord des vaisseaux de guerre, interrompre par conséquent toutes relations diplomatiques et commerciales, et les hostilités seraient immédiatement ouvertes.

Mais le gouvernement français qui refusait la médiation sur la question de droit, l'acceptait pour la fixation de la somme à exiger à titre d'indemnité.

Le gouvernement portugais, par sa note du 29 octobre adressée au ministre de France, déclara que, fort de son droit et convaincu de la justice de sa cause, mais reconnaissant l'impossibilité de la faire prévaloir, il assumait la grave responsabilité de céder aux exigences péremptoires du gouvernement français ; et ajoutait : « Que quant à la médiation indiquée par le gouvernement impérial pour la fixation de la somme exigée à titre d'indemnité, il était de son devoir de répondre que la médiation proposée par le gouvernement de S. M. I. (en harmonie avec les principes consignés au protocole de 1856), n'ayant pas été acceptée en ce qui touchait la question de droit, le Cabinet de Lisbonne ne pouvait, à son tour, accepter de médiation pour la question pécuniaire, laissant au gouvernement impérial la liberté de procéder comme il le jugerait le plus convenable. »

L'indemnité réclamée fut de 349,045 francs.

Le 25 octobre, le navire fut relâché et la somme payée.

APPENDICE XV.

Articles additionnels à la convention du 22 août 1864, pour l'amélioration du sort des militaires blessés dans les armées en campagne.

(Articles relatifs à la marine.)

Art. 6. —Les embarcations, qui, à leurs risques et périls, pendant et après le combat, recueillent, ou qui ayant recueilli des naufragés ou des blessés, les portent à bord d'un navire soit neutre soit hospitalier, jouiront jusqu'à l'accomplissement de leur mission de la part de neutralité que les circonstances du combat et la situation des navires en conflit permettront de leur appliquer.

L'appréciation de ces circonstances est confiée à l'humanité de tous les combattants.

Les naufragés et les blessés ainsi recueillis et sauvés ne pourront servir pendant la durée de la guerre.

Art. 7. — Le personnel religieux, médical et hospitalier de tout bâtiment capturé est déclaré neutre. Il emporte, en quittant le navire, les instruments de chirurgie qui sont sa propriété particulière.

Art. 8. — Le personnel désigné dans l'article précédent doit continuer à remplir ses fonctions sur le bâtiment capturé, concourir aux évacuations de blessés faites par le vainqueur, puis il doit être libre de rejoindre son pays.

Art. 9. — Les bâtiments-hôpitaux militaires restent soumis aux lois de la guerre, en ce qui concerne leur matériel ; ils deviennent la propriété du capteur, mais il ne pourra les détourner de leur affectation spéciale pendant la durée de la guerre. (La France a proposé, et l'Angleterre et l'Allemagne du nord ont accepté que les bâtiments lazarets destinés déjà à cet usage pendant la paix, jouissent d'une neutralité complète, en ce qui concerne le matériel et le personnel.)

Art. 10. — Tout bâtiment de commerce à quelque nation qu'il appartienne, chargé exclusivement de blessés et de malades dont il opère l'évacuation, est couvert par la neutralité, mais le fait seul de la visite, notifié sur le journal du bord, par un croiseur ennemi, rend les blessés et les malades incapables de servir pendant la durée de la guerre. Le croiseur aura même le droit de mettre à bord un commissaire, pour accompagner le convoi et vérifier ainsi la bonne foi de l'opération.

Si le bâtiment de commerce contenait en outre un chargement, la neutralité le couvrirait encore, pourvu que ce chargement ne fût pas de nature à être confisqué par le belligérant.

Les belligérants conservent le droit d'interdire aux bâtiments neutralisés toute communication et toute direction qu'ils jugeraient nuisibles aux secrets de leurs opérations.

Dans les cas urgents, des conventions particulières pourront être faites par les commandants en chef pour neutraliser momentanément d'une manière spéciale les navires destinés à l'évacuation des blessés et des malades.

Art. 11. — Les marins et les militaires embarqués, blessés ou malades, à quelque nation qu'ils appartiennent, seront protégés et soignés par les capteurs.

Art. 12. — Le drapeau distinctif à joindre au pavillon national pour indiquer un navire ou une embarcation quelconque qui réclame le bénéfice de la neutralité en vertu des principes de cette convention, est le pavillon blanc à croix rouge.

Les belligérants exercent à cet égard toute vérification qu'ils jugent nécessaire.

Les bâtiments-hôpitaux militaires seront distingués par une peinture extérieure blanche avec batterie verte.

Art. 13. — Les navires hospitaliers équipés aux frais des sociétés de secours reconnus par les Gouvernements signataires de cette convention, pourvus de commission émanée du souverain qui aura donné l'autorisation expresse de leur armement et d'un document de l'autorité maritime compétente, stipulant qu'ils ont été soumis à son contrôle pendant leur armement et à leur départ final, et qu'ils étaient alors uniquement appropriés au but de leur mission, seront considérés comme neutres ainsi que tout leur personnel.

Ils seront respectés et protégés par les belligérants.

Ils se feront reconnaître en hissant, avec leur pavillon national, le pavillon blanc à croix rouge. La marque distinctive de leur personnel, dans l'exercice de ses fonctions, sera un brassard aux mêmes couleurs ; leur peinture extérieure sera blanche avec batterie rouge.

Ces navires porteront secours et assistance aux blessés et aux naufragés des belligérants, sans distinction de nationalité.

Ils ne devront gêner, en aucune manière, les mouvements des combattants.

Pendant et après le combat, ils agiront à leurs risques et périls.

Les belligérants auront sur eux, le droit de contrôle et de visite ; ils pourront refuser leur concours, leur enjoindre de s'éloigner et les détenir, si la gravité des circonstances l'exigeait.

Les blessés et les naufragés recueillis par ces navires ne pourront être réclamés par aucun des combattants, et il leur sera imposé de ne pas servir pendant la durée de la guerre.

Art. 14. — Dans les guerres maritimes, toute forte présomption que l'un des belligérants profite du bénéfice de la neutralité dans un autre intérêt que celui des blessés et des malades, permet à l'autre belligérant, jusqu'à preuve du contraire, de suspendre la convention à son égard.

Si cette présomption devient une certitude, la convention peut même lui être dénoncée pour toute la durée de la guerre.

Art. 15. — Le présent acte sera dressé en un seul exemplaire original, etc.

En foi de quoi, etc.

Fait à Genève, le 20 octobre 1868.

APPENDICE XVI.

Acte général de la conférence africaine.

Au nom de Dieu Tout-Puissant, etc.

CHAPITRE Ier

DÉCLARATION RELATIVE A LA LIBERTÉ DU COMMERCE DANS LE BASSIN DU CONGO, SES EMBOUCHURES ET PAYS CIRCONVOISINS, ET DISPOSITIONS CONNEXES.

Art. 1er. — Le commerce de toutes les nations jouira d'une complète liberté :

1° Dans tous les territoires constituant le bass n du Congo et de ses affluents. Ce bassin est délimité par les crêtes des bassins contigus, à savoir, notamment, les bassins du Niari, de l'Ogowé, du Schari et du Nil, au Nord; par la ligne de faîte orientale des affluents du lac Tanganyka, à l'Est; par les crêtes des bassins du Zambèze et de la Logé, au Sud. Il embrasse, en conséquence, tous les territoires drainés par le Congo et ses affluents, y compris le lac Tanganyka et ses tributaires orientaux ;

2° Dans la zone maritime s'étendant sur l'Océan Atlantique depuis le parallèle situé par 2° 30' de latitude Sud jusqu'à l'embouchure de la Logé.

La limite septentrionale suivra le parallèle situé par

2° 30′, depuis la côte jusqu'au point où il rencontre le bassin géographique du Congo, en évitant le bassin de l'Ogowé, auquel ne s'appliquent pas les stipulations du présent Acte.

La limite méridionale suivra le cours de la Logé jusqu'à la source de cette rivière et se dirigera de là vers l'Est jusqu'à la jonction avec le bassin géographique du Congo.

3° Dans la zone se prolongeant à l'Est du bassin du Congo, tel qu'il est délimité ci-dessus jusqu'à l'Océan Indien, depuis le cinquième degré de latitude Nord jusqu'à l'embouchure du Zambèze au Sud ; de ce point la ligne de démarcation suivra le Zambèze jusqu'à cinq milles en amont du confluent du Shiré et continuera par la ligne de faîte séparant les eaux qui coulent vers le lac Nyassa des eaux tributaires du Zambèze, pour rejoindre enfin la ligne de partage des eaux du Zambèze et du Congo.

Il est expressément entendu qu'en étendant à cette zone orientale le principe de la liberté commerciale, les Puissances représentées à la Conférence ne s'engagent que pour elles-mêmes et que ce principe ne s'appliquera aux territoires appartenant actuellement à quelque État indépendant et souverain, qu'autant que celui-ci y donnera son consentement. Les Puissances conviennent d'employer leurs bons offices auprès des Gouvernements établis sur le littoral africain de la mer des Indes afin d'obtenir ledit consentement et, en tout cas, d'assurer au transit de toutes les nations les conditions les plus favorables.

Art. 2. — Tous les pavillons, sans distinction de nationalité, auront libre accès à tout le littoral des territoires énumérés ci-dessus, aux rivières qui s'y déversent dans la mer, à toutes les eaux du Congo et de ses affluents, y compris les lacs, à tous les ports situés sur les bords de ces eaux, ainsi qu'à tous les canaux qui pourraient être creusés à l'avenir dans le but de relier entre eux les cours d'eau ou les lacs compris dans toute l'étendue des territoires décrits à l'article 1er. Ils pourront entreprendre toute espèce de transports et exercer le cabotage maritime et fluvial ainsi que la batellerie sur le même pied que les nationaux.

Art. 3. — Les marchandises de toute provenance importées dans ces territoires, sous quelque pavillon que ce soit, par la voie maritime ou fluviale ou par celle de terre n'auront à acquitter d'autres taxes que celles qui pourraient être perçues comme une équitable compensation de dépenses utiles pour le commerce et qui, à ce titre, devront être également supportées par les nationaux et par les étrangers de toute nationalité.

Tout traitement différentiel est interdit à l'égard des navires comme des marchandises.

Art. 4. — Les marchandises importées dans ces territoires resteront affranchies de droits d'entrée et de transit.

Les Puissances se réservent de décider, au terme d'une période de vingt années, si la franchise d'entrée sera ou non maintenue.

Art. 5. — Toute puissance qui exerce ou exercera des droits de souveraineté dans les territoires susvisés ne pourra y concéder ni monopole ni privilège d'aucune espèce en matière commerciale.

Les étrangers y jouiront indistinctement, pour la protection de leurs personnes et de leurs biens, l'acquisition et la transmission de leurs propriétés mobilières et immobilières et pour l'exercice des professions, du même traitement et des mêmes droits que les nationaux.

Art. 6. — *Dispositions relatives à la protection des indigènes, des missionnaires et des voyageurs, ainsi qu'à la liberté religieuse.* — Toutes les Puissances exerçant des droits de souveraineté ou une influence dans lesdits territoires s'engagent à veiller à la conservation des populations indigènes et à l'amélioration de leurs conditions morales et matérielles d'existence et à concourir à la suppression de l'esclavage et surtout de la traite des noirs ;

elles protégeront et favoriseront, sans distinction de nationalités ni de cultes, toutes les institutions et entreprises religieuses, scientifiques ou charitables créées et organisées à ces fins ou tendant à instruire les indigènes et à leur faire comprendre et apprécier les avantages de la civilisation.

Les missionnaires chrétiens, les savants, les explorateurs, leurs escortés, avoir et collections seront également l'objet d'une protection spéciale.

La liberté de conscience et la tolérance religieuse sont expressément garanties aux indigènes comme aux nationaux et aux étrangers. Le libre et public exercice de tous les cultes, le droit d'ériger des édifices religieux et d'organiser des missions appartenant à tous les cultes ne seront soumis à aucune restriction ni entrave.

Art. 7. — *Régime postal.* — La convention de l'Union postale universelle, révisée à Paris le 1ᵉʳ juin 1878, sera appliquée au bassin conventionnel du Congo.

Les Puissances qui exercent ou exerceront des droits de souveraineté ou de protectorat s'engagent à prendre, aussitôt que les circonstances le permettront, les mesures nécessaires pour l'exécution de la disposition qui précède.

Art. 8. — *Droit de surveillance attribué à la Commission internationale du Congo.* — Dans toutes les parties du territoire visé par la présente Déclaration où aucune Puissance n'exercerait les droits de souveraineté ou de protectorat, la Commission Internationale de la navigation du Congo, instituée en vertu de l'article 17, sera chargée de surveiller l'application des principes proclamés et consacrés par cette Déclaration.

Pour tous les cas où des difficultés relatives à l'application des principes établis par la présente Déclaration viendraient à surgir, les Gouvernements intéressés pourront convenir de faire appel aux bons offices de la Commission internationale en lui déférant l'examen des faits qui auront donné lieu à ces difficultés.

CHAPITRE II.

DÉCLARATION CONCERNANT LA TRAITE DES ESCLAVES.

Art. 9. — Conformément aux principes du droit des gens tels qu'ils sont reconnus par les Puissances signataires, la traite des esclaves étant interdite, et les opérations qui, sur terre ou sur mer, fournissent des esclaves à la traite devant être également considérées comme interdites, les Puissances qui exercent ou qui exerceront des droits de souveraineté ou une influence dans les territoires formant le bassin conventionnel du Congo, déclarent que ces territoires ne pourront servir ni de marché ni de voie de transit pour la traite des esclaves de quelque race que ce soit. Chacune de ces Puissances s'engage à employer tous les moyens en son pouvoir pour mettre fin à ce commerce et pour punir ceux qui s'en occupent.

CHAPITRE III

DÉCLARATION RELATIVE A LA NEUTRALITÉ DES TERRITOIRES COMPRIS DANS LE BASSIN CONVENTIONNEL DU CONGO.

Art. 10. — Afin de donner une garantie nouvelle de sécurité au commerce et à l'industrie et de favoriser, par le maintien de la paix, le développement de la civilisation dans les contrées mentionnées à l'article 1er et placées sous le régime de la liberté commerciale, les Hautes Parties signataires du présent Acte et celles qui y adhéreront par la suite s'engagent à respecter la neutralité des territoires ou parties de territoires dépendant desdites contrées, y compris les eaux territoriales, aussi longtemps que les Puissances qui exercent ou qui exerceront des droits de souveraineté ou de protectorat sur ces territoires, usant de la faculté de se proclamer neutres, rempliront les devoirs que la neutralité comporte.

Art. 11. — Dans le cas où une Puissance exerçant des droits de souveraineté ou de protectorat dans les contrées mentionnées à l'article 1er et placées sous le régime de la liberté commerciale, serait impliquée dans une guerre, les Hautes Parties signataires du présent Acte et celles qui y adhéreront par la suite s'engagent à prêter leurs bons offices pour que les territoires appartenant à cette Puissance et compris dans la zone conventionnelle de la liberté commerciale soient, du consentement commun de cette Puissance et de l'autre ou des autres parties belligérantes, placés pour la durée de la guerre sous le régime de la neutralité et considérés comme appartenant à un État non belligérant ; les parties belligérantes renonceraient, dès lors, à étendre les hostilités aux territoires ainsi neutralisés, aussi bien qu'à les faire servir de base à des opérations de guerre.

Art. 12. — Dans le cas où un dissentiment sérieux, ayant pris naissance au sujet ou dans les limites des territoires mentionnés à l'article 1er et placés sous le régime de la liberté commerciale, viendrait à s'élever entre des Puissances signataires du présent Acte ou des Puissances qui y adhéreraient par la suite, ces Puissances s'engagent, avant d'en appeler aux armes, à recourir à la médiation d'une ou de plusieurs Puissances amies.

Pour le même cas, les mêmes Puissances se réservent le recours facultatif à la procédure de l'arbitrage.

CHAPITRE IV

ACTE DE NAVIGATION DU CONGO.

Art. 13. — La navigation du Congo, sans exception d'aucun des embranchements ni issues de ce fleuve, est et demeurera entièrement libre pour les navires marchands, en charge ou sur lest, de toutes les nations, tant pour le transport des marchandises que pour celui des voyageurs.

Elle devra se conformer aux dispositions du présent Acte de navigation et aux règlements à établir en exécution du même Acte.

Dans l'exercice de cette navigation, les sujets et les pavillons de toutes les nations seront traités, sous tous les rapports, sur le pied d'une parfaite égalité, tant pour la navigation directe de la pleine mer vers les ports intérieurs du Congo, et *vice versa*, que pour le grand et le petit cabotage, ainsi que pour la batellerie sur le parcours de ce fleuve.

En conséquence, sur le parcours et aux embouchures du Congo, il ne sera fait aucune distinction entre les sujets des États riverains et ceux des non riverains, et il ne sera concédé aucun privilège exclusif de navigation, soit à des sociétés ou corporations quelconques, soit à des particuliers.

Ces dispositions sont reconnues par les Puissances signataires comme faisant désormais partie du droit public international.

Art. 14. — La navigation du Congo ne pourra être assujettie à aucune entrave ni redevance qui ne seraient pas exactement stipulées dans le présent acte. Elle ne sera grevée d'aucune obligation d'échelle, d'étape, de dépôt, de rompre charge, ou de relâche forcée.

Dans toute l'étendue du Congo, les navires et les marchandises transitant sur le fleuve ne seront soumis à aucun droit de transit, quelles que soient leur provenance et leur destination.

Il ne sera établi aucun péage maritime ni fluvial basé sur le seul fait de la navigation, ni aucun droit sur les marchandises qui se trouvent à bord des navires. Pourront seuls être perçus des taxes ou droits qui auront le caractère de rétribution pour services rendus à la navigation même, savoir :

1° Des taxes de port pour l'usage effectif de certains établissements locaux tels que quais, magasins, etc.

Le tarif de ces taxes sera calculé sur les dépenses de construction et d'entretien desdits établissements locaux, et l'application en aura lieu sans égard à la provenance des navires ni à leur cargaison ;

2° Des droits de pilotage sur les sections fluviales où il paraîtrait nécessaire de créer des stations de pilotes brevetés.

Le tarif de ces droits sera fixe et proportionné au service rendu ;

3° Des droits destinés à couvrir les dépenses techniques et administratives, faites dans l'intérêt général de la navigation, y compris les droits de phare, de fanal et de balisage.

Les droits de cette dernière catégorie sont basés sur le tonnage des navires tel qu'il résulte des papiers de bord, et conformément aux règles adoptées pour le bas Danube.

Les tarifs d'après lesquels les taxes et droits, énumérés dans les trois paragraphes précédents, seront perçus, ne comporteront aucun traitement différentiel et devront être officiellement publiés dans chaque port.

Les Puissances se réservent d'examiner, au bout d'une période de cinq ans, s'il y a lieu de reviser, d'un commun accord, les tarifs ci-dessus mentionnés.

Art. 15. — Les affluents du Congo seront à tous égards soumis au même régime que le fleuve dont ils sont tributaires.

Le même régime sera appliqué aux fleuves et rivières ainsi qu'aux lacs et canaux des territoires déterminés par l'article 1ᵉʳ, paragraphes 2 et 3.

Toutefois les attributions de la Commission internationale du Congo ne s'étendront pas sur lesdits fleuves, rivières, lacs et canaux, à moins de l'assentiment des États sous la souveraineté desquels ils sont placés. Il est bien entendu aussi que, pour les territoires mentionnés dans l'article 1ᵉʳ, paragraphe 3, le consentement des États souverains de qui ces territoires relèvent demeure réservé.

Art. 16. — Les routes, chemins de fer ou canaux latéraux, qui pourront être établis dans le but spécial de suppléer à l'innavigabilité ou aux imperfections de la voie fluviale sur certaines sections du parcours du Congo, de ses affluents et des autres cours d'eau qui leur sont assimilés par l'article 15, seront considérés, en leur qualité de moyens de communication, comme des dépendances de ce fleuve et seront également ouverts au trafic de toutes les nations.

De même que sur le fleuve, il ne pourra être perçu sur ces routes, chemins de fer et canaux que des péages calculés sur les dépenses de construction, d'entretien et d'administration, et sur les bénéfices dus aux entrepreneurs.

Quant aux taux de ces péages, les étrangers et les nationaux des territoires respectifs seront traités sur le pied d'une parfaite égalité.

Art. 17. — Il est institué une Commission internationale chargée d'assurer l'exécution des dispositions du présent acte de navigation.

Les Puissances signataires de cet Acte, ainsi que celles qui y adhéreront postérieurement pourront, en tout temps, se faire représenter dans ladite Commission, chacune par un Délégué. Aucun Délégué ne pourra disposer de plus d'une voix, même dans le cas où il représenterait plusieurs Gouvernements.

Ce Délégué sera directement rétribué par son Gouvernement.

Les traitements et allocations des agents et employés de la Commission internationale seront imputés sur le produit des droits perçus conformément à l'article 14, paragraphes 2 et 3.

Les chiffres desdits traitements et allocations, ainsi que le nombre, le grade et les attributions des agents et employés, seront inscrits dans le compte rendu qui sera adressé chaque année aux Gouvernements représentés dans la Commission internationale.

Art. 18. — Les Membres de la Commission internationale, ainsi que les agents nommés par elle, sont investis du privilège de l'inviolabilité dans l'exercice de leurs fonctions. La même garantie s'étendra aux offices, bureaux et archives de la Commission.

Art. 19. — La Commission internationale de navigation du Congo se constituera aussitôt que cinq des Puissances signataires du présent Acte général auront nommé leurs Délégués. En attendant la constitution de la Commission, la nomination des délégués sera notifiée au Gouvernement de l'Empire d'Allemagne, par les soins duquel les démarches nécessaires seront faites pour provoquer la réunion de la Commission.

La Commission élaborera immédiatement des règlements de navigation, de police fluviale, de pilotage et de quarantaine.

Ces règlements, ainsi que les tarifs à établir par la Commission, avant d'être mis en vigueur, seront soumis à l'approbation des Puissances représentées dans la Commission. Les Puissances intéressées devront faire connaître leur avis dans le plus bref délai possible.

Les infractions à ces règlements seront réprimées par les agents de la Commission internationale là où elle exercera directement son autorité, et ailleurs par la Puissance riveraine.

Au cas d'un abus de pouvoir ou d'une injustice de la part d'un agent ou d'un employé de la Commission internationale, l'individu qui se regardera comme lésé dans sa personne ou dans ses droits pourra s'adresser à l'Agent consulaire de sa nation. Celui-ci devra examiner la plainte ; s'il la trouve *prima facie* raisonnable, il aura le droit de la présenter à la Commission. Sur son initiative, la Commission, représentée par trois au moins de ses Membres, s'adjoindra à lui pour faire une enquête touchant la conduite de son agent ou employé. Si l'Agent consulaire considère la décision de la Commission comme soulevant des objections de droit, il en fera un rapport à son Gouvernement, qui pourra recourir aux Puissances représentées dans la Commission et les inviter à se concerter sur des instructions à donner à la Commission.

Art. 20. — La Commission internationale du Congo, chargée, aux termes de l'article 17, d'assurer l'exécution du présent Acte de navigation, aura notamment dans ses attributions :

1° La désignation des travaux propres à assurer la navigabilité du Congo selon les besoins du commerce international.

Sur les sections du fleuve où aucune Puissance n'exercera des droits de souveraineté, la Commission internationale prendra elle-même les mesures nécessaires pour assurer la navigabilité du fleuve.

Sur les sections du fleuve occupées par une Puissance souveraine, la Commission internationale s'entendra avec l'autorité riveraine ;

2° La fixation du tarif de pilotage et celle du tarif général des droits de navigation prévus aux 2e et 3e paragraphes de l'article 14.

Les tarifs mentionnés au premier paragraphe de l'article 14 seront arrêtés par l'autorité territoriale dans les limites prévues audit article.

La perception de ces différents droits aura lieu par les soins de l'autorité internationale ou territoriale pour le compte de laquelle ils sont établis ;

3° L'administration des revenus provenant de l'application du paragraphe 2 ci-dessus ;

4° La surveillance de l'établissement quarantenaire établi en vertu de l'article 24 ;

5° La nomination des agents dépendant du service général de la navigation et celle de ses propres employés.

L'institution des sous-inspecteurs appartiendra à l'autorité territoriale sur les sections occupées par une puissance, et à la Commission internationale sur les autres sections du fleuve.

La puissance riveraine notifiera à la Commission internationale la nomination des sous-inspecteurs qu'elle aura institués et cette puissance se chargera de leur traitement.

Dans l'exercice de ses attributions, telles qu'elles sont définies et limitées ci-dessus, la Commission internationale ne dépendra pas de l'autorité internationale.

Art. 21. — Dans l'accomplissement de sa tâche, la Commission internationale pourra recourir, au besoin, aux bâtiments de guerre des Puissances signataires de cet Acte et de celles qui y accéderont à l'avenir, sous toute réserve des instructions qui pourraient être données aux commandants de ces bâtiments par leurs Gouvernements respectifs.

Art. 22. — Les bâtiments de guerre des Puissances signataires du présent Acte qui pénètrent dans le Congo sont exempts du payement des droits de navigation prévus au paragraphe 3 de l'article 14 ; mais ils acquitteront les droits éventuels de pilotage ainsi que les droits de port, à moins que leur intervention n'ait été réclamée par la Commission internationale ou ses agents, aux termes de l'article précédent.

Art. 23. — Dans le but de subvenir aux dépenses techniques et administratives qui lui incombent, la Commission internationale instituée par l'article 17 pourra négocier en son nom propre des emprunts exclusivement gagés sur les revenus attribués à ladite Commission.

Les décisions de la Commission tendant à la conclusion d'un emprunt devront être prises à la majorité des deux tiers des voix. Il est entendu que les Gouvernements représentés à la Commission ne pourront, en aucun cas, être considérés comme assumant aucune garantie, ni contractant aucun engagement ni solidarité à l'égard desdits emprunts, à moins de conventions spéciales conclues par eux à cet effet.

Le produit des droits spécifiés au troisième paragraphe de l'article 14 sera affecté par priorité au service des intérêts et à l'amortissement desdits emprunts, suivant les conventions passées avec les prêteurs.

Art. 24. — Aux embouchures du Congo, il sera fondé, soit par l'initiative des Puissances riveraines, soit par l'intervention de la Commission internationale, un établissement quarantenaire qui exercera le contrôle sur les bâtiments, tant à l'entrée qu'à la sortie.

Il sera décidé plus tard, par les Puissances, si et dans quelles conditions un contrôle sanitaire devra être exercé sur les bâtiments dans le cours de la navigation fluviale.

Art. 25. — Les dispositions du présent Acte de navigation demeureront en vigueur en temps de guerre. En conséquence, la navigation de toutes les nations, neutres ou belligérantes, sera libre, en tout temps, pour les usages du commerce sur le Congo, ses embranchements, ses affluents et ses embouchures, ainsi que sur la mer territoriale faisant face aux embouchures de ce fleuve.

Le trafic demeurera également libre, malgré l'état de guerre, sur les routes, chemins de fer, lacs et canaux mentionnés dans les articles 15 et 16.

Il ne sera apporté d'exception à ce principe qu'en ce qui concerne le transport des objets destinés à un belligérant et considérés, en vertu du droit des gens, comme articles de contrebande de guerre.

Tous les ouvrages et établissements créés en exécution du présent Acte, notamment les bureaux de perception et leurs caisses, de même que le personnel attaché d'une manière permanente au service de ces établissements, seront placés sous le régime de la neutralité et, à ce titre, seront respectés et protégés par les belligérants.

CHAPITRE V

ACTE DE NAVIGATION DU NIGER

Art. 26. — La navigation du Niger, sans exception d'aucun des embranchements ni issues de ce fleuve, est et demeurera entièrement libre pour les navires marchands, en charge ou sur lest, de toutes les nations, tant pour le transport des marchandises que pour celui des voyageurs. Elle devra se conformer aux dispositions du présent Acte de navigation et aux règlements à établir en exécution du même Acte.

Dans l'exercice de cette navigation, les sujets et les pavillons de toutes les nations seront traités, sous tous les rapports, sur le pied d'une parfaite égalité, tant pour la navigation directe de la pleine mer vers les ports intérieurs du Niger, et *vice versa*, que pour le grand et le petit cabotage, ainsi que pour la batellerie sur le parcours de ce fleuve.

En conséquence, sur tout le parcours et aux embouchures du Niger, il ne sera fait aucune distinction entre les sujets des États riverains et ceux des non riverains, et il ne sera concédé aucun privilège exclusif de navigation, soit à des sociétés ou corporations quelconques, soit à des particuliers.

Ces dispositions sont reconnues par les Puissances signataires comme faisant désormais partie du droit public international.

Art. 27. — La navigation du Niger ne pourra être assujettie à aucune entrave ni redevance basées uniquement sur le fait de la navigation.

Elle ne subira aucune obligation d'échelle, d'étape, de dépôt, de rompre charge, ou de relâche forcée.

Dans toute l'étendue du Niger, les navires et les marchandises transitant sur le fleuve ne seront soumis à aucun droit de transit, quelle que soit leur provenance ou leur destination.

Il ne sera établi aucun péage maritime ni fluvial basé sur le seul fait de la navigation, ni aucun droit sur les marchandises qui se trouvent à bord des navires. Pourront seuls être perçus des taxes ou droits qui auront le caractère de rétribution pour services rendus à la navigation même. Les tarifs de ces taxes ou droits ne comporteront aucun traitement différentiel.

Art. 28. — Les affluents du Niger seront à tous égards soumis au même régime que le fleuve dont ils sont tributaires.

Art. 29. — Les routes, chemins de fer ou canaux latéraux qui pourront être établis dans le but spécial de suppléer à l'innavigabilité ou aux imperfections de la voie fluviale sur certaines sections du parcours du Niger, de ses affluents, embranchements et issues seront considérés, en leur qualité de moyens de communication, comme des dépendances de ce fleuve et seront également ouverts au trafic de toutes les nations.

De même que sur le fleuve, il ne pourra être perçu sur ces routes, chemins de fer et canaux, que des péages calculés sur les dépenses de construction, d'entretien et d'administration, et sur les bénéfices dus aux entrepreneurs.

Quant aux taux de ces péages, les étrangers et les nationaux des territoires respectifs seront traités sur le pied d'une parfaite égalité.

Art. 30. — La Grande-Bretagne s'engage à appliquer les principes de la liberté de navigation énoncés dans les articles 26, 27, 28, 29, en tant que les eaux du Niger, de ses affluents, embranchements et issues, sont ou seront sous sa souveraineté ou son protectorat.

Les règlements qu'elle établira pour la sûreté et le contrôle de la navigation seront conçus de manière à faciliter autant que possible la circulation des navires marchands.

Il est entendu que rien dans les engagements ainsi pris ne saurait être interprété comme empêchant ou pouvant empêcher la Grande-Bretagne de faire quelques règlements de navigation que ce soit, qui ne seraient pas contraires à l'esprit de ces engagements.

La Grande-Bretagne s'engage à protéger les négociants étrangers de toutes les nations faisant le commerce dans es parties du cours du Niger qui sont ou seront sous sa souveraineté ou son protectorat, comme s'ils étaient ses propres sujets, pourvu toutefois que ces négociants se conforment aux règlements qui sont ou seront établis en vertu de ce qui précède.

Art. 31. — La France accepte sous les mêmes réserves et en termes identiques les obligations consacrées dans l'article précédent, en tant que les eaux du Niger, de ses affluents, embranchements et issues sont ou seront sous sa souveraineté ou son protectorat.

Art. 32. — Chacune des autres Puissances signataires s'engage de même, pour le cas où elle exercerait dans l'avenir des droits de souveraineté ou de protectorat sur quelque partie des eaux du Niger, de ses affluents, embranchements et issues.

Art. 33. — Les dispositions du présent acte de navigation demeureront en vigueur en temps de guerre. En conséquence, la navigation de toutes les nations, neutres ou belligérantes, sera libre en tout temps pour les usages du commerce sur le Niger, ses embranchements et affluents, ses embouchures et issues, ainsi que sur la mer territoriale faisant face aux embouchures et issues de ce fleuve.

Le trafic demeurera également libre, malgré l'état de guerre, sur les routes, chemins de fer et canaux mentionnés dans l'article 29.

Il ne sera apporté d'exception à ce principe qu'en ce qui concerne le transport des objets destinés à un belligérant et considéré, en vertu du droit des gens, comme articles de contrebande de guerre.

CHAPITRE VI.

DÉCLARATION RELATIVE AUX CONDITIONS ESSENTIELLES A REMPLIR POUR QUE
DES OCCUPATIONS NOUVELLES SUR LES CÔTES DU CONTINENT AFRICAIN
SOIENT CONSIDÉRÉES COMME EFFECTIVES.

Art. 34. — La Puissance qui, dorénavant, prendra possession d'un territoire sur les côtes du Continent africain situé en dehors de ses possessions actuelles, ou qui, n'en ayant pas eu jusque-là, viendrait à en acquérir, et de même la Puissance qui y assumera un protectorat, accompagnera l'Acte respectif d'une notification adressée aux autres Puissances signataires du présent Acte, afin de les mettre à même de faire valoir, s'il y a lieu, leurs réclamations.

Art. 35. — Les Puissances signataires du présent Acte reconnaissent l'obligation d'assurer, dans les territoires occupés par elles, sur les côtes du Continent africain, l'existence d'une autorité suffisante pour faire respecter les droits acquis et, le cas échéant, la liberté du commerce et du transit dans les conditions où elle serait stipulée.

CHAPITRE VII.

DISPOSITIONS GÉNÉRALES.

Art. 36. — Les Puissances signataires du présent Acte général se réservent d'y introduire ultérieurement et d'un commun accord les modifications ou améliorations dont l'utilité serait démontrée par l'expérience.

Art. 37. — Les Puissances qui n'auront pas signé le présent Acte général pourront adhérer à ses dispositions par un acte séparé.

L'adhésion de chaque Puissance est notifiée, par la voie diplomatique, au Gouvernement de l'Empire d'Allemagne, et par celui-ci à tous les États signataires ou adhérents.

Elle emporte de plein droit l'acceptation de toutes les obligations et l'admission à tous les avantages stipulés par le présent Acte général.

Art. 38. — Le présent Acte général sera ratifié dans un délai qui sera le plus court possible et qui, en aucun cas, ne pourra excéder un an.

Il entrera en vigueur pour chaque Puissance à partir de la date où elle l'aura ratifié.

En attendant, les Puissances signataires du présent Acte

général s'obligent à n'adopter aucune mesure qui serait contraire aux dispositions dudit Acte.

Chaque Puissance adressera sa ratification au Gouvernement de l'Empire d'Allemagne, par les soins de qui il en sera donné avis à toutes les autres Puissances signataires du présent Acte général.

Les ratifications de toutes les Puissances resteront déposées dans les archives du Gouvernement de l'Empire d'Allemagne. Lorsque toutes les ratifications auront été produites, il sera dressé acte du dépôt dans un protocole qui sera signé par les Représentants de toutes les Puissances ayant pris part à la Conférence de Berlin et dont une copie certifiée sera adressée à toutes ces Puissances.

En foi de quoi, les Plénipotentiaires respectifs ont signé le présent acte général et y ont apposé leur cachet.

Fait à Berlin, le vingt-sixième jour du mois de février mil huit cent quatre-vingt-cinq.

TABLE DES MATIÈRES

SECTION PRÉLIMINAIRE.

APERÇU HISTORIQUE.

Origine et progrès du droit des gens.
Origine et progrès du droit maritime international.

CHAPITRE I.

DE L'ORIGINE ET DES PROGRÈS DU DROIT DES GENS.

SOMMAIRE. — Droit des gens dans l'ancienne Grèce et à Rome.
— Conseil des Amphyctions. — Lois féciales. — Droit romain et
son importance. — Les croisades. — Le droit canonique et son
influence. — Les conciles de l'Église. — Les Universités. — Les
casuistes. — Publicistes remarquables et leur influence. — Congrès de Westphalie et constitution de l'Empire germanique. —
Nouveau système politique de l'Europe. — Equilibre des Puissances et droit d'intervention. — Paix d'Utrecht — La philosophie spéculative et son action sur la politique. — Congrès de

CHAPITRE II.

ORIGINE ET PROGRÈS DE LA JURISPRUDENCE DU DROIT MARITIME INTERNATIONAL.

SOMMAIRE. — Droit maritime dans l'antiquité. — Lois Rhodiennes. — Les Phéniciens. — Rome et Carthage. — Invasion des

PREMIÈRE PARTIE.

PRINCIPES GÉNÉRAUX DE DROIT.

CHAPITRE I.

ORIGINES DU DROIT.

CHAPITRE II.

DES NATIONS OU ÉTATS.

CHAPITRE III.

DU TERRITOIRE DES NATIONS.

CHAPITRE IV.

DROITS ET DEVOIRS DES NATIONS.

CHAPITRE V.

DROIT CONVENTIONNEL.

SECONDE PARTIE.

DROIT MARITIME. RELATIONS INTERNATIONALES PENDANT LA PAIX.

CHAPITRE I.

DE LA MER.

CHAPITRE II.

MERS TERRITORIALES.

CHAPITRE III.

DE L'USAGE DE LA MER.
NAVIRES DE GUERRE ET DE COMMERCE.

CHAPITRE IV.

PIRATES ET PIRATERIE.

TROISIÈME PARTIE.

RELATIONS INTERNATIONALES DURANT L'ÉTAT DE GUERRE.

CHAPITRE I.

DE LA GUERRE EN GÉNÉRAL.

CHAPITRE II.

LA GUERRE MARITIME ET LE DROIT DE PRISE.

CHAPITRE III.

COURSE MARITIME ET CORSAIRES.

CHAPITRE IV.

NEUTRALITÉ.
DROITS ET DEVOIRS DES NEUTRES.

CHAPITRE V.

INVIOLABILITÉ DU TERRITOIRE ET DROIT D'ASILE.
PREMIER DROIT DES NEUTRES.

SOMMAIRE. — Neutralité du territoire par rapport aux belligé-

CHAPITRE VI.

DE LA LIBERTÉ DU COMMERCE DES NEUTRES ENTRE EUX ET AVEC LES BELLIGÉRANTS.
DEUXIÈME DROIT DES NEUTRES.

CHAPITRE VII.

CONTREBANDE DE GUERRE.
PREMIÈRE RESTRICTION A LA LIBERTÉ DU COMMERCE DES NEUTRES.

pour le service d'un belligérant. — Construction et armement de
navires sur territoire neutre. — Pénalités imposées à la contrebande de guerre. — Différentes opinions sur son étendue. — État
indécis de la jurisprudence et manque de solution définitive pour
résoudre toutes les éventualités sur la question de la contrebande

CHAPITRE VIII.

BLOCUS.
DEUXIÈME RESTRICTION AU COMMERCE DES NEUTRES.

SOMMAIRE. — En quoi consiste le blocus, et principe sur lesquels il est fondé. — Limites du blocus. — Nécessité qu'il soit
effectif. — Obligation pour les neutres de le respecter. — Notification du blocus : diplomatique et individuelle. — Violation du
blocus soit par entrée soit par sortie. — Pénalités infligées pour
la violation du blocus. — Jusqu'où elles peuvent s'étendre. —
Durée du blocus. — Interruption et renouvellement du blocus. —
Règles suivies par les nations sur ce point. — Nullité du blocus de
cabinet. — Raison de cette nullité. — Abus du droit de blocus.
— Exemples de subversion de tous les principes sur lesquels le
blocus est fondé. — Déclaration du congrès de Paris (1856) et

CHAPITRE IX.

DROIT DE VISITE.

SOMMAIRE. — Fondement du droit de visite en temps de guerre.
— Par qui et où il peut être exercé. — Différence entre la visite proprement dite et la reconnaissance de la nationalité en temps de
paix, quant au but et aux moyens. — Les navires de guerre sont
exempts de la visite : raisons de cette exemption. — Manière
d'exercer la visite. — Procédure en cas de fuite, de résistance ou
de combat. — La visite pour la répression de la traite : comment
on doit la considérer. — Exemption de la visite pour les navires
marchands convoyés par des navires de guerre. — Raisons qui
ont rendu la visite vexatoire et odieuse. — Accords internatio-

CHAPITRE X.

PRISES.

SOMMAIRE. — Ce que l'on entend par prise. — Nécessité d'un
jugement qui la légitime. — Où peuvent être conduites les prises.
Formation des tribunaux de prise. — Reprise et droit de postli-

CHAPITRE XI.

CONCLUSION.

FIN DE LA TABLE DES MATIÈRES

APPENDICES

TABLE ALPHABÉTIQUE

ET ANALYTIQUE

LIBRAIRIE. — COMMISSION. — EXPORTATION

G. PEDONE-LAURIEL

13, Rue Soufflot, à PARIS

Viâ   par le Bateau

PARIS, le

Monsieur

JOSEPH ESCARY, libraire

Calle Victoria 73 y 79

FRENTE AL CLUB DEL PROGRESO

BUENOS-AIRES

République-Argentine

CASILLA 819

CASILLA 819

Monsieur

JOSEPH ESCARY, libraire

Calle Victoria 73 y 79

FRENTE AL CLUB DEL PROGRESO

BUENOS-AIRE

République-Argentine

Viâ   par le Bateau

PARIS, le

LIBRAIRIE. — COMMISSION. — EXPORTATION

G. PEDONE-LAURIEL

13, Rue Soufflot, à PARIS

CASILLA 819

Monsieur

JOSEPH ESCARY, libraire,

Calle Victoria 73 y 79

FRENTE AL CLUB DEL PROGRESO

BUENOS-AIRES

République-Argentine

Viâ   par le Bateau

PARIS, le

FIN DE LA TABLE ALPHABÉTIQUE ET ANALYTIQUE.

Laval. — Imp. et Stér. E. JAMIN, 41, rue de la Paix.

BIBLIOTHÈQUE INTERNATIONALE & DIPLOMATIQUE

Guide pratique des Consulats, publié sous les auspices du Ministère des affaires étrangères, par MM. De Clercq et De Vallat, anciens ministres plénipotentaires, 5ᵉ édition mise à jour d'après les plus récents documents officiels. 2 vol. in-8............... 20 fr.

Formulaire des Chancelleries diplomatiques et consulaires, suivi du tarif des Chancelleries et du texte des principales lois, ordonnances, circulaires et instructions ministérielles relatives aux Consulats, par MM. De Clercq et De Vallat, 6ᵉ édit. 2 vol. in-8.................................. 24 fr.

Traité de Droit pénal international et de l'extradition, par M. Pasquale Fiore, professeur de droit international à l'Université de Naples. Traduit, annoté et mis au courant du droit français, notamment par l'insertion des traités d'extradition conclus par la France avec les États étrangers, par M. Charles Antoine, juge d'instruction au tribunal civil de Péronne, 1880. 2 vol. in-8. 16 fr.

Cours de Droit diplomatique, à l'usage des agents politiques du Ministère des affaires étrangères, des États européens et américains, accompagné des pièces et documents proposés comme exemples des offices divers qui sont du ressort de la diplomatie, par P. Pradier-Fodéré, chevalier de la Légion d'honneur. 1881. 2 vol. in-8...................................... 18 fr.

Histoire de la discipline parlementaire, règles et usages des assemblées politiques des deux mondes, l'enquête du Foreign-Office sur la clôture, le serment, etc. La réforme du règlement de la Chambre des communes, par Auguste Reynaert, membre de la Chambre des représentants de Belgique. 1884. 2 vol. in-8.. 18 fr.

Nouveau droit international public, suivant les besoins de la civilisation moderne, par Pasquale Fiore, 2ᵉ édition refondue et augmentée d'appendices contenant des documents les plus importants, traduite et annotée par Ch. Antoine. 1885-86, 3 vol. in-8.. 37 fr. 50

Traité de Droit international public européen et américain, suivant les progrès de la science et de la pratique contemporaines, par P. Pradier-Fodéré, conseiller à la Cour d'appel de Lyon, chevalier de la Légion d'honneur. 1885-90. 5 vol. in-8. .... 60 fr.

Le Droit public international maritime, principes généraux, règles pratiques, par Carlos Testa, capitaine de vaisseau; traduction annotée et augmentée de documents, touchant la contrebande de guerre, la naturalisation des mers et des fleuves et la décision de la conférence africaine (1885) en matière de droit maritime, par Ad. Boutiron, secrétaire d'ambassade. 1886. 1 vol. in-8... 8 fr.

Le Droit des gens, ou des nations considérées comme communautés politiques indépendantes, par Sir Travers Twiss, professeur à l'Université d'Oxford. Édition française. 1887-89. 2 vol. in-8 18 fr.

Le tribunal international, par le comte L. Kamaroswki, professeur de droit international à l'Université de Moscou, traduit par Serge de Westman, ancien élève de l'école des sciences politiques, précédé d'une introduction par Jules Lacointa. 1 vol. in-8, 1887... 8 fr.

La mer territoriale, au point de vue théorique et pratique, par J. Imbart Latour, avocat à la Cour de Paris. 1889. 1 vol. in-8. 8 fr.

Traité de Droit international privé, par Pasquale Fiore, traduction de Charles Antoine, tome I, 1889 .... 10 fr.

Limoges. — Imp. Vᵉ H. Ducourtieux, rue des Arènes, 7.